Jaroslaus Schaller

Topographie des Königreichs Böhmen

Jaroslaus Schaller

Topographie des Königreichs Böhmen

ISBN/EAN: 9783743329713

Hergestellt in Europa, USA, Kanada, Australien, Japan

Cover: Foto ©ninafisch / pixelio.de

Manufactured and distributed by brebook publishing software
(www.brebook.com)

Jaroslaus Schaller

Topographie des Königreichs Böhmen

Topographie

des

Königreichs Böhmen,

darinn

alle Städte, Flecken, Herrschaften, Schlöſſer, Landgüter, Edelſitze,
Klöſter, Dörfer, wie auch verfallene Schlöſſer und Städte
unter den ehemaligen, und jeßigen Benennungen ſamt
ihren Merkwürdigkeiten beſchrieben werden.

Verfaſſet von

Jaroslaus Schaller,

St. Joſephs Prieſter des Ordens der frommen Schulen,
Mitgliede der königlichen preußiſchen Geſellſchaft
naturforſchender Freunde in Berlin.

Fünfter Theil.

Leutmeritzer Kreis.

Prag und Wien,
in der von Schönfeldſchen Handlung, 1787.

Ihrer

Hochreichsgräflichen Gnaden

der

Hochgebohrnen Frau

Frau

Maria Anna

)(2

Des

heiligen römischen Reichs

Gräfinn von Thun

gebohrnen

Reichsgräfinn

Liebsteinsky von Kollowrat,

Sternkreuzordens Dame,

Gnädigsten

Gräfinn und Frau

widmet in schuldigster Ergebenheit
der Verfasser.

Vorrede.

Die lautern und edlen Gesinnungen auswärtiger Gelehrten, das eifrige Bestreben meiner theuersten Patrioten, die meine Sammlungen noch stets unermüdet mit neuen Beyträgen reichlich vermehren, die gütige und liebreiche Zuneigung, mit welcher sowohl die in - als ausländischen Gönner die bis jezt durch die Presse bekannten IV. topographische Theile vom Königreiche Böhmen aufgenommen

X 3   haben,

haben, können nicht anders als die schuldigſte Dankbarkeit in mir forthegen. Verehrungswürdig werden ſtets in meinem Andenken verbleiben die hohen Namen der Herren Brüder Franz Joſephs, Wenzel Joſephs, und Johann Joſephs Reichsgrafen von Thun, durch deren gnädige Veranlaſſung neue Erläuterungen und Berichte über die Herrſchaften Klöſterle, Tetſchen, Sehuſchitz und Choltitz von dem Herrn Wenzel Schmidt Buchhalter auf den ſämtlichen gräfl. Thuniſchen Herrſchaften, und von dem Herrn Franz Xavier Walter Wirthſchaftsdirektor in Tetſchen mir zugeſtellet worden ſind. Eben ſo unvergeßlich iſt bey mir die gütige Zuneigung des Herrn Mathias Joſeph von Smitmer, und des Rit

ter

ters Joseph Anton von Riegger beyder Er.
k. k. ap. Maj. Räthe, und Beysitzer eines hoch-
löbl. k. k. Landesgubernii. Nicht minder sehe
ich mich auch verpflichtet gegen die freundschaft-
liche Willfährigkeit des Herrn Johann Piquesei-
che le Marchand Fürstl. Schwarzenbergischen
Raths und Agenten, des wohl angestellten, und
in genauer Beobachtung und Erfüllung der
landesfürstl. Anordnungen unermüdeten Fleißes
wegen zu wiederholtenmalen billigst belobten
Hrn. Prokop Hofmann Verwalters in Pra-
stoles, des Herrn Franz Hackels Justicia-
rius auf der Gräflichen Trautmannsdorfischen
Herrschaft zu Bischof Teinitz, und des
Herrn Mansvetus Miltner a St. Beni-
gno Priesters der frommen Schulen und
Rek-

Rektors des Kollegiums zu Reichenau, die mich mit so mannichfaltigen Nachrichten, Schriften, und alten Urkunden beschenkt haben. Ich kann also keineswegs ermangeln, diesen meinen sämtlichen Gönnern und Beförderern des von mir unternommenen Werks nach Würde, Stand und Gebühr meinen schuldigsten Dank zu entrichten, und zugleich meine vielgeschätzten Patrioten höflichst zu ersuchen, mich auch künftig mit derley vortheilhaften Beyträgen zu versehen.

Prag, den 17 Febr. 1787;

Jaroslaus Schaller.
aus den frommen Schulen.

Leutmeritzer Kreis.

Litomierziczko.

Litomierziczkey Krag.

Circulus Litomericensis.

Dieser ganze Kreis, den wir hier beschreiben, ist schon im neunten Jahrhunderte unter dem Herzoge Borziwoy in zwey Theile getheilet, und der jenseits der Elbe gelegene Theil, der Leutmeritzer, diesseits aber der Biliner Bezirk genannt worden a); heut zu Tage aber sind diese beyde Theile dem Leutmeritzer Kreise einverleibt. Dieser Kreis gränzet gegen Aufgang mit dem Bunzlauer, gegen Mittag mit dem Rakonitzer, gegen Abend mit dem Saatzer Kreise,

a) Cosmas Prag. L. I.

Vierter Theil. A

Kreise, gegen Mitternacht aber mit dem Markgrafthum Meißen und Lausitz. Die größte Länge dieses
Kreises von dem Dorfe Weßeln, bis auf Ober Georgenthal, und die größte Breite von Liboch an, bis
zu den äußersten Laußitzer Gränzen hinter dem Hil-
gersdorfe erstrecket sich beyderseits fast gleich auf
9 böhmische, oder 18 Stundenmeilen. Seine
west - und nördliche Seite ist ringsherum mit dem
Mittelgebirge umgeben, so bey Lowofitz, Mirescho-
witz und Bilin den Anfang nimmt, und bis an das
Riesengebirg ostwärts fortläuft. In diesem Gebirge
findet man hauptsächlich bey Duchs, Habrzy, Kar-
witz, Tillisch, Groß - Priesen, und in andern Gegenden am linken Ufer der Elbe beträchtliche Steinkoh-
lenbrüche, die dem Landmanne den allgemach einreissen-
den Holzmangel sattsam ersetzen. Die bey Außig er-
schürften Steinkohlen besitzen noch überdieß eine solche
Weiche, daß sie sich ganz leicht mit dem Hobel bearbeiten, und zur Verfertigung allerhand kleiner Tischlerar-
beiten ganz füglich verwenden lassen b). Dieses edle
Gebirg lieferte uns auch ehedem reiche Ausbeuten an
Silber, Kupfer, Zinn und andern Metallen aus jenen berühmten Bergwerken, die bey Grab, Niklasberg, Offek, Georgenthal und Tollenstein im starken Umtriebe waren, nach der Zeit aber unterbrochen
worden sind, welches zum Theil die ohne Unterlaß
auf einander folgenden feindlichen Landesunruhen, zum
Theil

b) Joh. Peithner Edler v. Lichtenfels, Versuch der böhmischen und mährischen Bergwerke. §. 92.

Theil aber auch andre Hindernisse veranlasset haben.
Heut zu Tage wird noch mit gutem Erfolge bey
Kraupen und Zinnwald, auf Zinn gebauet. Bey
Podseditz, Olaßkowitz, wie auch an beyden Ufern
der Elbe werden ungemein viele Granaten, Jaspiße,
Hyacinthen, Chrisolithe, Chalcedonier, und andere
dergleichen Edelsteine gefunden. Nicht minder bezeigte
sich hier die Natur freygebig in Austheilung solcher
Mittel, die zur Erhaltung sowohl, als Herstellung
der menschlichen Gesundheit nöthig sind; solche sind
nebst vielen andern Gesundbrunnen hauptsächlich das
Biliner Bitterwasser, und die warmen Bäder zu
Teplitz. Man will auch mit hinlänglichem Grunde ver-
sichern, daß bey Grab ein vortreflicher Salzbrunn
entdecket, weil solches aber ein königl. Reservat ist,
auf Einrathung einiger Leute wieder verstürzt worden
sey c). Wenigstens sollte man nicht glauben, daß
die gütige Natur, die unser vielgeliebtes Vaterland
mit andern vielen und herrlichen Gaben so reichlich
beschenkt hatte, eines für das menschliche Leben so
unentbehrlichen Produktes habe vergessen sollen. Ich
will jener Salzquellen nicht gedenken, die zu K. Ferdinands I. Zeiten bey Auffowicz oder Huffowicz im
pilsner Kreise, bey Schlan von Zacharias Theobal-
dus d) im J. 1607., und von Balbin bey Raden,
Münchengratz und Nihoschowitz entdecket und angeführet worden sind; unsre Vorfahren würden gewiß

A 2　　　　keine

c) Peithner von Lichtenfels l. c. §. 91.
d) De arcanis naturae Sect. I.

keine Mühe gesparet haben die mit wildem Waſſer vermiſchten Salzquellen zu reinigen, oder auf alle andre mögliche Art ſolch nöthiges Produkt aus dem Eingeweide der Erde hervorzubringen, wenn ſie befugt geweſen wären einen freyen Gebrauch davon zu machen, und nicht im Ueberfluſſe aus dem benachbarten Oeſterreich damit wären verſehen worden. Durch den beſondern Fleiß und eine unermüdete Mitwirkung der hierkreiſigen Fabrikanten haben faſt alle Zweige des Manufakturweſens einen anſehnlichen Grad der Verbeſſerung und Ausbreitung erreichet, und durch einen namhaften Abſatz der hervorgebrachten Erzeugniſſe iſt die Klaſſe der Meiſter, Geſellen und Gehülfen von 1784. bis 85. in dieſem Kreiſe allein um 2417 Individuen, dann 855 Stühle, 80 Kommercial = und 121 Hausbleichen, 1939 Flachs = 739 Woll = und 1974 Baumwollſpinner in Zuwachs gekommen. Man zählet bereits in dieſem Kreiſe Flußhütte zu Zebus 1. Barchetfabrik auf der Herrſchaft Birgſtein 1. Leinwandbleichfabrike zu Birgſtein 1. Zwirnbleichfabrike zu Schönlinde 1. Kattun = und Wollenhandelfabrik und Bleiche zu Böhm. Leipe 1. Harras = und Zwirnhandelfabrik zu Teplitz 2. Kattun = und Leinwanddruckerfabrik zu Wernſtädtl 1., und auf der Birgſteiner Herrſchaft 1. Spiegelfabriken zu Birgſtein 2. Spiegelfolienfabrik zu Birgſtein 1. Kunſt, Damaſt , und gezogene Weberfabrik auf der Herrſchaft Rumburg 2. Tuchfabrik zu Oberleitensdorf 1. Wollen = Zeugfabrik zu Oſſek 1. Granatenfabrik zu Dlaſſowitz 1.

Wachs=

Wachsleinwandfabrik auf der Herrschaft Birgstein 1.
Nebst diesem werden hier verschiedene Artisten und
Manufakturisten gezählet, als: Schwarz = und
Schönfärber zu Aushe, Außig, Bensen, Kamniŋ,
Böhm. Leipe, Graupen, Hainspach, Karbiŋ, Klostergrab, Kreibiŋ, Leutmeriŋ, Rumburg, Sandau,
Schönlinde, Schluckenau, Tetschen, Wernstädtl, und
auf der Herrschaft Bilin, Drum, und Oßek. Glas-
schleifer zu Kamniŋ, Kreibiŋ, Birgstein. Glas-
maler, Vergolder, Glaskugler, Glasschneider,
Glasstöpleinbohrer, Glasschraubenmacher, Glas-
formstecher, Glasflaschenkellertischler, Glasperlen-
schleifer zu Kamniŋ, Birgstein, Kreibiŋ, Neu-
schloß, Oberliblich, Poliŋ. Kunstdamast, und
gezogene Webermannfakturen zu Birgstein, Oßek,
Schluckenau. Damastmusterzeichner zu Rumburg.
Weberblattbinder eben daselbst. Weberkammma-
cher eben da. Papiermacher zu Außig, Bensen,
Gaßdorf, Schebriŋ, Schirgswalde, und auf der
Herrschaft Dur, Hainspach, Oßek. Tuchmacher,
Scheerer und Walker zu Aushe, Außig, Bilin,
Kamniŋ, Böhm. Leipe, Dur, Klostergrab, Leut-
meriŋ, Tepliŋ, und auf der Herrschaft Türmiŋ.
Wollenzeugfabrikanten zu Außig, Leutmeriŋ, Tet-
schen, Wernstädtl, Böhm. Leipe, Tepliŋ, Gaßdorf,
und auf der Herrschaft Drum. Posamentirer zu
Außig, Leutmeriŋ, Schluckenau. Knöpfmacher zu
Außig, Böhm. Leipe, Leutmeriŋ, Schluckenau, Tet-
schen. Zirkelschmiede zu Aushe, und Böhm. Leipe.
Goldschmiede zu Außig, Böhm. Leipe, Leutmeriŋ,

Teplitz. Messer - und Kupferschmiede zu Außig, Böhm. Leipe, Leutmeritz, Teplitz. Zinngüsser zu Außig, Kamnitz, Leipe, Leutmeritz, Tetschen, Teplitz, Kleinuhrmacher zu Leipe, Leutmeritz, Teplitz, und auf der Herrschaft Ossek. Glockengüsser zu Leutmeritz. Büchsenmacher zu Teplitz. Steinschneider zu Tetschen. Kunstmaler zu Kamnitz und Sandau. Seidenbandmacher und Schnürweber zu Libochowitz, Schirgswalde und Tetschen.

Gleichwie die sämmtlichen Berge gegen Meißen und Laußitz mit hinlänglichem Bau - und Brennholz versehen sind, eben so ist die Fläche dieses ganzen Kreises mit fruchtbaren Aeckern, an deren Rainen häufige Obstbäume gepflanzt sind, ohne von den Nachbarn einige Gefahr zu leiden, mit fetten Triften, weitschichtigen Fluren, wohlangelegten Wein - und Hopfengärten dergestalten reichlich geschmücket, daß man diesen Kreis nicht ohne Grund den Getraidkasten von Markgrafthum Meißen c), und Böhmens Paradies billig nennen konnte. Die deutsche Sprache ist in diesem ganzen Kreise so wohl bey dem Bürger, als auch bey dem gemeinen Landmanne üblich, obgleich ehedem in diesem ganzen Bezirke, und noch zu Ende des vorigen Jahrhunderts in vielen Gegenden dieses Kreises die böhmische Sprache prädominirt hatte, wie solches noch heut zu Tage aus vielen Oerterbenennungen ganz deutlich zu schließen ist, die zwar schon einigermassen verdeutscht sind, dennoch aber ihre Herlei-

---

c) Stransky R. B. c. 2.

leitung aus der böhmischen Sprache noch immer an
sich verrathen, als: Außig (Austi), Töpliß (Teplicze), Kulm (Chlum), Tetschen (Dieczin),
Kraupen (Krupka), u. s. w.

Die Hauptflüsse in diesem Kreise sind:

1) **Elbe**, *Labe*, Albis, Albea, der Hauptfluß
in Böhmen. Wir wollen uns bey der Etymologie
dieses Wortes gar nicht aufhalten, als welche hier
zu unserm Vorhaben nichts beyträgt, und worüber
zwar schon Albinus f), Fabricius g), Skaliger,
Schotelius h), und andre mehr ihr Gutachten gesprochen, aber nichts gründliches erwiesen haben.
Unser Vorhaben will nur dahin zielen, den Ursprung,
den fernern Fortgang, und die Merkwürdigkeiten dieses berühmten Flusses dem geneigten Leser anzuzeigen.
Er nimmt seinen Ursprung auf der gräflich schaf-
gotschischen Herrschaft Kinast im Jauerischen Für-
stenthum, wo sich die böhmische und schlesische Gränze
scheidet, mitten zwischen zweyen hohen Bergen, deren einer die große Sturmhaube oder Schneekappe,
der zweyte aber in Schlesien situirte Berg Knieholz
heißt, aus einer ganz unbedeutenden Quelle, die
auf der sogenannten Mechdelwiese, nicht ferne von
dem verfallenen Schlosse Mawor hervorbricht, und
insgemein mit dem Namen des Elbbrunnen belegt
wird. Bald darauf vereinigt er sich mit andern

A 4   zehen

---

f) Meißnische Landchronik Tit. 24.
g) In Annalibus Misniae a Peith.
h) De lingua germ. L. 5. tract. 6.

zehen Quellen, welche einige unsrer Geographen
sämmtlich zu Urquellen der Elbe bestimmen, und ihren Namen von diesen Eilf Brunnen herleiten wollen. Diese sind: 1) der Elbbrunn selbst; 2) der große
Seifenbrunn bey der Rasenwiese; 3) der Goldseifen
oder Goldwasserbrunn; 4) der Grünseifenbrunn in
dem Leutgras; 5) die Kräuterwiesenquelle im Sats-
baumgesträuche; 6) der Jahrseifen; 7) der Wälsch-
seifen im Eichelgrund; 8) der Hirschbrunn an dem
rothen Buchberge; 9) Der rothe Brunn in dem
rothen Grunde; 10) der Sperberseifen in der Schwa-
nengrube; 11) der Quarzseifen. Nachdem nun die
Elbe alle diese Quellen oberhalb der großen Clause,
wo man das Wasser zum Holzflössen sammlet, aufgenommen hat, eilet selbe gegen Abend, richtet bald
darauf ihren Lauf gegen Mittag, fällt vor der so genannten Freigelsteinklippe bis 70 Klafter tief herab,
so man den Elbgrund nennet, wird ferner mit dem
von nahe anliegenden Bergen zu mancher Zeit häufig
herabstürzenden Schnee und Regenwasser vermehret,
eilet bey Hohenelbe, Arnau, und Königshof südwärts herab, nimmt bey Jaromirz die Flüsse Aupe
und Metau, bey Königgräz die an Lachsen reiche
Erlitz auf, begrüßt den chrudimer Kreis bey dem
ehemaligen reichen Benediktiner Stifte Opatowicz,
wo sie noch allemal ihren vormaligen, jetzt aber durch
ein alljähriges fleißiges Beythun der benachbarten Einwohner mit einer großen Menge schwerer Steine,
und hölzerner Pfähle verstopften Gang, den man
hier den Teufelsrachen nennet, aufsucht, und mit
aller

aller Gewalt durchbrechen will. Von dannen läuft
sie nach dem Marktflecken Sezemitz zu, reißt bey
Pardubicz die Flüße Lauczna und Chrudimka mit
sich fort, erreichet Przelaucz, und Telnitz, fasset
bey dem Dorfe Saborzy im Czaslauer Kreise die
Dobrawa, kehret abermal in den Königgräzer Kreis
zurück, richtet ihren Lauf gegen Abend, wird bey
Libitz mit dem Flusse Czidlina beladen, begrüßt Po=
diebrad, und Altkolin, wo ehedem das aus den
königlich vorbehaltenen Reichenauer, Wamberger
und Trautenauischen Waldungen zum Behufe der
Kuttenberger Bergwerke herabgeflößte Holz aufge=
schwemmet, und an das Land gebracht wurde, nimmt
ferner bey Altbunzlau die Iser, bey Melnik die
Moldau, bey Schopka den Bach Bssowka auf,
tritt in den Leutmerizer Kreis ein, den sie fast mit=
ten durchströmet, und in zwey gleiche Theile tren=
net, verschlucket bey dem Dorfe Nucznitz den Bach
Chablowka, wird vor Leutmeriz mit dem Wasser
des Flusses Eger verstärket, fängt an stark beladene
Schiffe zu tragen, mit deren Hülfe ehedem Holz,
Getraid, Obst und andere Waaren mehr im großen
Ueberflusse nach Sachsen geschaft, und dafür ansehn=
liche Summen Geldes alljährlich nach Böhmen ge=
bracht wurden. Nimmt ferner bey Lowositz eine
gerade Wendung gegen Mitternacht, streift bey Czer=
nosek, Libochowan, und Salefl vorbey, eilet durch
ein hohes Gebirg dem alten Schlosse Schreckenstein
zu, wo sich einige Schnellen, und der von anliegenden
Bergen häufig herabrollenden großen Steine wegen,

für

für die Schiffleute gefährliche Fahrten befinden,
krümmt sich ferner bey Schwaden, Priesen, und
Mosern fort, legt bey Kunstock die gefahrvolle Fahrt
Bemerle zurück, wo sie oft bis an das Mundloch des
Josephi Erbstollens aufschwillt, langt bey Tetschen
an und nimmt den Fluß Polzen auf, dringt weiter
bis an das Dorf Elbleiten fort, wo sie durch einen
engen Kanal mit schrecklichem Geräusche abermal von
einem Felsen herabfällt i), und in das Markgrafthum Meißen eintritt. Strömet ferner Ober- und
Niedersachsen durch, trägt große Lastschiffe fort, und
stürzet sich endlich bey Kützbüttel 14 Meilen hinter
Hamburg in die Nordsee. Daß dieser Fluß nicht
nur allerhand Edelsteine, sondern auch mancherley
metallisches Geschüb und Schlich mit sich führet, legen einen hinlänglichen Beweis davon ab, so wohl
die noch heut zu Tage an den Ufern der einzelnen
Zuflüsse vorhandigen alten Seifhalden, als auch die
oben angeführten Benennungen, die von den in solchen Gegenden ehedem stark getriebenen Goldseifen
hergeleitet worden sind. Der Antiquarius des Elbstromes k) bezeugt, daß der sogenannte Elbbrunn
häufigen Goldsand und gediegene Goldkörner aus dem
Eingeweide des Riesengebirgs hervorstosse, deren einige
David Parkus, ein pfälzischer Theolog, hier gesam-
melt, und unter seinen übrigen Seltenheiten aufbewahret hatte. Eben so versichert uns Balbin, daß
ein

---

i) Balbin. Miscel. L. I. c. 23.
k) Franff. am Mayn 1741. 8vo.

ein Bauer 1599. in einem Bache auf der Chlumetzer
Herrschaft zwey gediegene Goldklumpen gefunden habe,
die allem Ansehen nach irgendwo aus einem edlen
Gebirge abgespühlet, und durch die schnelle Fluth
bis an diesen Ort fortgerissen worden sind l). Diesem zufolge konnte Brückmann m), Agricola n),
und der berühmte Arzt Leonard Turneißer mit hinlänglichem Grunde behaupten, daß die in Sachsen
an den Ufern der Elbe bey Pirna, Dreßden, Tor-
gau, Magdeburg und ferner hin entdeckten Goldkörner, größtentheils nur Geschübe aus dem böhmischen Gebirge seyn möchten. An den Ufern dieses
Flusses haben sich noch im vorigen Jahrhunderte die
Biber in großer Anzahl befunden, und die Fischer
auf der Herrschaft Podiebrad, und Kolin waren verpflichtet alljährig die Füße und Schweife von den gefangenen Bibern in die herrschaftliche Kanzley abzu-
führen o). Nicht minder verdienet dieser Fluß unsre
Aufmerksamkeit von Seite der häufigen und schmack-
haften Fische, darunter sich die bey Nimburg in der
Elbe gefangenen Karpfen, die ihre Farbe eben so wie
die Lachsen alljährig zweymal ändern, die Störfische
und Lachsen, deren jene im Sommer, diese aber in
Lenzmonaten bey Leutmeritz, Nimburg, Wobrzißk-
wy,

1) Bal. Misc. L. 1. c. 18.

m) Unterirdische Schatzkammer 1 Th.

n) De natura fossil. L. 8.

o) MS. Cancellariae Podiebrad. diligentissime con-
scriptum.

wy, Altbunzlau, Nimburg, Podiebrad, Königgrätz, Kostelecz, und Wamberg in großer Anzahl gefischt werden, hauptsächlich vor den übrigen Gattungen der Fische auszeichnen p). Die Lachsen sind zu Anfang des Frühjahrs veigelblau, so bald aber die Rosen zu blühen anfangen, nehmen sie auch ihre Farbe an; ist ihr Fleisch bleich, so haben sie ihren Werth schon verlohren, und werden andern Fischen gleich geachtet. Es wird, wie ich hoffe, dem geneigten Leser nicht unangenehm fallen, wenn ich hier den sämmtlichen Weg, den die Lachsen aus der großen Weltsee bis in unsre Gegenden nehmen, in möglicher Kürze beylege. Das süße Wasser des Elbstroms locket die Lachsen an sich, dem sie stets fort entgegen schwimmen bis an Leutmeritz, ohne sich mit einem fremden Flußwasser bekannt zu machen, selbst die Eger scheint ihnen ekelhaft zu seyn, darum hält man es für eine ungemeine Seltenheit, wenn sich ein Lachs daselbst erblicken läßt. So bald sie die Moldau erreicht haben, werden sie gemeiniglich in zwey Schaaren getheilet; die schwächern, darunter hauptsächlich die Weibchen zu rechnen kommen, gehen diesem neuen Wasser begierig entgegen, nur gar selten verirret sich einer oder der andre in dem Fluße Beraun, Sazawa und Lužnicze, sondern bleiben stets auf ihrer vorgenommenen Marcheruthe bis an die Mündung des Flusses Watawa, wo sie abermal den Abschied von einan-

p) Stransky R. B. c. 2. Balbin. Misc. L. 1. c. 52.

einander nehmen, und schaarweis fast bis an die
Urquellen dieser beyden Flüsse ihre Reise fortsetzen.
Die Männchen entgegen bleiben ihrem alten Wohn-
sitze getreu, meiden aber sorgfältig das Wasser der
Iser, und der Czidlina, steigen unter Königgräz
in die Erlitz, verabscheuen das Wasser der stillen
Erlitz, und halten sich allemal zwischen den Ufern
der wilden Erlitz, wo sie nach und nach bey Cja-
stalowitz und ferner hin fast gänzlich aufgefangen
werden. Im J. 1432. sammelte sich eine dergleichen große Anzahl Lachsen bey Königgräz, daß sie
gleichsam den freyen Lauf des Flusses einigermassen
gehemmet haben. Diese ungewöhnliche Begebenheit
lockte die meisten Einwohner aus der Stadt heraus,
die eine unzählige Menge derselben mit allerhand
Werkzeugen todt geschlagen und an das Ufer gezogen
haben q). Ein nicht viel unähnliches ereignete sich
abermal 1752. und 1763. in Böhmen, da in vorgehenden Jahren viele Schleusen auf der Elbe in Sachsen
zu Grunde gegangen sind, bey welcher Gelegenheit
eine dermassen zahlreiche Menge dieser Fische Böhmen
besucht hatte, daß 1 Pfund Lachsen um 7 — 4 kr.
feilgebothen wurde. K. Karl IV. ließ die Elbe von
allen gefährlichen Steinklippen reinigen, und zur
Schiffahrt bequemer machen. Diese für unser Vaterland so heilsamen Veranstaltungen, gelangten nach
der Zeit unter K. Rudolph dem zweyten zu einer
desso

q) MS. Reginohradecenfe. MS. Cutnenfe Bartho-
lom. de Prachnian a. Balbin. Mifc. L. 1. c. 52.

deſto größerer Vollkommenheit, da man ſich förderſt
angelegen ſeyn ließ die Schiffahrt auf der Elbe bis
in die weite See zu eröffnen, und das Kommerz mit
auswärtigen Völkern in blühenden Stand zu verſe-
ßen r). Unſre Vorfahren waren der feſten Meynung
daß ſich das Waſſer dieſes Fluſſes theils in dem alten
Flutzbette, wo jezt der Weg von Altbunzlau nach
Melnik geht, theils bey den Inſeln an Melnik in
unterirdiſche Gänge häufig verliere. Sie wurden
auch in dieſer Meynung nur deſto mehr beſtättiget,
da ſie wahrnahmen, daß der Elbſtrom bey Königgrätz und Podiebrad ein häufigeres Waſſer führet
als bey Leutmeritz, wo er doch natürlicher Weiſe
viel ſtärker ſeyn ſollte, da hinter Podiebrad nebſt unzählichen Bächen, noch zwey Flüſſe mehr in ſeine
Ufer treten s).

2) **Polzen, Polza, Plſnicze, Plaucznicze**
entſteht im Bunzlauer Kreiſe am Fuße des ſogenannten Falkenbergs, läuft gegen Mittag bey Gabel,
und Niemes herab, richtet bald darauf den Lauf
gegen Abend, tritt bey dem Dorf Weßeln in Leutmeritzer Kreis ein, begrüßt Leipe, Neuſtadt, Sandau, Penſen, und fällt unter Terſchen in die Elbe.

3) **Bila, Biela, Bilina,** nimmt ihren Anfang
im Saatzer Kreiſe nicht ferne von dem Schloſſe Platten,

r) Prag. Landtag v. J. 1577. und 1605. a. Adauct.
Münzb. 3 Th. 3 S. §. 4.
s) Balbin. in Additam. a. L. §. Miſc.

ten, richtet seinen Gaug gegen Jörkau, Seeſtädtl,
und Brür, fällt bey Rudelsdorf in den Leutmeriper
Kreis, begrüßt Bilin, Schwarz, Linay, und Tirmitz, und ſtürzt ſich bey Außig in die Elbe. Ob
nicht eben dieſer Fluß unter dem bey Koſmas im
1 B. pag. 10. und 54. angeführten Namen Surzina,
Surina, oder Surma zu verſtehen ſey, will ich
nichts entſcheiden; doch die nähere Beſtimmung des
Baches Mzie, die Anführung des Schloſſes Oſſek,
und die bloſſe Benennung des als weit mehr bekannten Fluſſes Surina ſcheinen nebſt andern Umſtänden
dieſer Meynung ziemlich beyzupflichten, wie ſolches
jedermann nach genauerer Unterſuchung dieſer Stelle
ganz deutlich einſehen wird. An dem Ufer dieſes
Fluſſes ſollen nach Koſmas Zeugniß die ehemaligen
Bewohner dieſer Gegend zu ewigen Andenken ihrer
Beherrſcherinn Kaſcha ein hohes Grabmaal errichtet
haben. Es ſcheint aber, daß durch eine Uebereilung
des Schreibers in dieſer Stelle Bechin ſtatt Belin
geſetzt worden ſey, wie ſolches aus dem 1 B. S. 25
zu erſehen iſt.

Leutmeritz.

Litomericeae, Litomericium, Ludomirium, Lu-
thomeric, Litomierziczc, eine ſchöne, mit doppelter
Mauer, einem Wallgraben, und vier Thören ver-
ſehene, und volkreiche königliche Kreisſtadt am rechten Ufer der Elbe, die hier etliche angenehmen Inſeln
formirt, und hierdurch der Stadt eine vortheilhafte
Nutzung, den Einwohnern aber beſonders zur Sommers-

zeit eine hinlängliche Ergötzung schaft. Diese Stadt
liegt 10 gem., Meilen von Dreßden, und 7 Meilen
von Prag Nordnordweſtwärts entfernet. Die geo=
graphiſche Länge dieſer Stadt erſtrecket ſich auf 31 Gr.
40 M., die Breite hingegen auf 50 Gr. 20 M.
Der Unterſchied zwiſchen dem Prager und Leutmeritzer
Mittagszirkel beträgt 3 Minuten. Sie zählet ſammt
den Vorſtädten 515 größtentheils wohlgebaute Häu=
ſer, und 2830 Seelen. Das Stadtwappen ſtellet
eine Schanzmauer in rothem Felde vor, die oben
mit fünf Zinnen, unten aber mit einem offenen Thore
verſehen iſt. Ober den Zinnen raget ein aufrechts
ſtehender böhmiſcher Löwe hervor. Die Einwohner
ſind gegen jedermann überaus gaſtfrey, ob ſie gleich
nicht mehr dem tadelhaften Gebrauche ihrer Vorfah=
ren nachahmen, die den bey ihnen einkehrenden Gä=
ſten den Trank in Ueberfluß dargereicht, der Speiſe
aber faſt gänzlich dabey vergeſſen haben. Daher
pflog man zu ſagen: derjenige wüßte von großem
Glücke zu ſagen, der nicht zu Saatz beſchimpft, zu
Laun geprügelt, und zu Leutmeritz nicht wäre be=
trunken worden a). Die Nahrung der Bürger be=
ſteht hauptſächlich im Handel, in der Viehzucht, in
Betreibung mancherley Kunſt= und Handwerke, wie
auch im Garten= Hopfen= Getraid= und Weinbaue.
Einige derſelben verlegen ſich auf die Zubereitung ei=
nes überaus guten Kräuterweins, der vor vielen an=
dern in Böhmen den Vorzug verdienet, andere auf
den

---

a) Stransky K. B. c. 2.

den Welſen- Stören- Meerpärſing- und Lachſenfang,
die hier ehedem in einer dergeſtalten unbeſchreiblichen
Menge gefangen wurden, daß die Dienſtbothen bey
Antretung ihres Dienſtes eine Bedingung mit ihren
Herren und Frauen getroffen haben, nicht öfters als
zweymal die Woche mit Lachſen geſpeiſet zu werden.
Allein zu unſern Zeiten, nachdem die Waſſerſchleuſen
in Meißen verdoppelt, und die hieſige Währe der
Schiffahrt wegen 1777. mit einem großen Durch-
ſchnitt verſehen worden, iſt dieſer ehedem ſo anſehnliche Lachſenfang um ein merkliches gefallen. Der
Ackerboden iſt in hieſiger Gegend größtentheils frucht-
bar, wozu ein vieles beytragen mag, daß die etwas
tiefer liegenden Aecker mit der von anliegenden Weinbergen herabgeſchwemmten ſetten Erde gedünget, und
befruchtet werden. Es werden auch in hieſiger Gegend die ſo genannten Borſtorfer oder Miſchenker
Aepfel in großer Menge gepflanzet, die den Namen
nicht von Meißen, wie einige dafür halten, denn
daſelbſt ſind keine von dieſer Gattung zu finden, ſondern von dem böhmiſchen Worte miſſeny oder zmiſſe-
ny führen, weil dieſelben weder einen viel zu ſüßen,
noch ſäuerlichen oder bittern, ſondern einen von dieſen
beyden lieblich gemiſchten Geſchmack haben, und eben
darum dem Zeugniſſe des berühmten Arztes Marcus
Marci nach zur Dämpfung der Galle ſehr dienlich
ſind. Dieſe Aepfel werden nicht nur bey uns allen
andern Gattungen vorgezogen, ſondern auch bey den
Ausländern ungemein hochgeſchätzet, davon Aldo-
brandinus, da er ſich zu Prag an dem Hofe K.

Fünfter Theil.   B   Rudolphs

Rudolphs II. eine Zeitlang als päbstlicher Nuncius aufhielt, die deutlichsten Proben abgelegt hatte. Dieses bewog Georgen v. Lobkowitz obersten Landeshofmeister in Böhmen einen ganzen Frachtwagen voll von diesen Aepfeln nach Rom zu überschicken, und selbe dem obgenannten Kardinal, als er im Jahr 1604. den päbstlichen Stuhl unter dem Namen Klemens des VIII. bestiegen hatte, zu verehren b). Unter den prächtigen Gebäuden verdienen hauptsächlich unsre Aufmerksamkeit:

1) Die jetzige prächtige, und nach der Prager Domkirche bey St. Veit älteste Kathedralkirche unter dem Titel des heil. Stephans M., die vom Herzog Spitignew, und dessen Gemahlinn im Jahr 1057., als eine Kollegialkirche angelegt, das folgende Jahr darauf glücklich zu Ende gebracht, und mit einem Probsten nebst etlichen Domherren versehen worden ist, zu deren Unterhalte laut eines ausgefertigten Stiftsbriefes vierzehn Dörfer, sammt allen daran haftenden Gerechtsamen angewiesen wurden c). Von der Zeit dieser ersten Stiftung an bis zur Ernennung des ersten Bischofs zu Leutmeritz zählet man 43 Pröbste bey dieser Kirche, die einander in unverrückter Ordnung gefolgt sind. Unter diesen zeichneten sich hauptsächlich die folgenden aus: Lanzo oder Lenzo der zweyte Probst, obschon einige denselben ohne Grund,

---

b) Balbin. Misc. L. 1. c. 42.

c) Originalurkunde in Archiv. Capitul. Litomeric. et a. Golas. Hist. T. 5. Neplacho a. A. 1058.

Grund, wie solches der H. Gelas Dobner aus Kosmas hinlänglich erwiesen hatte d), zum ersten bestimmen wollen. Er stammte aus Meißen ab, war dem heil. Benno, Bischoffe in Meißen nahe anverwandt, und der deutschen sowohl, als der böhmischen Sprache gleich kündig. Durch seine vorzüglichen Verdienste, und ausnehmende Gelehrsamkeit gewann er die Gunst und Neigung des Herzog Wratislaw dergestalten, daß er ihn nach Absterben des Prager Bischofs Severus vor allen andern zu diesem Bißthum zu befördern gesucht habe, endlich aber fand er auf ein dringendes Anhalten der böhmischen Stände für gut an dessen Stelle seinen jüngsten Bruder Jaromir zu ernennen. Lanzo starb 1075. Die ansehnliche Kanzlerstelle im Königreiche Böhmen bekleideten Benedikt der X. gegen das J. 1222., Hippolyt oder Jppo, der XI. 1228., Hermann Aprugneus der XII. 1241., Herbord von Fullstein der XIII. 1252., und Heinrich von Schönburg oder Schaumburg der XVII. Probst 1331. unter dem König Johann, der nicht lange darauf als Bischof zu Regensburg angestellt worden ist. Eben so wurden zur bischöflichen Würde befördert: Andreas v. Dobrawicz der III. Probst, nachmaliger Bischof zu Ollmütz, unter welchem der bischöfliche Sitz von Poleschowitz, oder wie andere wollen von Kunawicz nach Ollmütz überlegt wurde. Smilo v. Wiczkow der XV. Probst ist ebenfalls als Bischof nach Ollmütz

B 2

d) Hist. T. 5.

muß befördert worden. Beneß v. Wåldſtein XXVII.
Probſt, nachmals Biſchof zu Kammin. Johann
Fabri XXX. Probſt, dann Biſchof zu Wien. Ka-
ſpar v. Logow XXXII. Probſt, erſtens Biſchof zu
Wieneriſch Neuſtåde, dann zu Breßlau. Wilhelm
Pruſinowſky v. Wiczkow XXXIII. Probſt, hernach
Biſchof zu Ollmütz. Franz v. Dietrichſtein XXXVIII.
Probſt, bald darauf Biſchof zu Ollmütz und Kar-
dinal. Maximilian Rudolph v. Schleinitz XLIII.
Probſt, und erſter Biſchof zu Leutmeritz. Zur Zeit
der hußitiſchen Unruhen verwalteten das Prager Biſ-
thum Johann v. Wartenberg der XXVIII. Johann
Ziak der XXIX., und Sbinko Berka der XXXVII.
Probſt, und endlich Erzbiſchof zu Prag. Bohuſ
oder Bohuſlaus der XIX. Probſt, und Arneſtens
v. Pardubitz des erſten Prager Erzbiſchofs leiblicher
Bruder hat ſich durch ſeine ausnehmende Gelehrſam-
keit ſowohl um die Prager Domkirche, als auch um
die Leutmeritzer Kollegiakirche ungemein wohl ver-
dient gemacht. Er begleitete K. Karln IV., als er
1355. ſeine Reiſe nach Italien angetreten hatte, und
wurde von eben dieſem Kaiſer zu Padua in dem St.
Juſtinkkloſter in Gegenwart vieler Fürſten und Bi-
ſchöfe mit dem Arme des heil. Lukas Ev., als einem koſtbaren Schatze für ſeine Leutmeritzer Kirche,
beſchenkt. Bald darauf, als Karl aus Italien wieder nach Prag zurückgekommen war, nahm er ſich
vor eine neue Kanonikatſtelle an der Prager Domkirche zu ſtiften, widmete hiezu einen Meyerhof zu
Piſchtian im Leutmeritzer, und den zweyten zu Sedlitz

litz im Bunzlauer Kreise, und trug solche ansehnliche Präbende dem gleich gesagten Bohuß an, solchergestalten, damit diese Kirchenpfründe inskünftige
allemal von dem Probste zu Leutmeritz bekleidet werde.
Dieser Stiftung, und einem 1356. getroffenen
Domkapitularvertrag zufolge vertraten die sämmtlichen Nachfolger Bohußens diese Kanonikatstelle,
bis auf den letzten Probst Maximilian v. Schleinitz,
und waren verpflichtet einen Vikarium bey der Metropolitankirche für beständig zu unterhalten. Nicht
minder sorgte auch Karl für die Vermehrung und
Aufrechthaltung des Leutmeritzer Domstiftes, bey
dem er 1349. eine Dombechantenstelle gestiftet,
und mit reichlichen Einkünften versehen hatte. So
bald diese höchste Willensmeinung den sämmtlichen
Domherren, die Arnest nach Raudnitz vor sich gela-
den hatte, kund geworden, wählten sie einstimmig zu
dieser Würde Niklaßen, ehemaligen Canonicus Scho-
lasticus des gesagten Domstiftes c). Während der
im ganzen Lande tobenden hussitischen Unruhen sind
die vom Herzog Spitignew, und Karl IV. diesem
Stifte gewidmeten Güter theils durch unrechtmäßige
Besitzer entrissen, theils vom Georg Podiebrad versetzt und verkauft worden. Die sämmtlichen Domherren wurden von dannen weggetrieben, und mußten in entfernten Gegenden ihr Unterkommen und Zuflucht suchen. Johann Papußko oder Papaußek da-

B 3 mali-

---

c) Archiv. Capituli Litomer. Balbin Epitom. L. 3.
c. 21. Gelaſ. Hiſt. T. 5.

maliger XXVI. Probst, den Aeneas Sylvius seiner
herrlichen Tugenden wegen vorzüglich angerühmet
hatte, flüchtete sich zu den Söhnen des in unsrer
Geschichte berühmten Meinhards v. Neuhaus, und
beschloß daselbst sein Leben 1455. Obgleich die hiesigen Pröbste das Recht sich der Insel und des Hir-
tenstabes bey öffentlichen Kirchenbegängnissen zu bedienen von undenklichen Zeiten her gehabt haben, so
gerieth selbes dennoch zur Zeit der gleich berührten
Landesunruhen gänzlich in Vergessenheit, und wurde
dann erst im J. 1594. auf die Anhaltung des hiesigen Probstes Franz v. Dietrichstein abermal vom
Pabste Klemens VIII. erneuert, und auf immerwährende Zeiten bestätiget. Eben so thätig bezeigte sich
auch Johann Sixt v. Lerchenfeld XLI. Probst, der
seiner ungemeinen Einsicht und Gelehrsamkeit wegen
vom K. Ferdinand II. 1623. in Regensburg zum
kaiserlichen Rath erkläret wurde. Bald darauf, als
eben dieser Kaiser 1627. den geistlichen Stand zum
ersten Landesstande in Böhmen erhoben, worzu die
von unserm Sixt dem K. Ferdinand zu Regensburg
hierüber schriftlich eingereichten dringenden Vorstellun-
gen ein vieles mögen beygetragen haben, ist ihm,
und allen nachfolgenden Pröbsten von Leutmeritz der
Sitz und Stimme auf den allgemeinen Landtagen
gleich nach dem Prager Domkapitel eingeräumt
worden. Endlich nachdem diese vom Spitignew angelegte Stiftung bereits fast das sechste Jahrhundert
zurückgelegt hatte, nahm sich K. Ferdinand III. vor
diese uralte Kollegialkirche zu einer Kathedralkirche

zu erheben. Er erhielt bald darauf vom Pabst
Alexander VII. die Bestätigung hierüber, und ers
nannte den damaligen hiesigen XLIII. Probst Maximilian Rudolphen Freyh. v. Schleinitz, Herrn auf
Tollenstein, Schluckenau, Mokrowicz, und Wo-
niklos, Domherrn zu Prag und Ollmütz, zum ers
sten Bischof in Leutmeritz. Dieser, sowohl seiner
erhabenen Tugenden, als gründlicher Gelehrsamkeit
wegen erhabener Mann, kam zu Schluckenau, einem seinen Eltern zugehörigen Städtchen 1605. zur
Welt. Nachdem er den sämmtlichen Kurs der hö-
hern Wissenschaften mit allgemeinem Ruhme und Beyfalle zurückgelegt hatte, wurde er in kurzer Zeit zu
den ansehnlichen geistlichen Ehrenstellen eines Domherrn, eines Generalvikarius an der Prager Domkirche, eines Probstes, und dann zu der Würde
des Leutmeritzer Bißthums befördert. So bald ihm
die Gesinnungen des Kaisers kund geworden, trat
er alsbald 1655. die Reise nach Rom an, wurde
daselbst auf Befehl des obgenannten Pabstes vom
Kardinal Franz Brancaci den 9. Jul. mit großer
Feyerlichkeit zum Bischof gewählet, kehrte mit Froh-
locken des ihm neu anvertrauten Kirchengebiets wieder glücklich zurück, und nahm den 25. May folgenden Jahres den Besitz von seinem Bißthume.
Gleich beym Antritte eines so wichtigen Amtes richtete er alle seine Sorgen dahin, damit die ihm un-
tergeordnete Klerisey der ihm anvertrauten Christenge-
meinde mit gutem Beyspiele in Wort und Thaten
vorgehe. In dieser Absicht theilte er die sämmtli-

B 4 chen

chen Pfarreyen, deren Anzahl bey Errichtung des
Bißthums nur aus 52. bestand, in mehrere Vika-
riate ein, durchreifete sehr oft seine ganze Diöces,
munterte die geistlichen Seelsorger zur pünktlichen Be-
sorgung ihrer Pflichten auf, trug aus verschiedenen
nützlichen und heilsamen Kirchengesetzen eine Kirchenordnung für seinen Kirchsprengel zusammen, welche
Schleinitzische Kirchenordnung noch heut zu Tage
der Klerisey dieser Diöces zur Richtschnur ihrer Ver-
richtungen, und eines erbaulichen Lebenswandels dienet. Bald darauf ließ er den ganzen Dom, oder
die so genannte Neustadt Leutmeritz mit einer neuen
Mauer einschliessen, darüber die Gerichtsbarkeit allemal dem zur Zeit angestellten Bischoffe zusteht, baute
vier gemächliche Wohnungen für seine Domherren,
vermehrte ihre Anzahl mit zwey neugestifteten Kano-
nikatstellen, ließ die ehemalige, und schon viermal
bis zu diesen Zeiten wieder hergestellte Kollegialkirche abtragen, führte 1671. in einer Zeit von acht
Jahren die jetzt stehende prächtige Kathedralkirche
vom Grunde ganz neu auf, versah dieselbe sowohl
mit auserlesenen Gemälden, als auch mit einem kostbaren Kirchengeräthe, und wies zu einer immerwährenden Unterhaltung derselben 6600 Gulden an f).
Die hierauf geführten Unkosten, die er aus seinen
eigenen Erbgütern zu diesem Endzwecke verwendet
hatte, beliefen sich auf 148000 Gulden, wie man
solches so wohl aus einem seiner Briefe an den K.

Leo-

f) Berghau. in Protom. P. 1.

Leopold, wie auch aus einer nach seinem Tode vorgefundenen Note ersehen hat. Die von seinem Berufsamte freyen Stunden brachte er mit gelehrten Beschäftigungen zu, und verfaßte verschiedene Schriften, darunter hauptsächlich die *Vandalo - Boemia* den Vorzug verdienet. Wie schmeichelhaft und reizend unser Balbin die erhabenen Kenntnisse dieses würdigen Kirchenprälaten noch bey dessen Lebzeit in seiner Epitom. L. 2. c. 12. vorgestellet, und wie nachtheilig er dieselben nach dessen Tode in seinen Miscellaneis L. 2. c. 14. geschildert habe, ist wohl einem jeden hinlänglich genug bekannt. Schleinitz starb 1675. den 13. Oktob. im 70sten Jahre seines Alters, und wurde in der hiesigen Kathedralkirche beygeleget g). Nach dessen Tode ernannte der Kaiser kraft eines ihm eingeräumten Rechtes, weil er die ehedem zur Probstey gehörigen Güter diesem neu errichteten Bißthum einzuverleiben bewilliget hatte, zum Bischof von Leutmeriß.

2) Jaroslaum Franc. Grafen von Sternberg. Er nahm den Besiß von seinem Bißthum 1676. den 13. Septemb., führte eine prächtige Kapelle mit einem Todtenacker auf, verfocht die geistliche Immunität unermüdet, wodurch manche Anzüglichkeiten veranlasset wurden, und starb 1709. den 12. Apr. Diesem folgte 1716. den 4 Oktober.

B 5   3) Hugo

3) Hugo Franz Graf v. Königseg und Rosenfels, ehedem Domherr zu Köln und Strasburg, Dechant an der Prager Domkirche, und Oberhofmeister an dem Churhause zu Köln, stiftete bey seiner Kathedralkirche zwey neue Kanonikatprä-benden, und starb zu Bonn 1720. den 6ten September.

4) Johann Adam Reichsgr. Wratislaw von Mitrowitz, ehedem Probst am Wischehrad, und Bischof zu Königgräz, wurde mit Genehmhaltung des römischen Pabstes Innocenz XIII. 1722. den 3ten May in das hiesige Bißthum eingeführet, und 1733. den 5. May zum Erzbischof von Prag ernannt, starb aber im nämlichen Jahre auf seiner nach Medling vorgenommenen Reise.

5) Mauritz Adolph Herzog zu Sachsen, Jülich, Kleven und Bergen, Landgraf zu Thüringen, Fürst zu Henneberg, des königl. pohlnischen Ordens vom weissen Adler Ritter, und Herr auf Rabenstein, ehedem Probst zu Alt Oettingen, Domherr an der Kathedralkirche zu Köln, und Lüttich, und Bischof zu Königgräz, ist an des Vorhergehenden Stelle zum Bischof von Leutmeriz ernannt, und 1734. daselbst feyerlich eingeführet worden. Starb 1759.

6) Emanuel Ernst Reichsgraf v. Waldstein, Sr. k. k. apostol. Majestät wirkl. geheimer Rath, der Gottesgelahrtheit und der geistlichen Rechten auf der römischen Universität Doktor, ehedem an der Prager

Dom-

Domkirche bey St. Veit Domherr, Weihbischof, infulirter Dechant bey der Kollegialkirche zu St. Kosinas und Damianus in Altbunzlau, wie auch des Prager Erzbischofs in Spiritualibus Vicarius Generalis et Officialis. Er kam zur Welt 1716. den 17. Jul., und ward 1760. den 12. Jul. zum Bischof von Leutmeritz erkläret. Die unermüdeten Sorgen dieses erhabenen Kirchenprälaten, die er in einer rühmlichen Verwaltung seines Hirtenamts ohne Unterlaß blicken läßt, sind allzuviel bekannt, als daß sie hier nach Gebühr angerühmt werden könnten. Von seinen erhabenen Kenntnissen, mit denen er nicht nur selbst bis zur Verwunderung ausgerüstet ist, sondern auch den Fortgang nützlicher Wissenschaften auf alle mögliche Art zu befördern trachtet, legen sowohl seine überaus schöne, und mit vielen Manuscripten versehene Büchersammlung, wie auch ein zahlreiches, und hauptsächlich im böhmischen Fache sehr vollständiges Münzkabinet, ein hinlängliches Zeugniß ab.

Von der ersten Stiftung Karls IV. zählet man 37 Domdechante, aus denen sich vorderst hervorgethan haben: Nikolaus I. Dommdechant, hernach Patriarch zu Aquilegien. Andreas von Duba der IV., dann Bischof zu Merseburg. Christianus von Königgräz der VI. Domdechant, hernach Probst zu Brünn. Augustinus von Olmütz der X., nachmals Probst zu Olmütz. Wenzel v. Welhartitz der XIII., des K. Wladislaws und Ludwigs geheimer Rath und Sekretair. Rudolf Christoph Roder von Feldeburg

burg der XXIII. Domdechant, endlich Probst zu
Altbunzlau, der 1648. während der schwedischen
Belagerung vorzügliche Proben seiner Tapferkeit in
Vertheidigung der Stadt Prag abgelegt hatte. Für
jezt besteht das Domkapitel sammt dem Domdechant aus 6 Kapitularen, und eben so viel Canoni-
cis Honorariis.

Der Domdechant, und Canonicus regius
werden von Sr. Majestät dem Könige in Böhmen
ernannt, die übrigen 4. Kapitulares und Canonici Ho-
norarii werden von dem sämmtlichen Dommkapitel
gewählt, und alsdann vom Bischof bestättiget. Der
Domdechant und Canonicus Senior Capituli sind
infulirt, und die übrigen Domherren bedienen sich
bey öffentlichen Kirchenbegängnissen der so genannten
Cappa magna. Das Wappen dieses Dommkapitels
stellt das Bildniß des heil. Stephans Erzm. vor.
Unter den ansehnlichen Privilegien, die vom Herzog
Spitignew dieser Kathedralkirche mitgetheilet, und
von den nachfolgenden Königen bis auf die seligen
Andenkens K. K. Maria Theresia bestätiget worden
sind, verdienet hier vorzüglich angemerkt zu werden:
die Wassermauth, oder der gewöhnliche Zoll, der
von allen auf dem Elbstrome auf- und abfahrenden,
und mit in- oder ausländischen Waaren beladenen
Schiffen dem hiesigen Domkapitel entrichtet werden
mußte; der aber heut zu Tage wegen der Schifffahr-
barkeit einigermassen unterbrochen worden ist. Das
hiesige Bisthum erstreckte sich bis auf unsre Zeiten
nur im Leutmeritzer Kreise allein, nebst einigen wenigen

gen Gegenden im Bunzlauer Kreise bey Melnik,
Chorufchiz und Wyfoka, zählte zwey Erzdechanter
und 106 Beneficien, die unter der Aufficht 7 bi-
fchöflicher Vikarien ftanden. Unfer theuerfter Monarch aber Jofeph II., der fich die Aufrechthaltung
der katholifchen Religion zu allen Zeiten beftermaffen
angelegen feyn ließ, fah die allzu große Ungleichheit
der Bißthümer in Böhmen, maffen dem Leutmerizer
und Königgräzer Bifchofe nur ein Kreis, dem Prager Erzftifte aber 14 Kreife beygelegt wurden, er-
kannte auch die Unmöglichkeit, daß ein fo weitfchich-
tiger Umfang von einem Metropolite pflichtmäßig be-
ftritten werden könnte. Dieß bewog ihn 1786. eine
ganz andre Eintheilung der Didcefen mit Genehmhaltung des Pabftes vorzunehmen, und dem Leutmerizer
Bißthum den ganzen Bunzlauer und Saazer Kreis
einzuverleiben. Diefem zufolge zählet man jetzt in
dem Leutmerizer Kirchfprengel 17 Vikarien, und
315 fchon von ehedem her angeftellten Beneficien,
nebft den 15 Pfarreyen, 13 Lokalkaplaneyen, und
13 Kooperaturen, welche auf die höchfte Veranftaltung unfers Großen Jofephs II. theils fchon errichtet,
theils noch bewerkftelliget werden follen. In geiftli-
chen Sachen wird die Gerichtsbarkeit von einem bi-
fchöflichen Konfiftorio, das aus einem Vicario Gene-
rali et Officiali, und fünf Konfiftorialräthen befteht,
ausgeübt.

, Die hiefige Kathedralkirche ift ein anfehnliches,
und der Würde einer Domkirche wohl angemeffenes
Gebäude. Sie ift 1681. den 21ten Sept. vom
Jaro-

Jaroſlaus von Sternberg feherlich eingeweihet wor-
• den, laut der links im Presbiterio auf einem Pfeiler
angebrachten folgenden Aufſchrift: Anno poſt Chri-
ſtum natum MDCLXXXI. die XXI. Sept., quae erat
Dom. XVII. poſt Pentecoſten. Ego Jaroslaus Epiſcop.
Litomericenſis conſecravi hanc Eccleſiam Cathedra-
lem a primo huius loci Epiſcopo Maximiliano ante-
ceſſore meo p. m. ſub titulo et patrocinio inuentio-
nis S. Stephani Proto - Mar. nouiter exſtructam,
nec non ſeptem illius altaria, videlicet: in Choro
Summum ſeu Principale S. Stephani. In latere
Euangelii 1) B. V. Matris Doloroſae. 2) S. An-
geli Cuſtodis. 3) S. Wenceslai M. et Patr. Reg.
In latere Epiſtolae. 1) B. V. Matris gratioſae. 2) SS.
Ap. Petri et Pauli. 3) S. Adalberti Ep. M. et Patr. Reg.
Anniverſarium dedicationis diem deinceps in perpe-
tuum celebrandum conſtitut eandem Dom. XVII.
poſt Pentecoſten cum conceſſione Indulgentiarum
XL. dierum. Gleich bey dem Eingange in die Kir-
che iſt das in Stein gehauene Wappen des Biſchofs
Schleinitz und Königsegs zu ſehen, nebſt drey
prächtig verfertigten Bildſäulen des heil. Stephan,
Felix, und Viktorinus, deren anſehnliche Reliquien
in dieſer Kirche aufbewahret werden. Nebſt dem
kommen hier anzumerken: 1) Das hohe Altarblatt
des heil. Stephans, die Seitenaltarblätter der heil.
Apoſt. Peter und Paul, des heiligen Schutzengels,
Wenzels und Adalberts als Meiſterſtücke des be-
rühmten Skreta. 2) Die Grabſchriften. In der
Mitte des Presbiterii iſt ein Grabſtein mit folgenden
Auf-

Auffchriften: Maximilianus Rudolphus L. B. de
Schleinitz; Proto-Ep. Litomericenfis.   Obiit An.
MDCLXXV. die 13. Octob. Jaroslaus Francifeus
S. R. I. Comes de Sternberg Il. Ep. Litom. obiit
A. MDCCIX. die 12. April. Mitten in der Kirche
unter der erſten Staffel, wo man in das Presbyte-
rium eingeht: Hic, requiefcit, Michaël Ernoftus
Poer Juris U. D., SS. Theolog. Candidatus, Proto-
Not. Apoſt., huius Cathedralis Ecclefiae ad S. Protom. Stephan. et Capituli Decanus.   Illuſtriſs. ac Re-
verendiſſ. D. Jaroslai Epifcopi Litomer. per octode-
cim annos Official., et in Spiritualibus Vicar. General.   Natus An. 1640. die — Mar., deceſſit A.
1695. die 15. Martii.   Nahe am Petri and Pauli
Altare iſt ein von Marmor verfertigtes Monument zu
ſehen, welches die K. K. Maria Therefia dem tapfern Helden Julio Grafen v. Radicati zu ewigem
Andenken errichten ließ, unter folgender Auffchrift:
Hic ſitum eſt, quod mortale habuit immortalis me-
moriae vir Julius Caefar Comes a Radicati, Caef.
Regii exercitus legatus Imperat., Catafractorum
leg. Tribunus, equeſtris difciplinae inſtaurator, in
praelio Lowoficenfi A. S. MDCCLVI. Calend. Octi
fortiſſime pugnans vitam pofuit, famam auxit. Ra-
rum fidei et fortitud. exemplum.   Vixit annos LVII.
menfes IX. dies VII.   Maria Therefia Auguſta hoc
monumentum bene mer. P. I. R. I. P.   An dem
Schußengelaltare: Magnus gradu, maior meritis,
maximus aliis, fibi nullus, Frieder. Ignat. Reinfch, et
pace, et bello Ecclefiae multum nomine et re oportu-
nus,

nus, Vicarius Generalis et Officialis, nec non Capituli Decanus pie obiit Litomericii 1744. Menſe Ian. die 14. In der Kathedralkirche wird das Wort deutſch geprediget, in der St. Georgikirche aber, die nächſt am Dom ſituiret iſt, böhmiſch. Dieſe Kirche kömmt in den Errichtungsbüchern ſchon auf das J. 1412. vor, in welchem Johann Czerny v. Sebieczin, Herr auf Libochowan derſelben 1½ Schock Gr. verehret hatte h).

2) Die biſchöfliche Reſidenz, welche der zweyte Biſchof Jaroſlaus 1694. ganz neu angelegt, und 1701. zu Stande gebracht hat, iſt ein nach den beſten Bauregeln aufgeführtes, drey Stockwerke hohes, mit bequemen Gemächern, einem Saale, und einer niedlich angebrachten St. Laurentikapelle verſehenes, und dergeſtalten vortheilhaft ſituirtes Gebäude, daß man von dannen die ganze Gegend bis Raudnitz und Doran zu ſehen bekömmt. Eben dieſer Biſchof ließ die Reſidenz, und den Biſchofshof mit einer Mauer umgeben, wie ſolches die an einem hohen Portal angebrachte Inſchrift anzeiget: Jaroslaus, Franciſcus, Ignatius, CoMes De sternberg feCIt, et ex fundamentis exſtruere coepit, cum Porta Ottomannica imperio Chriſtiano minaretur ruinas. Im J. 1757. als die königl. preußiſche Armee von Kolin, und die zweyte unter dem Feldmarſchall Keith, nach der bey Planian erlittenen Hauptniederlage, von Prag gegen

Leut-

h) LL. Erect. Vol. 8. R. 2.

Leutmeriß zog, bewohnte der König aus Preußen die bischöfliche Residenz ganze vier Wochen lang.

3) Der Kathedralkirche entgegen ist ein ansehnliches, mit dem Bildnisse des h. Johann von Nep., und einem von Stein verfertigten Wappen des Herz. und Bischofs Mauritz Adolphs von Sachsen geziertes Gebäude, darinn gewöhnlich das Konsistorium gehalten wird. Man trift auch daselbst nebst der Registratur, und einer mittelmäßigen Bibliothek, die mit guten und nützlichen Büchern versehen ist, einige Wohnungen für die Prediger und Seminaristen an.

4) Die schöne und große Stadtdechantkirche unter dem Titel Aller Heiligen, die laut der Nachricht unsers Crogerius i) schon 1235. erbauet, 1384. mit einem Erzdechant versehen war, und in den Errichtungsbüchern auf das Jahr 1406. 1419. und 1445. als Pfarrkirche vorkömmt k). Sie wird heut zu Tage von dem E. H. Franz Strahl, und zweyen Kaplänen, deren einer 1775. den 29. Apr. von einem hiesigen Bürger Johann Tollinger gestiftet worden ist, administriret. Das Patronatsrecht in Ansehung des Stadtdechants steht dem Magistrate zu. In Betreff des fundirten Kapellans aber hat der Stadtdechant die Freyheit zwey taugliche Subjekte bürgl. Stadtkinder dem Magistrate vorzuschlagen, aus welchen dieser

einen

i) ad 12. Febr.
k) LL. Erect. Vol. 7. D. 2. Vol. 11. R. 3. 4, 5. Vol. 13. Z. 1. 2.

Fünfter Theil.   C

einen wählet, und sodann selben dem bischöflichen
Konsistorio zur Bestätigung präsentiret. Bey dieser
Kirche sind einige theils von Marmor, theils von
Stein verfertigte Grabsteine mit folgenden Aufschrif-
ten zu finden: Johann der ältere von Waldstein, und
in Augezd 1545. Friedrich Sezima v. Sezimowa
1587. Simon Peter Aulik v. Trebnitz, und Königshof — —. Georg Wilhelm Herold von Stoda
1647. beyde königl. Richter. Siegmund, und Ludmille Mraz v. Milessowka 1601. 1617. Johann
Trnowansky ß Geleny Hory 1500. Veronika He-
nichin v. Kamnik 1616. Jakob Crispus Austen-
sis Vates 1607. Erasmus Jgn. Pitßhan v. Belle-
fort 1708. Adam Kandorsky v. Kandor 1612.
Thomas Kochán v. Prachow 1614. M. Wenzel
Michalowicz Bemoch. Der nächst an dieser Kirche
erbaute, und mit Kupfer gedeckte Stadtthurm wird
hauptsächlich des hier von Eichenholz künstlich angebrachten Glockenstuhls wegen bewundert, der inwen-
dig von unten an bis hinauf ohne einen Zusammen-
hang mit der Mauer zu haben, dergestalten kunst-
mäßig zusammen gebunden ist, daß eine wichtige Last
von 7 Glocken ganz füglich darauf ruhet. Dieser, wie
auch die übrigen zwey kleine, und mit Kupfer gedeck-
ten Thürmlein an dem vordern und hintern Theile der
Kirche sind am Gipfel mit stark vergoldeten Kugeln,
Sternen und Kreuzen versehen, die bey einem hellen
Sonnen- oder Mondschein wie Sterne glänzen.

5) Die unter der bischöflichen Residenz auf einer Anhöhe erbaute Kirche unter dem Titel des heil.
Johann

Johann Tauf., kömmt schon auf das Jahr 1411. in den Errichtungsbüchern vor 1). Sie ist 1465. unter dem XXVII. Probste Beneß von Weitmühl nach erlangter königlichen Bewilligung mit einem in Zeleticz an der Leutmerißer Brücke gelegenen Meyerhofe sammt der Kollatur bey St. Martinskirche in Mikogcd ansehnlich dotiret, von Schweden zerstöret, und von Bischof Jaroslaus wieder hergestellet worden, wie solches die folgende ober der Kirchenthür angebrachte Aufschrift bezeuget: „Sacellum hoc iam olim D. Ioanni Bapt. devotum Jaroslaus Dei et Ap. Sedis gratia ll. Epifcop. Litomer. Canon. Paffav., S. R. I. Comes de Sternberg avitae pietati reddidit. A. 1677. die 2. Nov. Hier kömmt nebst dem Skreßischen Altarblatte des h. Johann Taufers, auch folgende Grabschrift anzumerken: A. D. 1573. Feria III. poft Epiphaniam Domini obiit Rdmus Dnus Bartholomaeus a Pezino, Doctor Canon., Decanus Ecclef. S. Stephan. Litomer.

6) St. Nikolaikirche zwischen Weinbergen am Fuße des Bergs Radobeil, die 1360. den 14ten März durch den milden Beytrag einiger Bürger von Leutmeriß errichtet worden ist m).

7) St. Adalbertskirche auf der Vorstadt in Zafada, die schon auf das Jahr 1410. in den Errichtungsbüchern vorkömmt n).

C 2 8) St.

1) LL. Erect. Vol. 13. T. 12.
m) LL. Erect. Vol. 1. K. 2.
n) LL. Erect. Vol. 9. H. 3.

8) S. Laurentiikirche im Zwinger. 9) S. Wenzelskirche in der Vorstadt, wurde 1713. während der großen Pest vom Magistrat mit folgender Aufschrift errichtet: DIspeLLIt ContagIa VotVM.

10) Die Kirche unter dem Namen der Freundschaft Christi, die 1724. nebst einem Spitale von Joseph Christian Pfalz, und dessen Gemahlin Rebekka Katharina gestiftet worden ist. In diesem werden 5, in dem Stadtspitale aber 12 betagte und nothleidende Personen beyderley Geschlechts mit Wohnung, Holz, Speis, Kleidung, und übrigen Nothwendigkeiten versehen. Es werden auch hier kraft einer vom H. Franz Gottfried Leißner hiesigen Bürger und Rathsverwandten errichteten Stiftung seit 1760. vier arme bürgerliche Waisen versorget, und nachmal zur Erlernung verschiedener Handwerke und Künste befördert.

11) Die ehemalige Jesuiterkirche unter dem Tit. Marien Verkündigung. K. Ferdinand II. stiftete hier 1630. diese Ordensmänner, befahl denselben sechs Bürgerhäuser sammt der gesagten kleinen Marienkirche, wie auch die ehemaligen hussitischen Schulen einzuräumen, und wies die zweyte Hälfte der Herrschaft Libeschitz, und drey Höfe zu Allikoged nebst einer großen Insel an Leutmeritz, so ehedem des M. Paul Stransky Erbgut war, zu ihrem Unterhalte an o). Nach der Aufhebung dieses Ordens

ist

o) Stransky l. c. cap. 2. et cap. 8. Hist. S. I. P. 3. L. 6.

ift die Kirche der Auffict des Stadtdechants übergeben, das Kollegium in eine Soldatenkaserne umgeschaft, und das Seminarium an einen Bürger käuflich abgetreten worden. Das k. k. Gymnasium der
mindern lateinischen Schulen wird heut zu Tage von
einem Präfekt, und 5 Profefloren, die 1777. neuerbauten Normalschulen aber von 2 weltlichen Leh-
rern verfehen.

12) Die Kirche unter dem Tit. des heil. Erz.
Michaels fammt einem Dominikanerklofter fo im J.
1250. vom K. Wenzel I. geftiftet, von Burchard
Kaplirz v. Sulewitz zu Ende gebracht, dann durch
die Beyhülfe mehrer Gutthäter mit anfehnlichen Einkünften verfehen, und leztlich von Zizka zerftöret
worden ift p). Nach geendigten huffitifchen Unruhen
kehrten zwar einige des gefagten Ordens Geiftliche
abermal in ihr Klofter zurück, wurden aber von dem
Stadtvogten Wenzel Brzepnicze dergeftalten hart
verfolget, daß fie fich genöthiget fanden, ihr Klofter
neuerdings zu verlaffen, bis auf einen einzigen Prie-
fter, der fich noch mit einem Knaben fehr kümmerlich dafelbft durchgebracht hatte. Nach dem herrlichen Siege am weiffen Berge geftattete Ferdinand II.
den gefagten Ordensmännern nicht nur ihr ehemaliges Klofter in Leutmeriz wieder herzuftellen, fondern
ftiftete auch dafelbft für die neuangehenden Ordenszöglinge einen Novizlat, wozu er die vom H. Peit

E 3   Rubin

p) LL. Erect. Vol. 12. K. 2. Balbin Mifc. L. 4.
§. 110. Reiffenftuell.

Kubin und von der Platowßkischen Familie an den
königl. Fißkus verfallenen, und nahe an Leutmeriß
theils in der so genannten Wobora, theils in dem
Pohlischen Grunde liegenden Gründe, wie auch das
Gut Groß Augezd sammt allen darzu gehörigen
Dörfern, allen angeseßenen, und unangeseßenen,
auch allen von diesen Gründen entloffenen Leuten,
mit ausgeseßten Schankhäusern, sammt standhaft-
und laufenden Zinsen, Frohndiensten, und andern
von Alters her schuldigen Gaben, und Botmäßig-
keiten, mit allen und jeden deßen Angehörun-
gen rc. rc. angewiesen hatte. Diesem zufolge ist das
gleich gesagte Gut kraft eines kaiserlichen Befehls von
den Hrn. Kommißarien Grafen von Kolowrat und
Freyh. von Kaplirz 1632. den Dominikanern als ei-
genthümlich übergeben, und 1657. den 10. Nov. in
der Landtafl ausgelöschet worden. Das oben berührte Gut Groß Augezd besteht aus folgenden Dörfern: 1) Groß Augezd, Augezdecz ein Schloß
und Dorf von 31. N. wird auf der Charte in Ober-
und Unter Augezd eingetheilt, und liegt 1, die übrigen Derter aber 3 Stund von Leutmeriß Oßnordoßt-
wärts entfernt. 2) Hummel, Hrzíboged von 29.
N. mit einem Meyerhofe, und einer schönen öffentlichen Kapelle unter dem Titel des h. Pabstes Pius V.,
die 1724. von Grund auf ganz neu errichtet worden
ist. Das überaus schöne Altarblatt ist von einem berühmten Meister in Wälschland verfertiget worden.
3) Tauerschin, Tauchorznicz von 39 N. Die Einwohner dieser Gegenden ernähren sich nebst der Viehzucht

zucht und Spinnen, hauptsächlich mit dem Hopfen-
Obst- und Ackerbaue. 4) Lupitz, Hlupecze von 14 N.
5) Daubrawicze, Tauberwitz von 13 N. 6) Ha-
slitz, Hoslitz, Hostnicze von 21 N. 7) Klinge
von 6 N. Davon etwas nach Libeschitz gehöret.
8) Neuhäusel. Nachdem nun das Kloster in einen
guten Stand wieder hergestellet, und die Einkünfte
desselben mit den gleichgesagten Gütern vermehret worden sind, wurde der Grundstein zu der jetzt stehenden
Konventskirche 1672. den 22. Aug. gelegt, und das
ganze Werk 1685. zu Stande gebracht, wozu die
Grafen Karl Kaspar, und Zdenko Kaplirz v. Sulewitz Erbherren auf Mileschau das meiste beygetragen haben, als deren erster 2000 fl., der zweyte
aber nicht nur die Administratur der Mileschauer
Pfarrkirche mit 300 fl. Einkünften dem gesagten Kloster zugeschanzt, sondern auch von Jahr zu Jahr ansehnliche Summen zur Fortsetzung des Kirchengebäu-
des vorgestrecket hatte. Im Jahr 1687. den XVIII.
Sonntag nach Pfingsten ist diese Kirche vom Leutmeritzer Bischof Jaroslaus Gr. v. Sternberg feyerlich eingeweihet, und mit einem treflichen Gemälde
des h. Erz. Michaels beschenket worden, so einige
Kenner für das Meisterstück des künstlichen Pensels
unsers Skreta, oder Ungars halten wollen. Das
Seitenaltarblatt des h. Thomas v. Aquin ist vom
Brandl verfertiget worden. Nächst an dieser Kirche
ist eine 1718. nieblich erbaute St. Barbarakapelle,
darinn die Leiche des Grafen Hanuß von Kaplirz
ruhet. Im Jahr 1785. ist die Anzahl dieser Klo-

stergeistlichen auf allerhöchsten Befehl von 22. auf 14. eingeschränkt worden q).

13) Die Kirche zu St. Jakob dem Gr. sammt einem ehemaligen Minoritenkloster, das 1233. vom Prager Bischof Johann II. gestiftet, 1390. durch Jeßko Kamenecz v. Czakowicz r) und andre Gutthäter mehr ansehnlich beschenkt, endlich aber von Žizka zerstöret worden ist. Nach der Zeit wurde dieses Kloster 1629. wieder hergestellet, und von 17. gesagten Ordensgeistlichen bewohnet bis auf das Jahr 1785., in welchem dasselbe aufgehoben worden ist sammt

14) Dem Kapuzinerkloster, welches 1656. den 1. Septembr. durch den Beytrag mehrer Gutthäter daselbst gestiftet wurde. Die von Gr. Franz Schlick erbaute Klosterkirche unter dem Titel der h. Ludmille weißete Max. Rud. v. Schleiniz 1657. den 7. Oktobr. feyerlich ein.

Es befindet sich auch in dieser Stadt ein kais. königl. Kreisamt, eine Salz- und Trankssteuer, wie auch ein k. Filialkassenamt.

15) Das Rathhaus, so ein schönes mit einem größern, und zweyen kleinern Nebenthürmen, wie auch mit einer wohlklingenden Uhr versehenes Gebäude ist. Die städtische Gerichtsbarkeit in Judicialibus und Politicis wird vom Magistrate, dessen Personale allemal aus einem k. Richter, einem Primator, 12. Raths-

q) Ex Archiv. Convent.
r) LL. Erect. Vol. 12. C. 15.

Rathsgliedern, 3 Syndicis, und 2 Amanuensibus bestand, von Sechsmänneramte, und von 6 Gemeindältesten ausgeübt. Das zur Stadt gehörige Gut Geblitz wird sammt dem bürgerlichen Bräuhause von einem Inspektor, der zugleich ein Mitglied des Stadtrathes ist, von einem Rentmeister, einem Waldbereiter, einem Kontributionseinnehmer, zweyen Kommissarien und einem Bierschreiber verwaltet. Und weil diese Stadt nebst Außig in diesem Kreise das Kriminalrecht besitzet, so werden allhier die in Verhaft genommenen Missethäter aus dem ganzen Kreise von einigen aus den Magistratualindividuen wechselweis hierzu bestimmten Kommissarien und einem Syndiko, als Aktuario kriminaliter verhöret, und von dem Magistrate nach dem Maaß des Verbrechens zur Strafe verurtheilet. Die Streitsachen wurden hier ehedem nur in böhmischer Sprache allein geschlichtet; nachdem aber die deutsche Sprache in diesem Kreise hauptsächlich im vorgehenden Jahrhunderte die Oberhand gewonnen, wurde die böhmische 1719. aus der Kirchenmatrikel, und 1739. aus dem Rathsprotokoll gänzlich verdrungen. Diesem zufolge wird in allen hiesigen Kirchen gegenwärtig deutsch gepredigt, die Stadtpfarr- St. Laurenz- und Ludmillenkirche ausgenommen, allwo noch heut zu Tage der wiewohl kleinen Anzahl der hiesigen, und benachbarten böhmischer Sprache Kündigen wegen die böhmischen Predigten beybehalten worden sind, die aber der steten Abnahme wegen eben bald mögen in deutsche verwandelt werden. In dem hiesigen Stadt-

C 5   archive

archive werden unter andern Seltenheiten auch etwelche alten Manuscripte, und wohl erhaltene Kirchengesangbücher aufbewahret, darunter besonders ein sehr prächtiges, und auf Pergament in lateinischer Sprache geschriebenes unsre Aufmerksamkeit verdienet. Dieses Buch ist 7 Zoll dick, 1 böhm. Elle, und 5 Zoll lang, 19 Zoll breit, und hält netto 110 Pf., oder 1 N. Oestr. Centner am Gewichte. Ein jedes Blatt, deren an der Zahl 465. sind, ist so groß, als es die in Viereck geschnittenen Häute zugelassen haben. Die mit glänzendem Golde und andern Farben sehr mühsam und künstlich geschriebenen Noten und Texte, die sinnreichen Verzierungen, und die lebhaft entworfenen Schilderungen ergötzen das Aug ungemein, und schimmern noch heut zu Tage dergestalten, als ob sie eben jezt aus den Händen des Künstlers gekommen wären. Jakob Konowsky von Welgnau ist ungefähr im funfzehnten Jahrhunderte desselben Stifter gewesen.

16) Das weitschichtige Provianthaus, auf welchem der künstlich von Holz zusammen gefügte, und mit Kupfer gedeckte Thurm sehenswürdig ist. Seine Rundung hat eine sehr große Aehnlichkeit mit einem Kelche, dessen Kuppe ganz gemächlich zwölf bey einem runden Tische sitzende Personen fassen kann. Der Wahrscheinlichkeit nach dürfte man diesen Thurm für einen Ueberrest der kalixtiner Sekte halten.

Nicht minder verdienet unsre Aufmerksamkeit die hiesige schöne, und 823 Ellen lange Brücke, die

zwar

zwar anfänglich nur von Holz erbauet war, und eben
darum 1501. den 28. März und 1504. den 26sten
April durch eine große Ergiessung des Elbstroms,
und einen gewaltigen Eisstoß großen Theils abgerissen
worden ist. Im Jahr 1632. den 22. May legten
die schwedischen und chursächsischen Truppen unter
dem Kommando des Melchior Schwalbach bey ihrem Rückmarsche diese Brücke gänzlich in die Asche.
In diesem elenden Stande blieb selbe ganze 80 Jahre lang, bis auf das Jahr 1712., in welchem sie
auf Kosten der hiesigen Stadt viel fester und vollkom-
mener als ehe bevor wieder hergestellet wurde. Man
führte in dem tiefen Strome statt der ehemaligen höl-
zernen, 7 sehr dicke, hohe, und von Quatersteinen
gemauerte Pfeiler auf, belegte dieselben mit dem nöthigen Holzwerk, und zierte die beyden Wände mit
14 Statuen, die auf Veranstaltung verschiedener
Gutthäter prächtig von Stein verfertiget worden sind.
Kaum gelangte dieses so kostbare Werk zu Stande,
wurde dasselbe nicht lange darauf, nämlich 1744. den
4 Dec. von Preußen großen Theils eingeäschert, und
mußte in kurzer Zeit mit einer von Seite des Landes vorgestreckten Beyhülfe neuerdings aus den städ-
tischen Renten hergestellet werden. Im Jahr 1756.
nach der am 1sten Oktober bey Lowositz gelieferten
Schlacht, trug man bey vermerkter Annäherung eines preußischen Husarenkorps auf die Anordnung des
Oberstlieutenants von Keilischen Infanterieregiment
Herren von Eichholz damaligen Stadtkommendanten
in Leutmeriß ein Feld von dieser Brücke ab; nachdem

dem aber das folgende Jahr darauf im Monat April
ein preußisches Korps unter dem Kommando des
Hussarenrittmeisters Bandemers vor Leutmeriz ge-
rückt war, wurden die Bürger genöthiget ohne allen
Zeitverlust bey Tag und Nacht den abgetragenen
Theil wieder zu ersetzen. Allein noch in diesem
1757 Jahre wurde sie den 21sten Jul. bey dem
preußischen Abmarsche zum Theil, den 26. Nov.
aber auf Befehl des preußischen Feldherrn Itzenpliz,
wegen des, wie man vorgab, von den kais. königl.
und alliirten Truppen in den preußischen Ländern ver-
übten Schaden, wiedervergeltungsweis gänzlich eingeäschert. Von dieser Zeit an blieb sie abermal viele
Jahre hindurch ungebauet, und war nur blos aus
den überbliebenen steinernen Pfeilern kennbar. Als
nun Se. Maj. unser glorreich regierender Kaiser
Joseph II. 1771. den 15. Oktob. während der großen
Hungersnoth zu Leutmeriz angelangt war, und den
elenden Stand dieser Brücke in Augenschein genommen hatte, ließ er eine ansehnliche Summe Gelds
unter die hiesigen Armen austheilen, und bestimmte
die abermalige Herstellung der Brücke, wozu die K.
K. Maria Theresia laut eines 1772. den 30sten
März zu Wien ausgefertigten Hofdekrets 28500 fl.
allergnädigst angewiesen hatte. Mittelst eines so mild-
reichen Vorschubes kam sie abermal, und zwar viel
prächtiger als zuvor, mit einem Aufwand von
48900 fl. 1773. glücklich zu Stande. Allein lei-
der! diese so prächtige Brücke, und die gleichsam
für die Ewigkeit gebauet zu seyn schien, gieng neuerdings

ungs 1778. den 19. Sept. bey dem preußischen Abmarsche aus Böhmen gänzlich in Rauch auf. Man fand sich derohalben bemüßiget im Jahr 1780. den 1. Aug. zur abermaligen Hersetzung dieser Brücke die Hand anzulegen, setzte den Bau so viel als möglich war, ohne Unterlaß fort, fügte an die 5. gewölbten Felder noch andere 4. hinzu, und brachte das gewünschte Vorhaben in wenigen Jahren wieder glücklich zu Ende. Dieser berühmten Kreisstadt haben wir folgende gelehrte Männer zu verdanken. Paul Stransky. Er kam auf der Kammeralherrschaft Brandeis in dem Dorfe Zap zur Welt, wie er solches in seinem Werke Resp. Boiem. c. 2. §. 3. selbst anmerket, da er sagt: Zapa quae me A. 1583. nascentem prima vidit, wurde zu Leutmeritz, wo er nach dem Hintritte seiner Eltern namhafte Güter ererbt hat, zum Stadtschreiber, und endlich zum Rathsherrn ernannt. Im J. 1627. als er den Befehl bekommen, sich entweder zu der katholischen Lehre zu bequemen, oder Böhmen zu räumen, wählte er das letztere, und begab sich nach Thoren in Preußen, wo er zehen Jahre hindurch das Amt eines öffentlichen Lehrers an dem dasigen Gymnasium mit vielem Beyfalle bekleidet, und endlich 1657. daselbst sein Leben geendet hatte s). Wenzel Mossdlo hat die Geschichte seiner Zeit zu Pirna beschrieben. Hilarius v. Leutmeritz, Dechant an der Prager Domkirche, und dann Administrator des Prager Erzbißthums. Hielt 1465. in Gegenwart

s) Abbild. Böhm. und Mähr. Gelehrten 2. Th.

wart des K. Georgs Podiebrad, und einer großen Anzahl des böhmischen Adels im Königshof zu Prag fünf hinter einander folgende Tage eine Disputation über die wichtigsten Grundsätze der katholischen Religion mit dem berufenen Hussitenvertheidiger Johann Rokiczana, wurde durch dessen Veranstaltung bald darauf nebst den übrigen Domherren aus der Stadt Prag verwiesen, und starb zu Budweis 1468. den 31. December. Er schrieb nebst andern schönen Werken eine Abhandlung über die Geniessung des Abendmahls unter beyden Gestalten, die von Bohuslaw Haffenstein von Lobkowitz ungemein gelobt wird t). M. Mathias Vicem, M. Johann Gelinecius oder Gelenius, M. Heinrich Mraz, M. Andreas Lucinus, M. Andreas Mitiska, die Brüder Wenzel und Siegmund Heinrich, Daniel Czyrkolsky ein berühmter Arzt, und Georg Böhm, der hier 1621. gebohren war, und starb als Jesuit 1666. den 7ten Nov. zu Znaim. Seine Werke kann man in Balbins Boëm. Docta P. 2. nachschlagen. Nun wollen wir die Geschichte dieser Stadt nach chronologischer Ordnung in möglicher Kürze vornehmen.

Der Namen dieser Stadt Leutmeritz gab unsern Schriftstellern den Anlaß zu allerhand Muthmaffungen,

---

t) Peffin. in Phofph.   Berghauer in Protom. P. 1. Balbin. Boem. Docta P. l.   Difputatio Hilarii Litomer. cum Ioan. Rokyczana a Cl. Adaucto Voigt notis illuftrata, edita a R. P. Benedicto Strahl. Pragae 1775.

gen, da sie ihn bald von einem erdichteten Lidomir, der diese Stadt angelegt haben soll, bald von Ljto (reuen), und Merzicze (Getraidmaaß), bald von Lidt mirziti (Leute versehen oder vergleichen) ganz ungereimt herleiten wollten u). Der gelehrte H. Gelas Dobner ist der Meynung, welche auch nicht ganz unwahrscheinlich ist, daß diese Stadt in uralten Zeiten von den Litiziern oder Liutiziern bewohnet, und daher auch später von eben diesem Volke, und dem nicht ferne von der Stadt gelegenen Walde Mirt Lucomeriß wäre genannt worden, wie solches theils aus der oben angeführten Urkunde des Herz. Spitignews, theils aus Kosmas bestätiget wird, wo diese Stadt allemal unter dem Namen Lutomericz oder Liutomericz vorkömmt x). Nach der Zeit gelangte dieser neu angelegte Ort in die Hände der Wrssoweczen, die hier eine feste Burg unter dem Namen Gradicz, so man heut zu Tage Rhada nennet, errichtet, und die Stadt mit Mauer und Wallgraben umgeben haben, um sich daselbst wider die bewaffnete Hand des wider sie erbitterten Herzog Udalrichs in Sicherheit setzen zu können. Ungeachtet aber aller diesen von Seite der Wrssoweczen so schlau als listig unternommenen Vorkehrungen, mußten sie dennoch endlich der Obergewalt der Herzoge

aus

a) Hagek. ad A. 771. Balbin. Misc. L. 3. c. 4. §. 5. Stransky R. B. c. 2. §. 15. Hammerschm. Prod. Gl.

x) Gelas. Hist. T.

aus Böhmen unterliegen, und auf Befehl Brzetiſlaws II. 1096. ganz Böhmen räumen. Solchemnach fiel die bis jezt von Mutina aus dem Geſchlechte der Werſſoweczen ſchon ziemlich erweiterte Stadt
Leutmeritz nebſt allen übrigen Werſſoweczischen Beſi-
tzungen der Krone von Böhmen zu, und blieb bey
derſelben bis auf das Jahr 1101., in welchem Ba-
zey und Mutina nach Brzetiſlaws Tode aus Pohlen, dahin ſie ehedem ihre Zuflucht genommen haben,
wieder nach Böhmen gekehret ſind, und ihre ehemaligen Güter Saatz und Leutmeritz vom Herzog Borziwog II. zurück bekommen haben. Aber auch für
dießmal war der Aufenthalt der Werſſoweczen in
Böhmen von keiner langen Dauer. Denn als ſie
neuerdings wider den Herzog Borziwog II. und deſſen
Nachfolger große Untreue begangen hatten, wurde
ihr ſämmtliches Geſchlecht auf Befehl des Herzog
Swatopluks 1108. überfallen und ausgetilget y).
Von nun an ließen ſich die übrigen Thronfolger die
Aufnahme dieſer Stadt beſtmöglichſt angelegen ſeyn,
und wählten nicht nur zu wiederholtenmalen ihren
Aufenthalt daſelbſt, wie ſolches aus den vom K.
Wenzel I. 1249., und von K. Ottokar II. 1277.
den 16. Oktob. zu Leutmeritz ausgefertigten Urkunden
zu erſehen iſt z), ſondern theilten derſelben auch vie-
le

y) Coſmas Metrop. L. 3. Hagek. a A. 1108. Stransky R. B. c. 2. §. 15. Balbin. Epitom. L. 3.
  c. 9. Gelaſ. Hiſt. T. 6.

z) Peſſina in Phoſphor. Rad. 3. Berghauer in Protom. Rohn Antiquit. Eccleſ. Boleſ.

le herrlichen Freyheiten mit, wie wir bald in der
Folge sehen werden. Und obgleich viele derselben
durch ein 1297. stark daselbst wüthendes Feuer in
Rauch aufgegangen sind aa), so wurde die Stadt
dennoch in folgenden Zeiten abermal mit neuen Vorrechten verherrlichet, deren sie viele noch heutiges Tages aufzuweisen hat. So befreyte K. Wenzel II. 1305.
den 13. März die sämmtlichen bürgerlichen Besitzungen
in der Stadt Leutmeritz von der Hälfte der gewöhnlichen Landesauflagen. Eben so geneigt und willfährig
bezeigte sich auch gegen diese Stadt der König Johann
und dessen Nachfolger. Im Jahr 1319. den 9ten
December schenkte der König Johann den hiesigen
Bürgern ein Stück Landes, so jezt Pirney genannt
wird, und berechtigte dieselben, solches nach eigenem
Gutachten an wen immer emphiteutisch auslehnen zu
können. Im Jahr 1325. den 4. May bestätigte
eben dieser König die vormals von Wenzel I., und
Ottokar II. der Stadt Leutmeritz verliehenen, und
durch die oben berührte Feuersbrunst verlohren gegan-
genen Privilegien. Vorzüglich aber: 1) daß diese
Stadt bey der Ausübung der Magdeburgischen Rechte erhalten werden solle, und daß alle und jede böhmischen Städte, die ihre Streitsachen bisher nach der
magdeburgischen Gerichtsbarkeit geschlichtet haben, in
zweifelhaften Fällen, wie es seit undenklichen Zeiten
her üblich gewesen, den Rath und Auskunft hierorts

---

aa) Stransky l. c.

Fünfter Theil. D

orts zu suchen hätten. 2) Daß eine Meile weit
um die Stadt Leutmeritz kein Schank- oder Bräuhaus errichtet, noch eine Werkstätte geduldet werden
sollte. 3) Bekräftigte er auch das der Stadt Leutmeritz verliehene Stappelrecht, kraft dessen die Auf-
und Abladung aller und jeder Handelswaaren allein
in dem hiesigen Stadthafen Nackel geschehen, und
die Abkaufung derselben den Bürgern in Leutmeritz
zuerst frey stehen sollte. Dieser Ursache wegen wurde
hier zu solchen Zeiten an einem Ecke des Rathhauses
ein von Stein gehauenes Bild des deutschen Rolands
errichtet, welches noch gegen die Mitte des vorigen
Jahrhunderts daselbst zu sehen war bb). Im Jahr
1336. den 3. Dec. ordnete gleichfalls dieser König
an, damit der Salzhandel, den bisher die Stadt
nur gesellschaftlich trieb, von nun an zum Nutzen der
sämmtlichen Stadtgemeinde verwendet werde. Kaiser
Karl IV. bestätigte 1348. den 25. Aug., und 1349.
den 1. Jän. die bisher angeführten Privilegien, ertheilte 1359. den Schöpfen und Geschwornen zu
Leutmeritz die Freyheit Weinberge anzulegen, sprach
diejenigen, die sich dem Weinbaue widmen würden,
zehn ganze Jahre von allen Steuern los, ertheilte
1372. den 4. Sept. der Stadt die Erlaubniß alljährig eine Messe mit gewöhnlichen Freyheiten von
St. Jakobsabend anzufangen vierzehn Tage hindurch zu
halten; berechtigte den 19. Sept. n. J. die sämmtlichen
hiesi-

---

bb) Archiv. Civit. Stransky l. c. Pelzels Vita Ca-
rol. IV. Urkunde N. LV.

hiesigen Bürger mit ihren Besitzungen inter vivos et
mortis causa vollkommen frey zu walten und zu schal-
ten, doch also, damit eines ab inteſtato Verſtorbenen
die Erbfolge nach den Maaßregeln der königl. Stadt
Prag beobachtet werde; befreyte 1377. den 8. Febr.
die Stadt von der bisher gewöhnlichen Getraidsab-
fuhr nach Sachſen, und geſtattete derſelben ein Um-
geld über die Salzmaaße und ein Schrotamt. Im
Jahr 1379. beſtätigte K. Wenzel IV. die bisher angeführten Vorrechte, ertheilte der Stadt ein unum-
ſchränktes Oberhalsgericht, oder das vor Alters ſo
genannte Officium iuſtitiariae Proprawae, ſo, wie
ſie daſſelbe ſchon ehedem in dieſem ganzen Kreiſe aus-
geübet hatte; ordnete 1394. den 23. Nov. an, wie
die fahrenden Güter in dieſer Stadt verſchooßet werden ſollen, und erlaubte derſelben 1409. den 15ten
Jul. einen Zoll auf der Elbe von den vorbeyſchiffen-
den Handelsleuten abzufodern cc). Während der
huſſitiſchen Unruhen rückte Žižka 1421. mit ſeinen
Taboriten vor Leutmeritz, und foderte die Stadt zur
Uebergabe auf. Die Bürger ſchlugen mit Beyhülfe
einer tapf.rn Gegenwehre die Feinde zu wiederholtenmalen zurück, baten die Prager um Hülfe, und ver-
ſprachen ihnen, daß ſie mit ihnen in allen Stücken
halten wollten, wenn ſie ihre Stadt aus dieſer Gefahr würden gerettet haben. Die Prager ſahen ganz
wohl ein, daß hierdurch ihre Macht um ein merkliches würde vergrößert werden, ſäumten nicht dieſes

drin-

cc) Archiv. Civit.

dringenden Bitte ein geneigtes Gehör zu geben, er-
nannten den Hynko v. Waldstein zum Hauptmann
von Leutmeritz, und schickten denselben in ihren Namen dahin ab, der die Stadt 1423. wider einen
neuen Anfall der Taboriten tapfer geschützt, und denselben 70 mit verschiedenen Beuten beladenen Wä-
gen entrissen hatte dd). Bald darauf aber traten
die Prager 1424. den 19ten Jul. die Stadt
Leutmeritz sammt allen übrigen geistlichen Gütern
dem Litauer Prinzen Korybut ab ee). Nachdem
diese Landesunruhen einigermassen wieder gedämpft
wurden, erhielten die Bürger vom König Ladislaw 1454. den 6. Jän. das Recht eine Brücken-
mauth zu errichten, und 1498. vom K. Wladislaw II. einen Zoll in Thören von den Durchreisenden abzunehmen, der zugleich unlängst bevor 1473.
den 28. Dec. verboten hatte, daß kein Getraid zum
Verkaufe auf der Elbe befördert werden sollte, ohne
bevor die Einwilligung der Stadt Leutmeritz hierzu
einzuholen. Eben zu solchen Zeiten wurde die hiesige
Stadtmauer, die schon an vielen Orten durch die
Länge der Zeit baufällig geworden, wieder hergestellet, und hier und da mit Vollwerken und Basteyen
ausgerüstet ff). Bald darauf 1494. versammelten
sich hier unter K. Wladislaws II. die sämmtlichen
Lan-

---

dd) C. Beneff. a Gelaf. Mon. T. 4. Weleslawin.
   29. Maii. Lupac.
ee) Weleslaw. 19. Jul.
) Stransky l. c.

Landesstände, und hielten daselbst einen allgemeinen
Landtag gg). Im Jahr 1511. den 26sten März
liessen sich hier dermassen große Erdstöße verspühren,
daß die Kirchenglocken einen Laut von sich gegeben
haben. Ein großes, und von Eisen verfertigtes Kreuz
stürzte von der Spitze des Kirchthurmes herab, die
meisten Häuser fiengen zu wanken an, wodurch die
sämmtlichen Einwohner dergestalten geschreckt wurden,
daß sie ihre Rettung auf dem freyen Felde ausser der
Stadt gesuchet haben hh). Beym Anbruche des
sechzehnten Jahrhunderts, nachdem K. Ferdinand I.
den böhmischen Thron bestiegen hatte, der 1547. den
6. Febr. sammt seinem Sohne dem allgemeinen Landtage zu Leutmeriß beygewohnet, und 1556. abermal
mit Augusten I. Churfürsten aus Sachsen die Stadt
besucht hatte ii), erhielten die hiesigen Bürger nicht
nur die Bestätigung aller bisher angeführten Privilegien, sondern bekamen auch überdieß noch 1546.
den 14. Aug. und 1549. den 11. Dec. neue Vorrechte, kraft deren ihnen ein Gymnasium in Leutmeriß zu errichten gestattet, und zugleich verboten wurde,
daß sich kein Jude weder in der Stadt, noch in der
Vorstadt seßhaft machen dürfte. Nebst den bis jezt
erwähnten Freyheiten ertheilten auch die nachfolgenden
Landesfürsten Mathias, Ferdinand II. und III.,
Maximilian, Rudolph II., Karl VI., und die K.

D 3 K.

gg) Paproc. de Stat. Dom.
hh) Lupac.
ii) Adauct. Voigt Münzb. 3. Th. 1. St. §. 3. MS.

K. Maria Theresia der Stadt Leutmeritz manche
herrlichen Begnadigungsbriefe im Bezug auf 4 Jahr-
2 Wollen - und 2 Wochenmärkte, wie auch auf
die Erhöhung des Elbe- und Brückenzolls kk); und
obgleich nach der Zeit in einem und dem andern eine
Abänderung geschehen, so bleiben dennoch diese Privilegien in Ansehung der Ursachen, derenthalben sie
verliehen worden, noch allemal merkwürdig. So
günstig und vortheilhaft als die bisherige Zeiten für
die Stadt Leutmeritz waren, eben so fürchterlich er-
öffnete sich das siebenzehnte Jahrhundert. Im Jahr
1610. wurde ihr das vom Ottokar II. verliehene
Appellationsrecht auf dem Prager Landtag entzogen,
und bald darauf luden sich die hiesigen Bürger die
Ungnade Ferdinands II. selbst auf den Hals. Denn
gleichwie sie anfänglich der katholischen Lehre eifrigst
zugethan waren, und alle Mitbürger, die sich zu
andern Sekten bekannten 1418. fanatischer Weise in
die Elbe herabstürzten, eben so unbeugsam bezeigten
sie sich 1626., als sie die Lehre Luthers abschwören
sollten; ja fünf hundert derselben entschlossen sich lie-
ber ihr sämmtliches Hab und Gut im Stich zu lassen, als von den schon einmal gefaßten Glaubensmei-
nungen abzustehen ll). Im Jahr 1631. ist zwar
Leutmeritz von den Sachsen eingenommen, bald darauf aber durch den tapfern Feldherrn Albrecht von
Waldstein unter den Gehorsam des Kaisers wieder
zurück.

kk) Archiv. Civit.
ll) Stransky l. c.

zurückgebracht worden. Hierauf wurden in dieſer
Stadt 1635. einige Präliminarartikel zu dem Pra‑
ger Religionsfriedensſchluß zwiſchen Ferdinand II. und
Johann Georg I. Churfürſten aus Sachſen abgefaſ‑
ſet mm), die hernach 1638. den 25ſten Septemb.
vom Ferdinand III. und Johann Georg I, der mit
ſeinen vier Söhnen Johann Georg, Auguſt, Chri‑
ſtian, und Mauritz perſönlich allhier erſchienen war,
beſtätiget, und eigenhändig unterzeichnet worden
ſind nn). Das folgende Jahr darauf bemeiſterten
ſich die Schweden dieſer Stadt, plünderten alles rein
aus, und ſchickten eine große Menge verſchiedener
Koſtbarkeiten, die ſie aus den Kirchen und Häuſern
entwendet haben, mittelſt des Elbſtromes nach ihrem
Lande zurück oo). Im Jahr 1741. den 9ten Nov.
wählten die königl. pohln. und churſächſiſchen Trup‑
pen bald nach ihrem Einfalle in Böhmen das Win‑
terquartier in Leutmeritz. Ein gleiches wollten auch
die Franzoſen das folgende Jahr darauf den 25ſten
Sept. verſuchen, ſteckten einen großen Theil der
Vorſtädte, Neuſtadt, Dubina, Woldana, und
Zaſada in Brand, und legten unter dem Kommando
ihres Feldherrn Broglio eine Beſatzung von acht
hundert Mann in die Stadt. So bald der kaiſerl.
königl. Oberſtkriegsbefehlshaber Fürſt von Lobkowitz

D 4 hier‑

mm) Bibliotheca Excell. D. Epiſcopi Litomeric. Miſ‑
cell. Boëm. in 4to Tom. B.
nn) Nicol. Helvicus in Theat. Hiſt. T. 2. L. 26.
oo) Hiſt. S. I. P. 3. L. 6.

hiervon Nachricht bekommen hatte, beorderte er ohne
alle Verweilung den Grafen Wenzel v. Wallis dahin ab, der bedrängten Stadt alle mögliche Hülfe
zu leisten. Die feindliche Besatzung wehrte sich zwar
sechs Tage lang tapfer; da sie aber der überlegenen
Macht keinen hinlänglichen Widerstand leisten konn-
ten, ergaben sie sich zu Kriegsgefangenen, doch mit
solcher Bedingung, daß sie weder den Kroaten überliefert, noch in Ungarn geführt würden, so ihnen
auch beydes zugestanden wurde. Während der wie-
derholten preußischen Kriege mußten abermal sowohl
die Bürger, als auch das hiesige Domkapitel vielen
harten Schicksalen unterliegen. Im Jahr 1744.
wurde der Domdechant Wenzel Regner als Gefan-
gener auf die Hauptwacht in Leutmeritz gebracht, und
1759. Joseph Freyh. Hißerle von Chodau, und
Joseph Hieber, beyde Domherren, als Geißel nach
Leipzig abgeführet. Im Jahr 1778. forderten die
preußischen und sächsischen Truppen von dem hiesigen
Domkapitel allein 30000 fl. Kriegsbeysteuer, legten
bey demselben auf den Befehl des Generallieutenants
von Platten 54 Mann ein, welche die anbefohlene
Summe eintreiben sollten; da sich aber das Kapitel
außer Stand fand solches Quantum zu erlegen, mußte
sich der jezige Domdechant, und Vicarius Generalis
Laurenz Slawik, dem ich seiner erhabnen Kenntnisse nach die meisten der hiesigen Merkwürdigkeiten
zu verdanken habe, sammt dem Domherrn Wenzel
Heller gefallen lassen, als Geißel mit dem Feinde
nach Dreßden zu ziehen, wo sie vier Monate lang

stark

stark bewachet, und dann wieder losgelassen wurden pp). H. Karl Joseph Ritter von Binnenberg, Hauptmann des Kaurzimer Kreises, der uns schon manche wichtige Sachen in seinen Alterthümern vom Königreiche Böhmen bekannt machte, verfasset eine Geschichte von der königl. Stadt Leutmeritz, die er mit ehestem durch die Presse bekannt machen wird. Der Stadtgemeinde gehöret das

Gut Geblitz oder Keblitz.

Her gehören 1) Geblitz, ein böhmisches Dorf von 57 N. mit einer öffentlichen St. Wenzola Kapelle ; liegt ¾ Stund von Leutmeritz südwärts. Die Nahrung des Landmannes besteht in einem mittelmässigen Acker= und Weinbaue. 2) Prosmick von 58 N. mit einer 1762. auf die Veranstaltung des H. Franz Fügners kais. königl. Schiffkommissärs und Leutmeritzer Bürgers erbauten Kirche unter dem Titel des H. Franz Seraph. 3) Pischtian, Pisstiany von 26 N. davon ein Wirthshaus nach Lobositz gehöret. Die Einwohner reden zwar auch deutsch, doch ist ihnen die böhmische Sprache geläufiger.

4) Lukowicz, Lukawecz, von 40 N. davon etwas dem Domdechant in Leutmeritz, und ein sehr geringer Theil nach Lobositz gehöret. 5) Pokraticze von 114 N. davon etwas nach Libeschitz, Trzebauticz, Libochowan, Czernisst, und dem Domdechant

D 5 zu

pp) Archiv. Capitull.

in Leutmeriß gehöret. Nicht ferne von dannen hat man auf dem Berg Mentauer die sogenannten Adler-steine, wie auch zweyerley Gattungen von Gips, als Federgips in Barhanek, und Fraueneis in Lasiß, aber in keiner Menge gefunden.

6) Klotzen, Clutzen von 37 N. 7) Kun-draticze, Kondratiß von 17 N. davon ein Theil nach Libeschiß einverleibt ist. 8) Mikoged von 36 N. mit einer Kirche unter dem Titel des heil. Martins, die schon auf das Jahr 1384. und 1400. unter dem Namen Mlekowid als Pfarrkirche vor-kömmt a). Etwas von diesem Dorfe gehöret nach Libeschiß. 9) Sebusein von 73 N., ein Theil da-von gehöret nach Lobosiß. 10) Kolleben von 3 N. 11) Czirkowicz, Czerkowicze von 18 N. mit einer Kirche unter dem Titel Marien Himmelfahrt, die 1384. mit eignem Pfarrer versehen war; ein Theil von diesem Dorfe und von Kolleben gehöret nach Lobosiß.

Gut Czernischt oder Czersing.

Gehörte ehedem dem Minoritenkloster zu Leut-meriß, und fiel nach dessen Aufhebung der königl. Kammer zu; zählet 44 N.

R.

---

a) LL. Erect. Vol. 13. D. 10.

K. K. Festung Theresienstadt.

Die Anlegung dieser Festung ist 1780. von Sr. kaiserl. königl. apostol. Maj. dem jetzt glorreich regierenden römischen Kaiser Joseph II. angeordnet, und zu solchem Ende das an eben diesem Orte zu solcher Zeit eine ½ Meile von Leutmeriß südostwärts an dem Flusse Eger stehende Dorf Teutsch-Kopist von dem Doxaner Frauenstifte im Monat Februar erkauft worden. Der erste Grund wurde zu diesem Werke noch in diesem Jahre gleich bey Anbruche des Frühjahrs unter dem Kommando des Generalfeldzeugmeisters Graf. von Pelegrini als Direkteurs, und unter der Anleitung des Obersten Freyh. von Steinmetz, Oberstlieutenants de Traux, und Oberstwachtmeisters von Gelph von dem Ingenieurkorps gelegt. Das folgende Jahr darauf ist das gleichgesagte Dorf Teutsch-Kopist abgerissen, und statt dessen ein neues mit Beybehaltung des ehemaligen Namens nahe am Dorfe Lukawecz angelegt worden. Da nun Se. Majestät der Kaiser nach seiner Rückreise aus Moskau 1780. in Theresienstadt angekommen, und den schon ziemlichermassen beförderten Bau dieser neuangelegten Festung in Augenschein genommen hatte, geruhete er den 10ten Oktob. n. J. in Begleitung des Feldmarschalls Grafen von Lasci, des Feldmarsch. Freyherrn von Loudon, des Feldzeugmeisters Grafen von Pelegrini, und der übrigen hier versammelten Generalität den Grundstein zu dem Cavalier sub N. 4. mit dieser theuern Aufschrift: Josephus II. Impe-

Imperator Anno 1780. selbst mit eigenen Händen zu
legen. Seine Majestät ordneten zugleich an, dieser
Festung zu einem ewigen Andenken Seiner theuersten
Mutter, und unsrer allergnädigsten Monarchin, der
K. K. Marie Theresie, den Namen Theresienstadt
beyzulegen. Diese Stadt ist auch mit allen den übrigen königl. Städten gewöhnlichen Vorrechten durch
ein öffentliches Landescirkularschreiben 1783. nicht
nur begnadiget, sondern auch allen und jeden, besonders Handwerksleuten erlaubt worden, sich daselbst seßhaft zu machen, und Häuser zu bauen entweder aus
eigenem Vermögen mit Befreyung von allen Abgaben, Steuern, und Rekroutenstellung auf 30 Jahre,
oder aber aus Aerarialgeldern mit nämlichen Privilegien auf 15 Jahre, jedoch aber mit einer alljährigen
Entrichtung 4 fl. pro cento als Interesse, und 2 fl.
per Abschlag aufs Kapital. Für die Rechtshändel
dieser neu angehenden Bürger ist der Leutmeritzer Magistrat in so lange angewiesen worden, bis Theresienstadt mit eigenem Magistrate würde versehen werden.
Ferner wurde auch anbefohlen eine Pfarrkirche sammt
einer Schule, und ein Bräuhaus in dieser Stadt
aus Aerarialgeldern zu errichten, dessen letztern gänz-
licher Genuß den Bürgern in alle Zukunft gänzlich
zugelassen werden sollte, sobald man die Baukosten
aus den hieraus abfallenden Einkünften würde eingebracht, und bezahlet haben. Unter den neu angelegten Häusern, verdienet das schöne Ingenieurhaus,
die Kasernen, und das Spital angemerkt zu werden.
Bisher prädominiret die böhmische Sprache allhier,
weil

weil die größte Anzahl der Arbeiter der böhmischen
Sprache kundig ist. Bey Eröffnung der Steinbrüche
zur Erbauung dieser Festung wurden allerhand Ver-
steinerungen, als: Meerschnecken, Meermuscheln,
von 16 Gattungen, Blätter von Bäumen, Insekten,
Kräuter, Holz, Würmer u. d. m. in großer Menge entdeckt.

Gut Wrbiczan.

Worwiczany ein nach Tribsch einverleibtes
Schloß und Dorf von 29 N., liegt an der Lowo-
sitzer Poststrasse 1 Meile von Leutmeritz südwärts,
und gehöret dem Franz Karl Tröstl Freyherrn von
Qualtenberg, Sr. kaiserl. königl. apostol. Majestät
wirkl. geheimen Rathe, Kämmerern, und Staats-
rathe. Der Landmann spricht hier deutsch und böhmisch, und suchet seine Nahrung in einem mittelmässigen Ackerbaue.

Allobialgut Brozan.

Im Jahr 1569. hielt selbes im Besitze Sieg-
mund Ritter von Wrzesowicz a). Diesem folgte
Christoph Zagicz von Hasenburg, der 1572. mit
Tode abgegangen, und dieses Gut seinem Bruder
Wenzel Herrn auf Mscheno erblich verschrieben hat-
te b). Jetzt gehöret dasselbe dem Reichsfürsten Franz
Joseph

a) Prager Landtag n. J.
b) Paprocky de Stat. Dom.

Joseph von Lobkowitz, Herzoge zu Raudnitz c), ge-
fürsteten Grafen zu Sternstein, und ist der Herrschaft
Raudnitz einverleibt. Her gehören:

1) Brozan, Brozany ein Marktflecken von
112 N. mit einem dermalen schon kleinen Schloße,
und einer Pfarrkirche, die schon auf das Jahr 1407.
in den Errichtungsbüchern als Pfarrkirche unter dem
Patronatsrechte der Aebtissin in Teplitz vorkömmt d).
Der Bürger sowohl, als auch der Landmann spricht
böhmisch, und ernähret sich durch den Ackerbau.
2) Hostemitz, Hostinicze von 22 N. 3) Rochow
von 32 N. 4) Strzizowicze von 36 N. welches
zwar etwas entfernt bey Schnedowitz liegt.

K. K. Kammeralherrschaften Czisch-
kowitz und Trebnitz.

Gehörte schon zu Anfang des funfzehnten Jahrhunderts dem Frauenstifte bey St. Georg zu Prag,
nachdem aber die sämmtlichen Nonnen dieses Klosters
zu Hussitischen Zeiten vertrieben worden sind, verpfän-
dete der K. Siegmund diese Güter 1436. an den
H. Johann Kaplirz v. Sulewitz um tausend Schock
Prager Gr. mit solcher Bedingung, damit er dieselbe
-so lange geniesse, bis sie wieder von dem Kaiser, oder
von

c) Dieser Namen ist 1786. mit dem ehemaligen Namen von Sagan verwechselt worden.
d) LL. Erect. Vol. 7. K. 10.

von dem befagten Kloſter würden eingelöſet werden a).
Bald darauf, als die Landesunruhen einigermaſſen
wieder geſtillet wurden, kehrten die obgedachten Kloſterfrauen wieder in ihr Stift zurück, und brachten
vom Johann Kaplirz den Marktflecken Trebnitz
nebſt den hierzu einverleibten Dörfern Kotaulitz,
Opolau, Welemin, Kololetſch und Schirzowitz
wieder käuflich an ſich. Da aber zur Zeit des K.
Maximilians II. der Befehl ergangen, die ſämmtlichen geiſtlichen Güter, die während des huſſitiſchen
Auflaufs den Klöſtern entwendet worden, an die
Meiſtbietenden käuflich abzutreten, verſuchte Johann
von Waldſtein bey dieſer Gelegenheit das Gut Trebnitz, und das zu ſolchen Zeiten dem Kloſter Oſſek
zuſtändige Dorf Czernochow an ſich zu bringen, welches ihm aber laut eines 1575. den 4ten Jun. zu
Wien ausgefertigten Hofdekrets abgeſchlagen worden,
mit dieſer Anweiſung, daß der geſtattete Verkauf der
geiſtlichen Güter keineswegs von ſolchen zu verſtehen
wäre, welche noch wirklich die Klöſter in ihrem Beſitze hielten b). Solchemnach blieb Trebnitz bey
dem obgenannten Frauenſtifte, Cziſchkowitz aber bey
dem Geſchlechte der Hrn. Kaplirz von Sulewitz bis
auf das Jahr 1623., in welchem ſelbes dem H.
Adam Kaplirz entzogen, und von dem königl. Fiskus an Wolfen Jlburg Grafen von Wrzeſowitz um
29750

a) Hammerſch. Hiſt. Monaſt. S. Georg.
b) Urkunde in Dipl. Waldſtein. Warrenb. u. Go-
laſ. Mon. T. I.

29750 fl. abgetreten wurde. In einigen Jahren darauf fiel dieses Gut dem Grafen Gustav Adolph
von Varrensbach zu, nachdem er aber ohne allen
Erben verschieden war, brachte selbes Franziska Helena Pyeropin v. Galliano Fürstin und Aebtissin des
gesagten St. Georgiklosters 1797. wieder käuflich an
sich, und ließ es dem Gut Trebnitz einverleiben c).
Nach der Aufhebung dieses Klosters fielen diese beyden Güter der kön. Kammer zu. In einigen Oertern
herrschet hier die deutsche Sprache allein, in andern
aber wird deutsch und böhmisch gesprochen, wie wir
bald genauer sehen werden. Die Nahrung des Landmannes besteht im Getraidhandel, und einem mittelmäßigen Wein- und Ackerbaue. Her gehören:

1) Czischkowtz, Cziffkowicze ein Dorf und
Schloß mit einer Marienhülf Kapelle von 54 N.
eine Stunde von Lobesitz, 7 gem. Meilen von Prag,
und 1. von Leutmeritz südsüdwestwärts entfernt, und mit
einer Pfarrkirche, unter dem Titel des heil. Apostel
Jakobs des G., die 1675. von dem gleich gesagten
Gustav Adolph Gr. von Varrensbach von Grund
auf ganz neu errichtet, und 1707. auf das Ansuchen
der obgenannten Aebtissinn durch den H. Veit des
Prämonstratenserstiftes am Strahof zu Prag Abt,
und Prager Weihbischof den 28sten Aug. feyerlich
eingeweihet worden ist. In dieser Kirche befindet
sich das Portrait des genannten Stifters, und dessen
Gemahlinn mit dem Bildnisse des heil. Ap. Jakobs
unter

c) Hammersch. l. c.

unter folgender Aufschrift: A. 1675. hat der hoch
und wohlgeb. H. H. Gustav Adolph, des heil. röm.
R. Graf von Varrensbach, Herr auf Czischkowitz,
Kossialow, und Neuschloß, der röm. Kaiserl. Majestät wirklicher Kämmerer, und Reichshofrath, und
die hoch und wohlgebohrne Fr. Fr. Maria Sydonia
Gräfinn von Varrensbach, gebohrne Gräfin Schlick,
Gräfinn zu Paßaun und Weißkirchen, Frau auf
Czischkowitz, Kossialow, Neuschloß und Policz
dieses Gotteshaus fundiret, und erbauen lassen. Im
Jahr 1756. hat der Prinz von Bevern, Kommen-
dant der königl. preußischen Armee 21 Tage, und
1778. der Prinz Heinrich aus Preußen 12 Tage
lang das Hauptquartier in dem hiesigen Pfarrhause
gewählet.

2) Schirzowitz, Sstrzewicze, von 43 N. mit
einer St. Bartholomäi Ap. Kirche, die schon auf
das Jahr 1384. und 1397. in den Errichtungsbüchern als Pfarrkirche vorkömmt d), 1675. aber
nach Czischkowitz einverleibt worden ist. Hier sind
folgende Grabschriften anzumerken: Leta 1587. w
Sobotu po S. Varbory — — Vmrsel Vroz. Pan
Girzik Kaplirz — — —. Leta 1588. Trzeti
Nedieł. Postnj — — Pan Buß prostrzedkem czasne
Smrti z tohoto Swieta k sobie powolal Vroz. Pannj
Dorotu Berzskowskau — — —. Leta 1591. we
cztwrtek przed St. Matauſſem dokonal ziwot swug,
a pro-

d) LL. Erect. Vol. 12. I. 19.

Fünfter Theil.   E

a proſtrzedkem Smrti z tohoto Swieta wiſſel Vroz;
a Statecz. Ritirz P. Mikulaß Kaplirz ze Sulewicz
— — Vroz. Pana Zdiſlawa Kaplirze ze Sulewicz,
a na Koſſtialowie Syn a tuto — —.

3) Schelechowitz, Schelchowitz, von 22 N.,
ein Theil davon gehöret nach Tepliß.

4) Wellemin, Welmina, von 64 N., davon
ein Theil nach Loboſiß gehöret, mit einer 1554. unter
dem Titel des heil. Martin B. erbauten Kirche, die
von einem Lokalkappellan adminiſtriret wird. In den
bis jezt angeführten Oertern iſt die deutſche Sprache
allein üblich, in folgenden aber wird deutſch ſowohl,
als böhmiſch geſprochen.

5) Jentſchitz, von 40 N. 6) Koſchtial,
Koſſtialow, Stary Hrady, Koſſalow, Koſcal, von
26 N., führet den Namen von dem nächſt daran
liegenden verfallenen Bergſchloſſe Koſſtial, welches,
wie Hagek behauptet, im Jahr 747. von einem reichen Manne Koſſal aufgeführet, und von deſſen Gemahlinn Bila, Bielicze, nach der Zeit aber von dem
Stifter ſelbſt Koſſalu Hrad genannt wurde. Im
Jahr 1372. im Monate Juny ereignete ſich allhier
ein ſeltſamer Zufall. Es zogen nämlich finſtere, mit
Hagel und ſtarkem Wetterleuchten vermiſchte ſchwarze
Wolken über dieſes Schloß her, ein Wetterſtrahl
fiel plötzlich auf dieſen Ort herab, und ſengte dem
zu ſolchen Zeiten über dieſes Schloß beſtellten Burggrafen Albrechten von Slawietin, und deſſen Gemahlinn beyde Spitzen an Schußen ab, die man
zu Karls Zeiten nach der Art der Franzoſen ſehr läng-
lich

lich trug, ohne dem Fuße die mindeste Verletzung beyzufügen. Diese ungemeine Begebenheit schreckte sie dergestalten, daß sie keinesweges mehr dieses Schloß beziehen wollten e). Dieses Schloß wurde nach der Schlacht am weißen Berg dem Adam v. Wchinitz entzogen, und 1623. an Adam Erdtmann Trczka käuflich überlassen.

7) Wobrzitz, von 19 N., liegt am Fuße des sogenannten Wobroschitzerbergs oder Weyrzedin.

8) Bololetsch, Bollolecz, von 23 N.

9) Trebnitz, Trebenicz, Trzebanicze, Trze-benicze, ein Marktflecken von 149 N., liegt eine halbe Stunde von Czischkowitz südsüdwestwärts, und 7 gem. Meilen von Prag entfernt, an dem Bache Hostina, der seinen Ursprung hinter Merzkles unter dem Namen Modlwasser nimmt, bey Czischko-witz und Lukowitz vorbeyläuft, und unter Lobosit in die Elbe fällt.

Diesem Flecken sind manche Vorrechte vom K. Wenzel II. 1299. den 8. Febr., vom K. Siegmund 1423., vom K. Wladislaw 1507., von K. Ferdi-nand I. 1562., und vom K. Leopold 1683. den 9. Apr. verliehen, und von der K. K. Maria The-resia bestätiget worden f). Die hiesige Pfarrkirche unter dem Titel Marien Geburt kömmt in den Er-richtungsbüchern schon auf das Jahr 1384. und

E 2 1393.

e) Beneff. Metrop. L. 4.

f) Archiv. Civit.

1393. als Pfarrkirche vor g), nach der Zeit aber wurde sie ihres geistlichen Aufsehers beraubt, und erst 1557. abermal zu einer Pfarrkirche erkläret. Diese Stelle vertritt heut zu Tage der H. Joseph Hrdliczka. Bey dieser Kirche kömmt hauptsächlich anzumerken ein mit goldenen Buchstaben, nett angesetzten Noten, und einer kunstreichen Malerey geziertes böhmisches Kirchengesangbuch vom J. 1575.; dasselbe fasset 470 Blätter, die aus eben so viel Kalbfellen verfertiget worden sind.

10) Chodaulitz, Chodowlicze, Koraulitz, Chodolitz, von 46 N.

11) Opolau, Opohlaw, Vpohlawy, von 32 N.

Herrschaft Libochowitz.

Zu Anfang des vierzehnten Jahrhunderts erkaufte der König Johann diese Herrschaft sammt Blapay, Radowesitz, Lhota, und Popels vom Hinko von Sleben, und trat selbe bald darauf 1386. den 26sten Dec. an den Zbinko Hasenburg v. Waldeck Herrn auf Zebrak wieder käuflich ab um 2300 Schock pr. Gr. a). Aus dessen Nachkommen sind uns folgende bekannt: Nikolaus von Hasenburg, der seine ganze Erbschaft, die er an den beyden Marktflecken Libochowitz, und Slawietin zu fordern hatte, sammt

allen

g) LL. Erect. Vol. 12. E. 11.

a) Urkunde Vita Caroli IV. Pelzels P. 1. Paproc. de Stat. Dom.

allen hierzu gehörigen Dörfern an seinen Vetter
Wilhelm v. Hasenburg um 12000 prag. Gr. überlaffen hatte b). Gegen die Mitte des sechzehnten
Jahrhunderts gelangte diese Herrschaft an die Freyh.
von Lobkowiz, aus welchen Johann der ältere
Oberst-Landeshofmeister 1569. den 14. Jun. in hie-
figem Schloffe im 79ften Jahre seines Alters das
Zeitliche gesegnet, und sechs Söhne hinterlaffen hatte.
Seine Leiche wurde in der Prager Domkirche beygelegt c). Diesem folgte Georg von Lobkowiz gleichfalls Oberftlandeshofmeister im Königreiche Böhmen,
und Herr auf Melnik, Komotau und Liczkau, der
eines begangenen Hochverraths beschuldiget, und auf den
Befehl des K. Rudolphs II. 1607. zu Ellbogen enthauptet wurde, wovon wir ein mehreres zu sprechen
bey Komotau die Gelegenheit haben werden. Solchemnach fiel Libochowiz der königl. Kammer zu,
und wurde in nämlichen Jahre an den Fürsten
Siegmund Bathory käuflich überlaffen d). Nicht
lange darauf brachte gegen das Jahr 1616. Adam.
Graf von Sternberg Oberftburggraf im Königreiche
Böhmen diese Herrschaft an sich e), diesem folgte
Adelb. Jgn. Eusebius Graf von Sternberg f),

E 3 der

b) Paprocky de Stat. Dom.
c) Lupac. Paproc. l. c.
d) Hift. S. I. P. 2. L. 4.
e) Hammerfch. Prod. Gl. Pr. et Balbin. Mifc. L. I.
   c. 61.
f) Hift. S. I. P. 4. L. I.

der 1633. mit Tode abgegangen war. Leztlich gelangte sie an die Fürsten von Dietrichstein, und fiel
dem jezt regierenden Herrn Johann Karl Reichsfürsten von Dietrichstein.zu Nikolsburg, Freyherrn zu
Hollenburg, Finkenstein und Thalberg, Obersten
Erblandmundschenken in Kärnten, Obersterblandjäger-
meister in Steyermark, Ritter des goldnen Vließes,
Sr. k. k. apostol. Majestät wirkl. geheimen Rathe
und Kämmerer erblich zu. Die böhmische Sprache
ist bey dem hiesigen Landmanne allein üblich, der
seine Nahrung im Ackerbaue suchet. Hieher gehören:

1) **Libochowicz,** Libochowicze, ein Marktflecken von 133 N. und prächtiges Schloß, so mit einem zierlichen Lustgarten durch die Veranstaltung des
Kardinals von Dietrichstein versehen worden ist,
liegt 2 Meilen vor Leutmeritz, und 6 Meilen von
Prag nordnordwestwärts entfernt, jenseits der Eger,
wo die sogenannte Ueberfuhr Maurach noch im sechzehnten Jahrhunderte vorhanden war g). Nebst der
nicht ferne von dannen auf einer Anhöhe 1721. mit
einem Gottesacker erbauten St. Laurentikapelle, kömmt
hier ferner anzumerken die hiesige Pfarrkirche unter
dem Titel Aller Heiligen, und von der Zeit des aufgehobenen Jesuitenordens unter dem Patronatsrecht
Sr. Majestät des Kaisers, die schon auf das Jahr
1382. als Pfarrkirche vorkömmt h); sie ist 1624.
einge-

g) Gelas. Hist. T. 2.
h) LL. Erect. Vol. 2. M. 3.

eingeäſchert, und 1642. wieder hergeſtellet worden.
Die Aufſicht über dieſe Kirche iſt heut zu Tage dem
H. Erasmus Ferdinandi anvertrauet.   Im Jahr
1424. überfiel Žiſka dieſen Marktflecken, und ließ
den Beſitzer Niklas von Haſenburg, ſammt den
Rittern Johann von Mſcheno, Hinek von Raczino-
wes, und viele andre katholiſche Prieſter verbren-
nen i). Nach Tanners Zeugniſſe wurde hier vor Zeiten der Safran in ſolcher Menge angebauet, daß man
in einem Jahre etliche Eymer Blüthe davon geſam-
melt, und das Seidel für 1 fl. verkauft hatte. Der
böhmiſche Safran hat freylich wenige Blätter, und
keine ſo feurige Röthe, doch aber zieht ihn Ma-
thiolus L. 1. Herbarii de croco, ſeiner Güte wegen
allen fremden, auch ſo gar dem ſicilianiſchen und egyp-
tiſchen vor k).

Johann Bielohorſky, ein hieſiger Bürger, zeich-
net ſich in der Schafzucht und Erziegung einer fei-
nern Wolle vorzüglich aus. Dieſer unermüdete Mann
hat bereits 65 Stück ſpaniſche Schafe beygeſchaft,
und ſparet weder Mühe noch Aufwand, durch gute
Fütterung und Wartung von dieſer Zucht eine ächte
und reine Wolle zu erhalten. Ferner muntert
er auch eine ziemliche Anzahl der hieſigen Mädchen mit erwünſchtem Fortgang zur Baumwollſpin-
nerey an, wodurch er manche Jugend dem gewöhnli-

E 4   chen

---

i) Balbin Miſc. L. 4. §. 96.

k) Tannerus Veſtig. Boëm. Piae in Notis in c. 19.

chen Müßiggange entrissen, dieselbe bey Zeiten zur
Arbeitsamkeit angeeifert, vielen nahrungslosen Familien
hinlänglichen Verdienst beygeschaft hatte, und dieser so
gut getroffenen Anstalten wegen von dem k. k. Lan-
desgubernium belobt, und zur Fortsetzung dieses Fleißes ermuntert wurde.

2) Popels, Poplzie, von 36 N. 3) Ey-
wan, von 53 N. 4) Horka, oder Wiesen Dörfel,
von 10 N.

5) Libuß, von 38 N. 6) Duban, von 55 N.
mit einer uralten Kirche zu St. Peter und Paul,
die laut der Jahrbücher der Libochowitzer Pfarren,
1248. von einem gewissen Herrn von Boranck errichtet, und zu Ende des vierzehnten Jahrhunderts
mit eigenem Pfarrer versehen wurde, von dessen ehemaliger Wohnung noch einige Anzeichen daselbst anzutreffen sind.

7) Brzesany, Brzesain, mit einer naße daran
stossenden St. Wenzelskirche, darinn ein mit dem
Geschlechtswappen des Generals Brisigl, Herrn auf
Rostitz bezeichneter Grabstein zu sehen ist; zählet
sammt 8) Groß Wunitz, Wonitz, 47 N. 9) Klein
Wunitz, von 25 N. 10) Laukorzan, von 23 N.

11) Solan, von 65 N. mit einer Kirche
unter dem Titel des heil. Martins, die 1372. als
Pfarrkirche durch Konráden Kaplirz von Sulewicz,
und abermal 1411. durch Johanna verwittwete von
Trzebiewlicz mit reichlichen Einkünften versehen worden ist 1). 12)

1) LL. Erect. Vol. 1. K. 6. Vol. 8. N. 4.

12) Wlkana, Welkan, von 53 N. 13) Seb-
lec3, von 55 N. 14) Czerniw, von 53 N.

15) Choticschau, von 61 N., mit einer unter
dem Namen Marien Himmelfahrt 1737. wieder
neu hergestellten Kirche, die 1384. mit eigenem
Pfarrer besetzt war. 16) Slatina, Slatiny, von
70 N., mit einer Kirche unter dem Titel des heil.
Johann von Nep. die schon 1384. unter einem andern Namen erbauet, und mit eigenen Pfarrer versehen war, und 1597. wieder verneuert worden ist.
Im Jahr 1462. trat Beneß Probst zu Leutmeriß
mit Einwilligung des ganzen Kapitels die Genußnü-
ßung dieses ganzen Dorfes dem H. Zbinek v. Hasenburg ab m); dieser Ursache wegen ist die hiesige
Dorfgemeinde noch heut zu Tage verpflichtet alljährig
dem Bischofe zu Leutmeriß etliche Schock Meiß. zu
entrichten.

17) Klapay, Klepy, Klopey, von 109 N.,
mit einer Kirche unter dem Titel des heil. Johann
Tauf., die schon 1384. mit eigenem Pfarrer besetzt
war, und 1779. mit vielem Aufwande wieder hergestellt worden ist. Nächst an dem hohen Altare ist folgende Aufschrift zu lesen: A. D. MCCCCXCIII. XXVI.
April. Rdmus in Christo Pater et Dom, D. Bene-
dictus Dei gratia Episcop. Caminensis, et Baro de
Waldstein chorum istum, et altaria de novo con-
secravit, et Ecclesiam reconciliavit ad instantiam gener. et magnif. D. D. Ioannis Leporis cognominati

E 5   de

m) Paproc, de Stat. Dom.

de Hasenburg et Cost. etc. consanguinei sui. Zu
Anfang des sechzehnten Jahrhunderts kam in diesem
Dorfe zur Welt der gelehrte Mann Johann Horak
von Hasenberg, der nach der Zeit nicht nur durch
seine ausnehmende Gelehrsamkeit schätzbar, sondern
auch durch seine friedfertigen Gesinnungen in Absicht
auf die Religion dergestalten bey jedermann beliebt war,
daß er vom K. Ferdinand I. zum Erzieher des Erzherzog Maximilians ernannt, und 1545. von den
sämmtlichen katholischen und utraquistischen Ständen
auf dem Landtage dem K. Ferdinand zum Erzbi-
schoffe zu Prag vorgeschlagen wurde n). Dieses
Dorf führet den Namen von dem nächst daran stossenden Bergschlosse 18) Klapay, davon heut zu
Tage nur zwey ehedem sehr hohe Thürme, und andre
wenigen Merkmale noch zu sehen sind, welches, wie
uns Dalemil berichtet, ein mächtiger Wladik mit
Namen Lew, der nach Herzog Wlastislaws Tode
das Saatzer Gebiet an sich bringen wollte, gegen das
Jahr 874. aufgeführet, und von dannen die Benachbarten gewaltig beunruhiget hatte. Sobald der Prager Herzog Hostiwit von diesen Gewaltthätigkeiten
berichtet wurde, rückte er mit einer starken Mannschaft
vor dieses Schloß, und forderte dasselbe zur Uebergabe auf. Lew vertheidigte sich eine geraume Zeit
so gut als er konnte, wagte einen Ausfall aus dem
Schlosse, allein der größte Theil seiner Soldaten
                                                    wurde

n) David Crinitus. Balbin. Epitome L. 5. c. 12. Adauct.
Voigt Münzb. 3. Th. 1. St. §. 5. u. 2. St. §. 14

wurde von den Pragern niedergehauen, die übrigen
flüchteten sich in größter Eile nach dem Schlosse zurück, wurden aber von den zurückgebliebenen Wei-
bern sehr höhnisch empfangen, da sie ihnen zuriefen,
sie sollten sich unter ihre Röcke verbergen, um daselbst
vor dem feindlichen Anfalle sicher zu seyn. Von dieser Begebenheit soll dieses Schloß anfänglich Klep
(Schamglied), nach der Zeit aber, als selbes den
Herrn von Hasenburg zugefallen war, Hasenburg
genannt worden seyn o). Im Jahr 1431. rückten
die Waisen vor dieses Schloß, erlegten sieben Reiter aus der Mannschaft des Hrn. Zbinko Zagicz von
Hasenburg, 25 derselben aber machten sie zu Gefangenen, und zerstörten das Schloß. Von dieser Zeit
an blieb dieses Schloß allem Ansehen nach wüst und
öde stehen p). Am Fuße dieses Berges liegt ostwärts
das Dorf 19) Radoweßitz, v. 62 N., welches 1336.
der oben angeführten Urkunde, und den wenigen Ueber-
bleibseln zufolge, die hier noch heutiges Tages zu sehen
sind, ehedem ein weitschichtiger Marktflecken war mit
einer Kirche unter dem Titel des heil. Nikolaus.

Gut Woraschitz.

Woraschicze zählet 39 N., gehöret dem Domdechant zu Leutmeriß, und ist mit einer Kirche unter
dem Titel des heil. Nikolaus B. versehen.

Allo-

o) Dalemil. c. 22. Gelaf. Hift. T. 3. Paproc.
p) Bartoff. a Gelaf. Mon. T. I.

Allodialherrschaft Wrschowiß.

Der jezige Besitzer derselben ist Johann Nep., Prokop Reichsfürst zu Schwarzenberg, die er 1783. sammt Lobositz, Kameik und Mohr von der Prinzessin Elisabeth Augusta Markgräfin von Baden und Hochberg käuflich an sich gebracht hatte.

Der Landmann spricht hier böhmisch, und suchet seine Nahrung in einem mittelmäßigen Ackerbaue. Hieher gehören:

1) Wrschowitz, Werſſowicz, ist auf der Charte unter dem Namen Werscheritz angemerkt; ein Dorf von 40 N. und Schloß, ehemaliger Siß der Wrscho-wetzen, davon selbe allem Ansehen nach ihren Namen entlehnet haben a). Liegt am linken Ufer der Eger 6 Meilen von Prag nordwestwärts entfernt.

2) Bistrau, Byſtra, von 11 N., war ehedem mit einer Kirche versehen, die auf das J. 1384. und 1410. in den Errichtungsbüchern als Pfarrkirche vorkömmt b).

3) Wobora, von 28 N., mit einer Pfarr-kirche unter dem Titel der heil. Katharine, die schon 1384. mit eigenem Pfarrer versehen war, und 1731. ganz neu wieder hergestellet worden ist. Sie wird heut zu Tage vom H. Jos. Ant. Etter administrirt.

4) Podhrazka, eine Mühle.

5)

---

a) Gelaſ. Hiſt. T. 2.
b) LL. Erect. Vol. 9. T. 11.

5) Czenczicz, von 29 N., davon 1. nach Slawietin gehöret, mit einer St. Laurenzkirche, die
1384. mit eigenem Pfarrer besetzt war.

6) Bröndorf, Gründorf, von 48 N.

7) Koschow, Choczovium, von 59 N., mit
einer öffentlichen Kapelle zu St. Johann von Nep.
und einer Pfarrkirche unter dem Titel des heil. Erz.
Michaels, die schon 1384. mit eigenem Pfarrer versehen war, welche Stelle heut zu Tage der H. Johann Trenkler vertritt. In dieser Kirche trift man
einen Grabstein mit folgender Aufschrift an: Leta
1611. 30. Xbris Vmrjela Vroz. bohabogna Panni
Katerzina Nedwidkowa, Vroz. a Statecze. Rytirze
P. Bohuslawa Zakosteleczkeho z Bilejowa na Wrsso-
wiczych a Kistrze Panni Matka ꝛc. Das Wappen
stellet einen jungen Bären vor.

8) Podschediellz, von 29 N. 9) Weltiesch,
von 34 N., liegt an dem Pschaner Bache, der im
Saatzer Kreise hinter Pochwalow seinen Anfang
nimmt, bey Diwitz und Pschan nordwärts fortläuft,
und bey Wobora in die Eger fällt.

Allodialherrschaft Liebshausen.

Fiel dem jezigen Besitzer Franz Jos. Reichsfürsten von Lobkowitz, Herzoge zu Raudnitz nach
dessen Vaters Tode erblich zu. Der Landmann
spricht deutsch so wohl, als böhmisch, doch prädominiret hier noch allemal die deutsche Sprache, und suchet seine Nahrung bey der Granatenfabrike, und in
dem

dem Ackerbaue, der hier ein reines Korn und schöne
Gersten trägt. Hieher sind einverleibt:

1) Liebshausen, Liebschhausen, Libeżowes,
Libschovium, ein altes Schloß mit einem wohlangelegten Zier = und Phasangarten, und Dorf von
65 N., liegt im Mittelgebirge 8 gem. Meilen von
Prag nordwestwärts entfernt. Die hiesige Pfarrkirche unter dem Titel des heil. Johann Tauf., der
heut zu Tage der H. Johann Schupp vorsteht, war
schon 1384. mit eigenem Pfarrer versehen, und ist
1396. und 1416. durch die Herren Pessik und Christoph von Miniz mit reichlichen Einkünften versehen
worden a).

2) Schidowiz, von 34 N. 3) Zollschenk.
4) Horżenicz, Horschenz, von 21 N. 5) Schi-
chow, von 4c N. 6) Luschiz, Lužicze, von 58
N., mit einer Pfarrkirche unter dem Titel des heiligen Augustinus Bischof, die schon 1384. mit
eigenem Pfarrer versehen, und 1399. durch den
Herrn Howorka mit einer Wiese beschenkt worden
ist b). Das hohe Altarblatt kömmt von dem mei-
sterlichen Pinsel unsers Brandels her. Die Aufsicht
sowohl über diese Kirche, als auch über die eine Viertelstunde von diesem Dorfe 1766. aus willfährigem
Beytrage einiger Wohlthäter erbaute St. Blasius-
Kapelle, ist jezt dem H. Anton Fr. Ritter anvertrauet.
In dieser gleichgesagten Kapelle ist ein prächtiges

Marien=

a) LL. Erect. Vol. 4. U. 6. Vol. II. N. 9.
b) LL. Erect. Vol. 13. L. 3.

Marienhülf Bildniß zu sehen, welches vor vier hundert Jahren ungefähr nach dem römischen Urbilde in der Kirche S. Mariae Maioris abgenommen, und 1769. von einer Prager Jungfrau mit Namen Hurrin zu dieser Kapelle verehret worden ist.

7) Meronitz, Merunicze, von 77 N., mit einer Pfarrkirche unter dem Titel des heil. Stanislaus B., die schon 1384. mit eigenem Pfarrer besetzt war, und jetzt unter der geistlichen Aufsicht des H. Anton Waczeck steht. Die Einwohner in hiesigen Gegenden beschäftigen sich mit dem Ackerbaue, Obstpflanzen und Granatengraben.

8) Rißut, Ržißut, von 37 N., mit einer Kirche zu St. Bernard Ab., die 1384. mit eigenem Pfarrer besetzt war, zu hussitischen Zeiten aber desselben beraubt, dann nach Liebshausen, und 1778. nach Meronitz einverleibt worden ist.

9) Lestay, von 17 N. 10) Scheppenthal, von 28 N. 11) Lahowitz, von 21 N., liegt zwischen dem hohen Listen= und Kreuzberg.

12) Schelkowitz, Zelkowicze, von 36 N., mit einer uralten, und in der Forme einer türkischen Mosche erbauten Kirche, unter dem Titel der heil. Apost. Peter und Paul, die auf das Jahr 1408. als Pfarrkirche vorkömmt c), zu welcher Zeit die Herren Kaplirz von Sulewitz dieses Dorf im Besitze hatten.

13)

c) LL. Erect. Vol. 9. C. 6.

13) Semtsch, von 21 N., davon etwas nach Czischkowitz und Unter Trziblitz einverleibt ist. Auch hier werden einige Granatensteine gefunden. In diesen letztern fünf Dörfern prädominiret die böhmische Sprache.

14) Moinitz, von 59 N., ein deutsches Dorf, liegt im flachen Lande.

15) Koschtitz, von 47 N., wurde nach der Schlacht am weißen Berge dem Hans von Stambach entzogen, und 1626. den 20sten März an Johann Aldringen käuflich abgetreten d). 16) Zelewitz, Schelewitz, auf der Charte unter dem Namen Schelkowitz, von 22 N. 17) Sinutz, von 16 N. 18) Wodolicz, w. Audoln, von 18 N.

19) Charwatitz, von 22 N., liegt zwischen den Bergen Ordow, Breitberg, Pobutniczky, und Maly Horky. 20) Minichhof, Münchhof, von 27 N.

21) Hradek, von 27 N. 22) Teinitz, von 55 N. Hieher sind auch einverleibt die hinter Grab nächst an sächsischen Gränzen gelegenen Dörfer:

23) Moldau, von 81 Bauernhütten, die an einem unbekannten Bache liegen, und sich auf eine Stunde weit erstrecken, mit einer Pfarrkirche unter dem Titel Marien Heimsuchung, welche 1686. vom Wenzel Popel von Lobkowitz errichtet, und 1629. mit einem katholischen Pfarrer besetzt worden ist. Diese Stelle vertritt jetzt der H. Wenzel Sieber.

24)

d) MS.

24) Balkofen, von 4 N. 25) Grünwald, von 65 N. Geburtsort des berühmten Tonkünstlers Joseph Bär, der sich zu wiederholtenmalen sowohl zu Wien, als auch an andern Höfen, und zweymal zu Prag in der Versammlung eines hohen Adels bey dem jezigen Oberstburggrafen Franz Anton Reichsgrafen von Nostitz und Rhinek, auf dem Klarinet, welches er so meisterlich zu traktiren weis, hören ließ.

26) Zuckmantel, von 36 N., liegt nahe an Teplitz nordwärts. Die Hauptnahrung dieses Dorfes ist die Strumfwürkerey.

27) Reichen, von 146 N., sonst auch Reichenau genannt, mit einer 1713. auf die Veranstaltung der Fürstinn Wilhelmine von Lobkowitz, gebohrnen Gräfinn von Althann, ganz neu unter dem Titel des heil. Ap. Bartholomäus wieder hergestellten Kirche.

Gut Bieloschitz.

Gehöret dem Reichsgrafen Johann Karl Chotek v. Chotkowa und Wognin, Großkreuz des heil. Stephansordens, Ritter St. Wenzeslai, Obersten Erblandthürhüter in Oesterreich ob der Ens, Sr. kaif. königl. apostol. Majestät wirkl. geheimen Rathe, Kämmerer, und Generalfeldzeugmeister.

Der Landmann spricht hier deutsch, und ernähret sich durch den Ackerbau, und Obstpflanzen. Hieher gehören:

1) **Bieloschitz,** Bielofficze, ein Schloß und Dorf von 37 N., liegt am Fuße des Bergs Bielausch 9 gem. Meilen von Prag nordwestwärts entfernt, und ist mit einer Kirche versehen.

2) **Bozel,** Bozly, von 41 N., mit einer Pfarrkirche unter dem Titel des heil. Martin B., die schon 1384. mit eigenem Pfarrer besetzt war, und 1409. von der Fr. Anna verwittweten Brabicze v. Radecz 1 Schock jährlicher Zinsung erhalten hat a).

3) **Milay,** Miley, von 13 N. 4) **Skirzina,** von 31 N.

Gut Trziblitz.

Gehörte zu Anfang des vorigen Jahrhunderts dem Ritter Georg Audrczky von Audrcz a). Nach der Schlacht am weißen Berge wurde selbes des gleichgesagten Georgs Erben entzogen, und an den Hrn. Johann Kitirz 1623. den 5ten April sammt Drzewczicz um 41000 fl. abgetreten. Der jetzige Besitzer desselben ist Adalbert Wenzel Reichsgr. von Klebelsberg, Freyherr zu Thumburg, Sr. k. k. apostol. Majestät wirkl. geheimer Rath und Kämmerer. Die böhmische Sprache hat bey dem hiesigen Landmanne den Vorzug, der seine Nahrung durch den Ackerbau und durch Erschürfung der Granatensteine befördert, die man hier noch immer in gleicher Menge,

a) LL. Erect. Vol. 8. E. 9.
e) Prager Landtag v. 1615. J.

Menge, wie im vorigen Jahrhunderte b) gewinnet.
Hieher sind einverleibt:

1) Trziblitz, Trzebiwlicz, Trzebiewlicze, ein
Dorf und Schloß von 76 N., liegt 7 gem. Meilen
von Prag nordwestwärts entfernt, wird in Unter
Trziblitz, von dem das gegenwärtige Gut den Namen
führet, und Ober Trziblitz, so nach Liebshausen gehöret,
eingetheilet, und ist mit einer Kirche unter dem Tit.
des heil. Wenzels M., versehen, die schon 1384.
mit eigenem Pfarrer besetzt war, und 1405. den
21sten Oktob. durch die Herren Rudiger und Erhard
von Skalka mit 2 Sch. Prager Gr. beschenkt worden ist c).

2) Trzemschitz, von 42 N., mit einer unter
dem Titel des heil. Johann von Nep. 1722. erbauten Kapelle.

3) Pleschen, 1725. angelegtes Dorf von 10
N. 4) Jetschan, Jenczan, von 27 N.

Allodialherrschaft Dlaschkowitz.

Gehörte zu Ende des vorigen Jahrhunderts den
Freyherren Putz v. Adlersthurm, dann verfiel selbe
an die Grafen von Hrzan, und wurde 1731. an die
Grafen von Hatzfeld käuflich abgetreten, von denen
sie an den jezigen Besitzer Karl Friedrich Reichsgr.
von Hatzfeld zu Gleichen, Edlen Herrn zu Willen-
berg,

F 2

b) Stransky R. B. c. 1. §. 6.
c) LL. Erect. Vol. 7. C. 6.

berg, Ritter des goldnen Vließes, und Großkreuz
des St. Stephansordens, Sr. kaiserl. königl. apostol.
Maj. wirkl. geheimen Rath und dirigirenden Staats-
minister in inländischen Geschäften erblich gelangte.
Der Landmann ist der deutschen sowohl, als der böhmischen Sprache kundig, und befördert seine Nahrung nebst dem Feldbaue, Obst- und Getraidhandel,
hauptsächlich durch Erschürfung der Granatensteine.
Hieher gehören:

1) Dlaschkowitz, Dlaskowitz, Dlazkowicze,
ein Dorf von 38 N. mit einem Schloße, das mit
einem prächtigen Ziergarten, und Treibhause versehen
ist, und einer Pfarrkirche unter dem Titel des heil.
Wenzel M., die 1670. vom Johann Ign. Domi-
nik Freyherrn von Putz aufgeführet, und unter die
Zahl der Pfarrkirchen versetzt worden ist; liegt $\frac{3}{4}$
Stund von Trebnitz westsüdwärts, und 7 gem.
Meilen von Prag entfernt.

2) Podsedicze, von 62 N., so zu Ende des
vorigen Jahrhunderts den Rittern Albrecht und Johann von Wrzesowicz zugehöret hatte a). 3)
Chraschtian, von 44 N., liegt am Fuße des Bergs
Hradek, auf dessen Gipfel noch einige Merkmale des
verfallenen Schloßes Diakowa, ehemaligen Rittersi-
tzes der Herren von Diakowa und Chota wahrzunehmen sind, zwischen diesen zweyen Dörfern gräbt man
in einer sandigen Gegend 3 bis 4 Klafter tief häufige Granaten von schönster Gattung, die hernach in
der

a) Prager Landtag v. J. 1561. und 1571.

der sogenannten Granatenwäsche gereiniget, dann in
die 1770. angelegte herrschaftl. Granatenfabrike nach
Podsedicz gegen eine nach dem Gewichte bestimmte
Bezahlung abgeführet, daselbst geschliffen, poliret, ge-
bohret, brilliantirt, und an die Liebhaber sowohl in,
als außer dem Lande käuflich abgesetzt werden.

4) Lhota, von 16 N. 5) Lippey, von 22
N., mit einer Kirche unter dem Namen des heil.
Apost. Bartholomäus. 6) Merzkles, von 44 N.

7) Suttom, von 38 N., mit einer Pfarrad-
ministraturkirche unter dem Titel der heil. Apost. Peter und Paul, die schon 1388. mit eigenem Pfarrer versehen war b), und 1630. durch Johann
Adam Hrzan von Harras und Kaplirz, dann 1716.
auf die Veranstaltung der Gräfinn Anna Sigis-
munda Hrzan von Grund auf ganz neu erbauet worden ist. Sie wird heut zu Tage von dem Hrn. Franz
Kinzler administriret. In diesem ganzen Kirchspiele
herrschet die deutsche Sprache. Dieses Dorf liegt
unter dem so genannten Berge Brzizek oder Busch-
berg, und fiel durch die Vermählung eines Fräul.
Putz v. Adlersthurm, oder wie andre wollen von
Adlersburg dem Grafen Ferdinand Hrzan zu.

8) Skalka, von 8 N., mit einem Meyerhofe,
und einem alten Schlosse, das ehedem mit einer Kapelle versehen war, darinn während des Baues
der Pfarrkirche der Gottesdienst eine Zeit lang gehalten wurde. Nahe an diesem Schlosse ist ein hoher

F 3   Thurm,

b) LL. Erect. Vol. 12. A. 20.

Thürm, der vor Alters zum Gefängniſſe diente, und ein wohlangelegter Phaſangarten zu ſehen.

9) **Trzinka**, von 6 N.

10) **Tepley**, von 6 N., mit einer Marienka= pelle und einem Geſundbade, das 1710. durch eine an den hier anſäßigen Bauer Wawrzincez verehe= ligte Magd Maria Eliſabeth entdeckt worden iſt.

11) **Wlaſtiſlaw, Watiſlaw, Waczlaw,** jezt ein Dorf von 48 N., mit einer an der ſo genannten Modlwieſe erbauten öffentlichen Kapelle zu St. Jo= hann von Nep., ehedem aber eine wohlbefeſtigte Stadt, welche der Saazer Herzog Wlaſtiſlaw zwi= ſchen den Bergen Meduecz (Netluk) und Przipecz (Priſen) angelegt, und hieraus, weil ihm die Feig= heit des Prager Herzog-Neklans gar zu wohl bekannt war, ſo lange deſſen Vaſallen mit Plündern und Rau= ben beunruhiget hatte, bis er von dem tapfern Feld= herrn Tyr, wie wir ſchon bey Turſko erwähnet ha= ben, eine Hauptniederlage erlitten hatte c). Nach der Zeit wurde Dobromir zum Herzog von Saaz er= nannt, der ſich unter den Schuz des Kaiſers Otto I. begab, und hierdurch bey dem Prager Herzog Bo= leſlaw I. ſehr verhaßt machte. Dieſerwegen rückte Boleſlaw 936. vor die Stadt Wlaſtiſlaw, ſchlug die ſämmtlichen Hülfstruppen, die während dem Wlaſtiſlaw aus Sachſen erhielt, auf das Haupt,

und

---

e) Coſmas Metrop. L. I. Pulkava a. Gelaſ. Mon. T. 3. Aeneas Sylvius. c. 10.

und ließ die ganze Stadt zerstören d). Die böhmi=
schen Granaten, welche den orientalischen vorgezo=
gen, in verschiedenen Kreisen aus den Flüßen herge=
holt, und aus den Bergen losgerissen werden, sind
auch in hiesiger Gegend von Wlastislaw an bis an
Wschechlap in solcher Menge zu finden, daß man
ehedem die Gartenbeeten damit bestreuet hatte. Sie
wurden anfänglich zum Theil in Turnau geschliffen,
größtentheils aber, weil man sie zu solcher Zeit noch
nicht zu bohren wußte, roh außer Land nach Freyburg
verführet, daselbst poliret, wieder zurück nach Böh=
men gebracht, und Schnürenweis nach Verschieden=
heit der Größe, ein Tausend um 6 bis 100 und
mehr Gulden verkauft. Nach der Zeit aber, um
von einem so herrlichen Landesprodukte einen größern
Vortheil zu ziehen, ist alle Ausfuhr der rohen, und
Einbringung der verarbeiteten Granaten verboten, und
von dem jezigen Besizer dieser Herrschaft in Gesell=
schaft des Philipps Reichsgrafen von Kollowrat da=
maligen Oberstburggrafen in Böhmen hier auf den
ehemaligen Festungswerken eine Schleifmühle, und
Granatenmanufaktur errichtet worden, von dannen
die verarbeiteten Granaten in die Niederlaze nach
Prag überbracht, und daselbst verkauft werden e).

F 4   2)

d) Witichind. a Gelaſ. Hiſt. T. 3. Balbin. Epitom.
   et Miſc. L. 3. c. 21.

e) Ferber l. c.

12) Diakowa, von 9 N., liegt unter dem Berg Hradek, ist auf der Charte unrichtig unter dem Namen Jakuba angemerkt.

13) Neugründl, ein mitten auf dem obrigkeit- lichen Grunde angelegtes Dörfchen von 7 N.   14) Krasney, Chrasney, Chrastney, von 9 N., liegt nahe an dem so genannten Netluker oder Kohlberge.

Gut Boretsch.

Der jezige Besitzer desselben ist Johann Wenz. Keisky Freyh. von Dubnitz. Die gewöhnliche Nah- rung des hiesigen deutschen Landmannes besteht in dem Ackerbaue. Hieher gehören:

1) Boretsch, Borecz, Borczi, ein Dorf von 21 N., und schönes Schloß, so mit einer Marien- kapelle versehen ist; liegt 7½ Meile von Prag, und 1½ Stund von Leutmeritz westwärts entfernt.

2) Radositz, von 15 N., liegt nahe an dem Berg Owczin, und gehöret zum Theil nach Lobo- sitz. 3) Rezny Augezd, oder pod Wostrym, von 17 N.

4) Bilinka, von 14 N., und 5) Woparn, Woparna, von 34 N., gehören zum Theil nach Lo- bositz; nächst an dieses Dorf stößt das verfallene Schloß gleiches Namens.

6) Wchynicze, Chinitz, von 34 N.

Allos

Allodialherrschaft Lobofitz.

Gehörte zu Anfang des vierzehnten Jahrhunderts dem Cistercienserstifte zu Zell in Meißen laut einer Urkunde, kraft welcher Karl IV. demselben bestättigte die Besitzungen in Böhmen: Lobofitz, Sonieczek, Sulewitz, Milhalt oder Niederschein, und Weßele mit allen Freyheiten, die es von den böhmischen Königen Ottokar, Wenzel und Johann jemal erhalten hatte a). Nach der Zeit gelangte diese Herrschaft an die Grafen von Waldstein, aus welchen Adam der jüngere Herr auf Kammerburg, Lobofitz und Dimokur Oberstlandeshofmeister bey unserm Hammerschmied b) auf das Jahr 1633. vorkömmt. Von diesem gräflichen Geschlechte kam dieselbe käuflich an die Markgräfinn von Baden Baden Sylvia Katharina, und dann erblich an die Prinzessinn Elisabeth Augusta aus eben diesem markgräflichen Hause, die solche Herrschaft 1783. an den jetzt regierenden Johann Prokop Reichsfürsten zu Schwarzenberg käuflich abgetreten hatte. Der Landmann spricht hier allgemein deutsch, und befördert seine Nahrung durch den Wein- Obst- und Ackerbau. Hieher gehören:

1) Lobofitz, Lobofycze, eine im Jahr 1600. den 4 Jul. vom K. Rudolph II. erklärte Stadt von

F 5

a) Balbin L. Litt. Publ. Pelzels Vita Caroli IV. P. I.

b) Prod. Gl. Prag.

132 N., liegt am linken Ufer der Elbe nicht ferne von dem Berg Lowoß oder Lobofch 7 gem. Meilen von Prag, und eine Stunde von Leutmeritz westwärts entfernt, führet zum Wappen zwey Thürme im blauen Felde und ein offenes Thor mit einem Schütz- gitter, unter welchem ein Löw vorgestellet wird, und ist mit einer k. k. Poststation, von dannen eine Post bis Budin, und 1½ bis Außig gerechnet wird, wie auch mit einer prächtigen Pfarrkirche unter dem Ti- tel des heil. Wenzels versehen, die schon auf das Jahr 1385. als Pfarrkirche vorkömmt c), und 1722. ganz neu wieder hergestellet wurde. Man trift da- selbst einen Grabstein unter folgender Aufschrift an: Maria Francisca Marchionissa Badensis et Hochber- gensis nata Landgravia de Fürstenberg Vidua obiit 7. Martii 1702. Die Aufsicht über diese Kirche ist jezt dem Herrn Joseph Wagner anvertrauet. Im Jahr 1756. den 1. Oktob. gieng hier eine blutige Schlacht vor zwischen den kaiserl. königl., und preußi- schen Truppen. Beyderseits wurde sehr tapfer ge- fochten, von der österreichischen Seite zählte man den General Radikay, von der preußischen Seite die Feld- herren Luderitz, Oertzen und Holzendorf unter den Todten. Nächst an der Poststrasse gegen Norden ließ die hiesige Stadtgemeinde 1766. eine Ehrensäule mit folgender Aufschrift errichten, die hier deutsch, böh- misch und lateinisch angemerkt ist: Hier Ist Der

Ort,

---

c) LL. Erect. Vol. 13. A. 10.

Ort, Wo Kaiser Ioseph speiste, erst Den Streit-
platz fah, Dann nach Sachsen reiste.

2) Sulowitz, von 21 N., mit einer Kirche
zu Aller Heiligen; gehörte 1615. dem Hrn. Wenzel Kaplirz von Sulewitz d).

3) Prifen, von 19 N.   4) Welbotta, von
34 N.. 5) Burtomirz, Budimirz, von 30 N., gehöret zum Theil nach Boretsch.

6) Dubkowicz, von 23 N., liegt am Fuße
des so genannten Gübaczka oder des Hammelbergs.
An dem herrschaftlichen Mayerhofe sind drey von
Stein gehauene Wappen zu sehen.   Das erste stellt
einen Pfeil vor mit der Aufschrift: Waczlaw Wa-
latka z Blenczic.   Das zwepte einen Flügel, mit
der Ueberschrift: Zofka Banczowna z Kauczie. Das
dritte ein Hirschgeweih mit dieser Schrift: Anna
Strogeticzka z Strogeticz.

7) Boschnay, von 10 N.   8) Weiß Augezd,
von 15 N.   9) Koscholka, von 10 N., davon 1.
nach Sobochleben gehöret.

10) Lichtowitz, von 34 N., davon 1. nach
Sobochleben gehöret; liegt unter dem Berg Dobrey,
worauf ein gutes und reines Getraid gebauet wird. Hin-
ter diesem Dorfe trift man nahe an der Elbe eine von
Stein gehauene Säule mit dem Bildnisse des heil.
Anton von Padua, und dem gräfl. Kostizischen
Wappen an, die zu Anfang des gegenwärtigen Jahr-
hunderts vom Grafen Anton Nostiz aus folgender
Ver-

d) Prager Landtag n. J.

Veranlaſſung errichtet worden iſt. Ein muthiges Pferd welches dieſer Graf ritt, wurde auf der ſo genannten Ue-berfuhr Pram ſcheuch, ſtürzte ſich ſammt dem Reiter in die Elbe, kam an dem entgegen gelegenen Ufer zwar wieder heraus, rannte aber in voller Wuth bis an den gegenwärtigen Ort, wo ſich der gleichgeſagte Gräf mit-telſt eines Baumaſtes von dieſem wilden Pferde los-gemacht, und ſein Leben aus der drohenden Gefahr glücklich gerettet hatte.

11) Kletſchen, von 13 N., liegt am Fuſſe des Bergs gleiches Namens.

12) Sahorž, Zahorž, von 11 N.

13) Schuna, Žina, ein Dorf an dem ſo genann-ten Gebirge Paſſka pole, von 26 N., davon etwas nach Linay gehöret, mit einer Pfarrkirche unter dem Titel der Kreuzerfindung, die gegen das J. 1564., wie ſolches die an einem ſteinernen Pfeiler angebrachte Jahrszahl anzeiget, errichtet, und 1705. von der Czochauer Pfarre getrennet, und mit eigenem Seelſorger verſehen wor-den iſt. Die große Kirchenglocke iſt 1517., die klei-nere aber 1571. zur Zeit des huſſitiſchen Predigers Barthol. Sobieſlawſky gegoſſen worden. 14) Ra-zein, von 18 N. 15) Klein Czernoſek, von 38 N. 16) Bernay. 17) Nemſchen, von 19 N., gehöret zum Theil nach Zahorzan und Tirmitz.

Majoratsherrſchaft Linay.

Der jezige Beſitzer derſelben iſt Franz Anton Reichsgraf v. Noſtitz und Rhinek, der ſie nach dem
ſelbe

seligen Hintritte seines Vaters erblich übernommen hatte. Dem hiesigen deutschen Landmanne fließt die gewöhnliche Nahrung aus dem Obst = Wein = und Ackerbaue zu. Hieher gehören:

1) **Linay**, von 13 N., mit einem Schlosse, das mit einer überaus schönen Orangerie versehen ist; liegt am linken Ufer der Bila 9 gem. Meilen von Prag, und 2 von Leutmeritz nordwestwärts entfernt. Im Jahr 1778. im Monat August lagerte sich hier der sächsische General Freyherr von Karlsburg, der die wahre Maxime eines tapfern Soldaten hatte, die nicht in der Plünderung und Beraubung des Landmannes, sondern in heldenmüthiger Ueberwindung seines Gegners besteht. Er lag hier sammt seiner Mannschaft sieben Wochen lang, und weil der herrschaftliche Waitzen aus Mangel des nöthigen Zugviehs, welches mit mannigfältiger Vorspann andererseits beschäftiget war, auf dem Felde liegen blieb, ließ er mit seinen eigenen Pferden denselben an gehörigen Ort überbringen. Während solcher menschenfreundlichen Handlung dieses Feldherrn gieng die übrige Mannschaft indessen über den herrschaftlichen Weinkeller los, wie es bey solchen Fällen fast nicht möglich ist die Soldaten allemal in gehöriger Ordnung zu halten, und leerte 81 Faß Wein rein aus.

2) **Graditz**, von 29 N. Man hielt ehedem als gewiß dafür, daß der ehemalige Besitzer dieses Landgutes Przemißl, als er auf Libussen Veranstaltung vom Pfluge zur herzoglichen Würde berufen wurde, seine

Peit.

Peitsche in eine Nußstaude verwandelt hätte a). Dieser Ursache wegen ließ K. Karl IV. diese Nußstaude,
welche mitten auf einem Acker stand, mit einer
Mauer umringen, machte die zwey Brüder und Einwohner dieses Dorfes Ludolph Eyrota und Kunzie
Rodoste von der Unterthänigkeit des Heinrichs von
Lippa, an den sie vom König Johann verpfändet
worden sind, los, und sprach sie von allen Steuern
und Abgaben frey mit solcher Bedingung, damit sie
und ihre Nachkommen die przemisseische Nußstaude
fleißig besorgen, und die sämmtlichen Früchte davon
alljährig zur königlichen Tafel abliefern b). Dieses Vorrecht wurde von allen nachfolgenden Königen
bis auf Ferdinanden III. bestätiget, und die auferlegte
Pflicht von den Stadizer Einwohnern bis auf das
Jahr 1701. sehr genau beobachtet. Nachdem sie aber
bemüßiget wurden manche der ihnen verließenen Freyheiten fahren zu lassen, unterliessen sie auch der auferlegten Schuldigkeit fernr nachzukommen c).

3) Suchey, von 19 N.   4) Morawan, von
20 N.   5) Habrowan, von 25 N.

6) Czogg, Rzechlowicze, von 35 N., mit
einer Pfarrkirche unter dem Tit. der h. Dreyfaltigkeit,
und einem verfallenen Schlosse, so ehedem Friedrich v.

Blla

a) Cosmas L. 5.   Pulkava 2. Gelas. Mon. T. 3.

b) Urkunde 2 Balbin. Misc. L. 8.   Aeneas Sylvius,
c. 6.

c) Gelas. Hist. T. 2.

Bila bewohnt hatte d). Nach der Schlacht am weißen Berge wurde diese ganze Herrschaft an den königl. Fiskus gezogen, und an den Freyherrn Otto v. Nostiß um 19311 Schock 14 gr. käuflich abgetreten. Dieser Ort giebt in der königl. Landtafel die Benennung dieser ganzen Herrschaft.

7) Profanken, von 19 N.   8) Saleß, von 72 N., davon ein Theil der Stadt Leutmeriß zugehöret.

Allodialherrschaft Tirmiß.

Vor der Schlacht am weißen Berge gehörte selbe dem Hrn. Johann Heinrich Kunaß a).

Dem jezigen Besißer Friedrichen Reichsgrafen von Nostiß und Rhinck, Sr. kaiserl. königl. apost. Majestät wirkl. Kämmerer, Generalfeldmarschalllieutenant, Inhaber eines Dragonerregiments, und Kapitain der k. k. deutschen Leibgarde zu Fuß und der Trabanten, ist selbe nach dem seligen Hintritte seines Vaters Franz Wenzels 1765. erblich zugefallen.

Der Landmann spricht deutsch, und sucht seine Nahrung im Obst- Wein- und Ackerbaue; zu Tirmiß wird auch vieles Tuch verfertiget. Hießer gehören:

1) Tirmiß, Türmiß, Trmicze, ein 1664. den 30. Dec. von K. Leopold erklärter Marktflecken, von

d) Prager Landtag v. J. 1615.
a) MS.

von 107 N., mit einem wohlgebauten Schloſſe, das mit einem ſchönen Obſt- Zier - und Küchengarten verſehen iſt; liegt an der Bila 9 gem. Meilen von Prag, und eine Stunde von Auſſig weſtſüdwärts. Die Pfarrkirche unter dem Titel Marien Geburt iſt ein feſtes und geraumes Gebäude. Die größere Kirchenglocke führet folgende Aufſchrift: Anna Bunawin gebohr. Tirmiczkin von Michlen Frau auf Terſchen, Bodenbach, Türmiz und Stöben; Rudolph v. Bünau, der ältere Günter v. Bünau, Rudolph v. Bünau der jüngere Gebrüdere auf Terſchen. Johann Langenberger Schoſſer zu Türmiz. Andreas Portenreiter Pfarrer zu Türmiz 1615. Die kleine iſt mit dieſen Worten bezeichnet: Zu Ehren der h. Barbara, und Troſt der ſterbenden Pfarrkinder hat dieſes Glöckel dem Türmizer Gottshaus verehret P. Ioannes v. Rzaſne des h. Ciſtercienſerordens Profeß zu Königsſaal, und der Zeit Adminiſtrator der Türmizer Pfarre ꝛc. ꝛc. 1701.

2) Schönfeld, von 48 N., mit einer Kirche unter dem Titel des h. Martin B.; liegt am Bache gleiches Namens, der ſeinen Urſprung hinter Kraupen nimmt, und bey Tirmiz in die Bila fällt. 1718. den 28. Jul. brannte dieſes ganze Dorf ab.

3) Hottowies, Huttenwieſe, von 20 N. 4) Augeſt, von 5 N. Man ſieht ganz leicht ein, daß dieſer Namen von dem böhm. Augezd herabſtamme, welches ſo viel als einen offenen Ort anzeiget, der mit keinem Graben oder Mauer umgeben iſt, oder wie

andre

andre meynen, einen Acker, den man in einem Tage mit einem Joch Ochsen bearbeiten kann, bedeute.

5) Boſten, von 19 N. 6) Ellenbogen, von 21 N. 7) Podlaſchin, von 27 N., ſo auf der Charte unter dem Namen Perleſchin angemerkt iſt.

8) Zwika, Quikau, von 15 N. 9) Raud= niſ, Raudnik, von 27 N., mit einer St. Wen= zelskirche, die 1384. mit eigenem Pfarrer verſehen war.

10) Senſel, von 13 N. 11) Weſchen, von 21 N. 12) Trakowa, Drakowa, von 11 N.

13) Serbitz, von 18 N. 14) Steben, von 24 N., mit einer Filialkirche, die 1384. ihren eigenen Pfarrer hatte. 15) Dubitz, von 33 N.

Folgende Dörfer liegen etwann 2 Meilen von Tirmitz entfernt links an der Elbe. 16) Böhmiſch Bockau, von 21 N., mit einer Pfarrkirche unter dem Titel des heil. Johann Tauf.

17) Maſchkowitz, von 4 N. 18) Baußka, von 3 N. 19) Zwallen, von 34 N., etwas da= von gehört nach Linay. 20) Luſchwitz.

Fideikomißherrſchaft Teplitz.

Gehörte zu Ende des zwölften Jahrhunderts den Kloſterfrauen Benediktinerordens, welche hier die Königinn Judith, Wladiſlaws II. Gemahlinn, 1171. ſehr reichlich geſtiftet, und mit vielen liegenden

Fünfter Theil. G Grün=

Gründen und Gütern beschenkt hatte a). Die zur Erbauung dieses Klosters und der Kirche unter dem Titel des h. Johann Tauf., welche jezt die Dechant-kirche ist, und zur Anschaffung eines ungemein kostbaren Kirchengeräths verwandten Kosten sollen sich auf 1000 Mark Silbers, und 300 Mark Goldes belosfen haben b). Die gleichgesagten Klosterfrauen errichteten auf dem Ort ihrer Grabstätte mit Genehmhaltung ihres Probsten Timon von Boldicz einen Altar unter dem Tit. Aller Heiligen, erhielten 1370. den 12 Febr. vom K. Karl IV. die Erlaubniß einen Wohlthäter aufzusuchen, der für das Kloster ein tägliches Meßopfer auf immerwährende Zeiten stiften wollte c), und blieben in ruhigem Besitze ihrer Güter bis auf das Jahr 1426., in welchem Prokop der Kahle die Stadt Teplitz und Graupen überfallen, die Gott geweihten Jungfrauen auf das grausamste gemißhandelt und fortgejagt, das Kloster in Brand gestecket, und endlich der K. Wenzel die sämmtlichen Oerter Ludiz, Bilin, Kostomlat, Außig und Teplitz dem Jakubko Wrzezowecz pfandweis eingeräumet hatte d). Nicht lange darauf trat Ludwig Kö-

nig

---

a) Chron. Siloën. a Gleaf. Mon. T. 1. Vincentius ibidem. Anonymus ibidem T. 3. Aeneas Sylv. cap. 24. Balbin Miscel. L. 4. §. 89. Gelaf. Hist. T. 5.

b) Hagek ad A. 1146.

c) LL. Erect. Vol. 1. D. 6. F. 6.

d) Bartoss. a Gelaf. Mon. T. 1. Balbin. Misc. L. 8. c. 21. §. 7.

nig in Böhmen die übrigen Gründe dieses zerstörten Klosters an den Herrn Siegmund Hromada von Boßi, und dessen Sohn Johann mit solcher Bedingung ab, daß sie selbe in so lange besitzen können, bis der König oder die ehemaligen Besitzer dieselben wieder einlösen würden e). Der K. Georg Podiebrad bestätigte diese Verpfändungen 1467. f), und solchemnach blieb Teplitz bey dem Geschlechte der Wrze-zoweczen, die das ehemalige Kloster in ein Schloß umgeschaft haben, bis auf den böhmischen Kammer-präsidenten Wolfgang von Wrzezowecz, der 1569. den 21sten März das Zeitliche gesegnet hatte, und in der jezigen Dechantkirche, die er kurz bevor ganz neu wieder herstellen ließ, zur Erde bestattet wurde g). Diesem folgte Wenzel Wrzezowecz von Wrzezo-wicz h), dessen einzige hinterbliebene Tochter Magdalene sich an einen aus dem Geschlechte der Herren Kinsky von Wchinitz und Tetau verehelichet, und die nach ihrem Vater ererbten Güter Daubrawska Hora, Teplitz und Krupna demselben zur Mitgift gebracht hatte i). Diesem folgte gegen das Jahr 1619. Radislaw, und dann Wilhelm Kinsky k). Radislaw stellte das nächst an Teplitz gelegene, und

G 2   zu

---

e) Diplomat. Brzewnov. a Gelaſ. Mon. T. 6.

f) Balbin. Epitom. L. 3. cap. 21.

g) Hammerſch. Pr. Gl. Pr.

h) S. Prachiner Kreis S. 31. Wrzezowitz.

i) Balbin. Miſc. L. 5. Vol. 1. D. 6.

k) Paproc. de Stat. Dom. Stransky l. o.

zu huſſitiſchen Zeiten ſtark beſchädigte Schloß Dau-
brawſka Hora in einen guten Stand wieder her 1),
Wilhelm aber ließ daſſelbe durch holländiſche Bau-
meiſter nach der zu ſolcher Zeit üblichen Bauart auf
das vortheilhafteſte befeſtigen m). Nachdem aber dieſer letztere 1634. den 25ſten Febr. zu Eger entleibet
worden, verkaufte Ferdinand II. die ehemaligen Güter
des entſeelten Wilhelms, Teplitz und einen Theil
von Benſen dem tapfern Feldherrn Johann Grafen
von Aldringen um 94477 fl. Den 20 Jul. n. J.
blieb dieſer Graf in einem für die Schweden glücklich
ausgefallenen Gefechte auf dem Wahlplatze, und ſol-
chennach gelangten erblich die gleich geſagten Güter
auf deſſen Bruder Paul Grafen von Aldringen Biſchof zu Tripolis, und W.ihbiſchof zu Strasburg.
Dieſem folzte deſſen einzige Schweſter Anna, die ſich
an den Grafen Hieronym. von Klary verehelichet,
und das Recht der Anwartſchaft zu den beſagten Gütern vom K. Ferdinand II. 1635. mit ſolcher Bedingung erhalten hatte, damit das Klaryſche Geſchlecht auf immerwährende Zeiten den Namen von
Aldringen führte n). Solchergeſtalten fiel Teplitz
und Benſen dem jezigen Beſitzer Franz Wenzel Reichs-
fürſten von Klary und Aldringen, Sr. k. k. apoſt.
Majeſtät wirkl. geheimen Rathe und Kämmerer, dann

Ober-

1) Stransky l. c.
m) R. von Bienenberg P. 2. Alterthümer des K.
Böhm.
n) Hiſt. S. I. P. 4. L. 2.

Obersten Hof- und Landjägermeister im Erzherzog-
thum Oesterreich erblich zu. Der Landmann spricht
hier durchgehends deutsch, und suchet seine Nahrung
im Obstbaue, Spinnen, wie auch in einem theils guten,
theils mittelmäßigen Ackerbaue, der nach Verschieden-
heit der Gegenden 5, bisweilen 2¼, und auch nur 1⅛
Kern abwirft. Hieher sind einverleibt:

1) Teplitz, Teplicze, Aquae Calidae, Warm
Bad, eine wohlgebaute Herrnstadt mit Mauern, liegt
in einer angenehmen Gegend an dem so genannten
Saubache, der nicht ferne von dannen auf der Abend-
seite entspringt, an der Nordseite bey Teplitz vorbey
fließt, und bey Welp in die Bila fällt, 10 gem.
Meilen von Prag, 2 Meilen von Brüx, und eben
so viel von Außig westwärts entfernt, zählet sammt
den Vorstädten, und 47 Judenhäusern 297 N., und
führt im Wappen das Haupt des heil. Johann Taufers. Die Nahrung der Bürger besteht hauptsächlich in einer fleißigen Bewirthung der häufig ankommenden Badegäste, und Verfertigung verschiedener
Manufakturen, wie auch gestrickter Hüte, die hier
im vorigen Jahre von den Brüdern Johann und
Jakob Andres zuerst erfunden worden sind, und vor
den gefilzten manche Vorzüge haben. Die Anlegung
dieses Orts legt Hagek und Balbin o) einem böhmischen Wladiken mit Namen Koloftug bey, der das
hiesige warme Bad im Jahr 762. entdeckt, bald
darauf eine Burg für sich daselbst aufgeführet, und

G 3　　　　　Koscha-

o) Miscel. L. 1. c. 24.

Bofchalen, der fich, um die hiefige Gegend auszufpähen, und dann mit bewaffneter Hand diefelbe einzunehmen, hinter einer Fichte verborgen hielt, mit einem Pfeilfchuß glücklich erlegt haben foll. Man legte diefer hagekifchen Erzählung vormals fo viel Glauben bey, daß man einige rechts an der Stadtkirche fiehende Fichtenbäume immerfort fleißig unterhalten, und das daran ftoffende, mit zweyen fpitzigen Thürmen, die das Dach ausmachen, verfehene Gebäude als ein Denkmal des von Bolofiug erbauten Schloffes angewiefen hatte. Nach der Zeit ift Teplitz in die Zahl der Städte verfetzt, und mit manchen herrlichen Vorrechten verfehen worden, als: 1467. den 1. Oktob. von der Königinn Johanna, Georgs v. Podiebrad Gemahlinn, 1525. den 14. Jän. vom König Ludwig, 1543. den 27. Jun. vom K. Ferdinand I., 1570. den 29. März vom K. Maximilian, 1587. den 16ten Aug. vom K. Rudolph II., die aber vom Radiflaw Binfky damaligen Teplißer Grundherrn, zur Zeit des zwifchen ihm und der Stadt des Bierbräuens wegen vor dem Gerichte fchwebenden Proceßes durch feine eigenmächtig eingerückte fo genannte Finftifche Konfirmation 1589. für kraftlos und ungültig erkläret worden find p).

Unter den merkwürdigen Gebäuden werden hier vorzüglich gerechnet:

1) Das fürftliche Schloß, fo mit einer fchönen Bibliothek, einer wohleingerichteten Rüftkammer, und

einem

---

p) Archiv. Civit.

einem überaus schönen und großen Ziergarten, dessen
sich die Badgäste frey bedienen können, versehen
ist. Es sind daselbst zwey große Teiche, allwo die
so genannten Goldfische, Schwanen, wilde Gänse,
Enten, Blaßenten, und zwey prächtige Kähne zur
Belustigung der ankommenden Gäste unterhalten werden. Zwischen den Spalieren sind geraume Plätze zu
allerhand Spielen, und nächst an dem Garten ein
prächtiges Ballhaus angelegt. In dem anstossenden
Phasangarten sind sowohl inländische, als auch india-
nische Phasanen in der Menge zu sehen. Zum Spa-
ziergang für die Gäste dienet ferner der am Fürsten-
haus in der Vorstadt, und jener an dem Spitale
mit schönen Lindenbäumen besetzte Lustgarten. Nebst
dem Mautamt, und der k. k. Poststation, von dannen
1½ Post bis Peterswald und Lobositz, und 1 Post
bis Außig und Brüx gerechnet wird, kömmt hier
noch anzumerken:

2) Das warme, und das so genannte Schwe-
felbad, welches einen starken Geruch von Schwefel-
Leber hat, und dessen Eigenschaften und Wirkungen
man aus den vielfältigen bereits von vielen erfahrnen
Aerzten herausgegebenen Beschreibungen ersehen kann,
solche sind: Kaspar Schwenkfeld, Teplitzer warmes
Bad. Görlitz 1607., wurde 1708. neuerdings eben-
daselbst aufgelegt. Mathias Leder, Beschreibung
des warmen Bades zu Tepliz. 1717. Freyburg.
Joh. Fr. Spartmann, Traktat vom Teplizer Bade.
1733. Dreßden. Joh. Friedr. Zittmann, Prakti-
sche Anmerkungen über die Töplizer Bäder und

G 4 das

das böhmische Bitter = und Bilinerwasser. 1743.
Dreßden und Leipzig. Laurent. Joh. Pestenreiter
Bericht des uralten heilsamen Töplitzer Bades.
Prag 1675. Joh. Fr. Bempf Beschreibung des
Töplitzer Bades. Berlin 1706. M. Hansa, Ab-
handlung vom Töplitzer mineralischen Badewasser
und dessen Gebrauche, mit Kupfern. 1784. D.
Troschel, Allgemeine Bemerkungen über die Töpli-
tzer Wässer. 1762.

Der Kupferstecher Peter Schenk zu Amsterdam
hat uns den Grundriß, und die Gegend von diesem
berühmten Bade in einer besondern Charte geliefert.
Der Ausfluß dieser Gesundquelle geschieht durch drey
Hauptkandle, deren einer in das so genannte Män-
nerbad, der zweyte in das Weiberbad, und der dritte
in das herrschaftliche große Bad in der Vorstadt das
Wasser forttreibet. In dem Sprudel oder Männer-
bade ist ein steinerner verdekter Ständer, oder viel-
mehr Pfeiler, der das große Gewölb trägt, mit 4.
metallenen großen Hähnen versehen; aus zweyen fließt
das Wasser in dieses, und aus den übrigen in die
nahe daran liegenden 7 sauber erbauten, und stets
rein gehaltenen kleinen Bäder in der Stadt. Das so
genannte Jungen = und Gemeinbad haben größtentheils ihre eigenen Quellen, und das wenige dahin ge-
röhrte Wasser dienet zum trinken. In der Vorstadt
sind überdieß noch 5 kleine Bäder, die der Grundobrigkeit zugehören, darunter das Fürstenbad der
Bequemlichkeit wegen den Vorzug hat. Im Jahr
1755. den 1. Nov. gegen 11 Uhr Vormittag, um
eben

eben diese Stunde, als zu Liſſabon das große Erd-
beben vor ſich gieng, blieb der hieſige Sprudel 5¼
Minute auf einmal gänzlich aus, worauf unter hef-
tigen Brauſen das Waſſer ganz rothfärbig gewaltſam
wieder heraußfließ. Man fand, nachdem ſich die
Bäder gekläret haben, auf dem Boden eine Maſſe
von rother Boluserde, die ſich bis jezt noch allemal
in den Röhren anlegt. Das Waſſer iſt nach dieſem
Vorfalle faſt durch zwey Jahre viel häufiger, und
in einem größern Grade der Wärme hervorgequollen.
Der gelehrte Hr. P. Joſeph Stepling ſchrieb von
dieſer Begebenheit eine gelehrte Abhandlung, unter
dem Titel: De terrae motibus quaeſita, quibus ad-
nexa eſt meditatio de cauſſa mutationis Thermarum
Teplicenſium facta prima Novemb. 1755. Pragae
1763. Unter andern hohen Gäſten hatte ſich auch
der König aus Pohlen und Churfürſt zu Sachſen
Friedrich Auguſt ſammt ſeiner Gemahlinn Maria
Joſepha zu wiederholtenmalen dieſes Bades mit ge-
wünſchtem Erfolge bedienet, als: 1717. dann 1721.
und 1739., in welchem dieſe hohen Gäſte den 11ten
Aug. von dannen wieder aufgebrochen, und nach Altbunzlau, die prächtige Marienkirche daſelbſt zu beſe-
hen, abgereiſet ſind.

3) Das Rathhaus. Das hieſige Rathsperſo-
nale beſteht aus einem Primator, 12 Rathsverwandten, einem Syndikus, zweyen Stadtrichtern, und 6
untergeordneten Gemeindälteſten, die ſämmtlich von
der Grundobrigkeit ernannt werden.

4)

4) Die Dechantkirche unter dem Titel des h. Johann Tauf., die heut zu Tage der Aufsicht des Hrn. Karl Mays bischöfl. Vic. For. anvertrauet ist. 5) Die Schloßkirche, wo der Leib des H. Clary ruhet. In der ersten ist das Seitenaltarblatt der Freundschaft Christi von Reinerz, die 14 Nothhelfer von Brandel, und ein W. sperbild von Wenzel; in der zweyten das Gemälde des heil. Cajetanus von Skreta anzumerken. 6) Die prächtige Bildsäule der heil. Dreyfaltigkeit auf dem Schloßplatze von Mathias Braun, und das prächtige Stück bey dem Eingange in das Bad von dem kunstreichen Meißel des berühmten Balthasars, dessen unterer Theil die Erfindung dieser warmen Quelle, der obere aber die heil. Dreyfaltigkeit vorstellet, wird von allen Kunstverständigen bewundert. Ausser der Stadt sind noch zwey Kapellen; gegen Abend die Laueretenkapelle am Spitale, und gegen Morgen die Kreuzkirche mit einem Gottesäcker.

Zu Anfang des sechzehnten Jahrhunderts kam hier zur Welt der berühmte Dichter Georg Kropacz q). Nahe an der Stadt ist ein ansehnlicher Kalksteinbruch, auf der andern Seite aber vor dem Waldthore ein Steinkohlenflöz, worauf gebauet wird. Die hiesigen Steinkohlen sind locker, klein, und bröflich, und darum wird ein großer Theil derselben zu Asche verkohlt, und zur Düngung der Felder

der

q) Balbin. Boëm. Docta P. 2.

der verkauft r). Im Jahr 1782. ist hier einer der
vortreflichsten Jaspisbrüche. entdecket worden, der von
zweyerley Gattungen ist. Der eine ist dunkelgrün mit
noch dunklern grünen Flecken, der zweyte aber licht-
grün mit blaßgelblichten Pünkteln durchgesprengt.
Beyde nehmen die feinste Politur an, und werden
nach verschiedener Proportion zu Galanteriewaare in
Menge gebrochen. Ein österr. Centner davon wird
pr. 3 fl. 20 kr. verkauft. Nicht weit von der Stadt
gegen Morgen sieht man auf dem so genannten Schloß-
berge noch einige Merkmale des verfallenen Schloßes
Daubrawska Hora, welches den Schweden eine Zeit
lang zu einem sichern Aufenthalte gedienet hat, nach
dem dreyßigjährigen Kriege aber ist selbes auf landes-
fürstlichen Befehl gänzlich rasiret worden. Gleich am
Fuße dieses Bergs soll das oben angeführte Frauenkloster gestiftet, nach der Zeit aber 1272. von K.
Rudolphs Soldaten zerstöret, und endlich in die Stadt
verlegt worden seyn. Auf dem so genannten Wachs-
telhügel oder Galgenberge, wo der k. k. General
Fürst von Löwenstein 1762. den 3. Aug. den völ-
ligen Sieg über die Preußen erfochten hatte, entdeckte man gegen das Jahr 1782. den feinsten Puß-
sand. Der an die Vorstadt stossende Spittelberg
hat den nämlichen hitzigen Kieß, wie der Schönauer
Berg, der die gewiße Werkstatt des im Dorfe Schönau gelegenen Schwefelbades ist. Er zeugt die nämlichen Gewächse, und führet ein nur den innern schim-

mern-

r) Ferber l. c.

mernden Tüpfchen nach unterschiedenes Metall mit sich, das dem Bernstein fast ähnlich, aber nach allen sowohl in, als ausser dem Lande von Kunstverständigen mit allem möglichen Fleiße vorgenommenen Versuchen, noch immer unbekannt geblieben ist.

2) **Weißkirchlitz,** von 23 N., davon etwas nach Liebshausen gehöret, mit einer Kirche unter dem Titel des h. **Valentins.**

3) **Wistitz, Wistritz,** von 39 N., gehöret zum Theil nach Liebshausen.

4) **Tischau, Tieschau,** von 30 N., mit einer schönen konsekrirten St. **Eustachskapelle.** Zehn Minuten von dannen liegt im Walde das prächtige Jagdschloß 5) **Topperlburg,** so mit einem Graben umgeben ist, darein aus dem nächst gelegenen Teiche Wasser geleitet wird. Der obere Saal hat acht Fenster, aus deren jedem in eine lange und prächtige Allee zu sehen ist. 6) **Dreyhunken,** von 23 N. 7) **Bihanken,** von 19 N.

8) **Eichwald,** von 53 N. 9) **Voltsdorf,** von 76 N. 10) **Judendorf,** von 11 N.

11) **Probstau,** von 23 N. 12) **Soborten, Sobotku,** von 62 N. 13) **Turn,** von 52 N., mit einem großen Bräuhause, von dannen die ganze Herrschaft mit gutem Bier versehen wird.

14) **Taurowitz, Tauritz,** ein Meyerhof. 15) **Schönau,** von 31 N., mit dem berühmten Schwefel= und Steinbade, deren erstes der Grundobrig-

keit

zeit, das zweyte aber der Stadtgemeinde in Teplitz gehöret.

16) Wystrczan, von 20 N. 17) Suchey, von 10 N. 18) Nechwalicz, von 12 N. 19) Schichlitz, von 6 N. 20) Welboth, von 10 N., mit einem schönen Meyerhofe.

21) Senßomitz, Sezemicz, von 26 N., mit einem baufälligen Schlößchen, gehörte ehedem dem Freyherrn von Krößel, wurde aber durch den Vater des jezt lebenden Fürsten käuflich an die Herrschaft Teplitz gebracht.

22) Hertine, Hrdlna, von 19 N., an der Bila, mit einer Kirche unter dem Titel des h. Martinus Bischof. An dem nahe anliegenden Kothina- oder Katharinaberg sind noch einige Ueberbleibsel eines verfallenen Schlosses zu sehen. 23) Malhostitz, von 16 N. mit einem Meyerhofe.

24) Frauschiele, von 13 N. 25) Schallan, von 26 N. 26) Staroßedlo, von 7 N.

27) Borißlau, Burgsleben, von 31 N., mit einer Pfarrkirche unter dem Titel der heil. Katharina, die schon 1384. mit eigenem Pfarrer versehen war, und 1717. ganz neu wieder hergestellet wurde. Dieses Dorf liegt am Fuße der so genannten Paschka-pole, und gehörte zu Ende des zwölften Jahrhunderts dem ritterl. Maltheserorden. Im Jahr 1784. den 31sten Jul. brannten hier durch ein unversehenes Feuer 24 Häuser und 4 Scheunen ab.

28) Bilkau, von 15 N. 29) Cellow, von 13 N. 30) Weboschan, Webeschan, von 20 N.

Auf

Auf einem nahe gelegenen Acker sind hier vor wenigen Jahren viele Urnen ausgegraben worden, und man findet noch heut zu Tage eine Menge derselben mit leichter Mühe; sie haben, wie mich der Borissauer Hr. Pfarrer Joseph May gütigst berichtet hatte, insgemein eine länglichtrunde Gestalt, fast wie die jezt gewöhnlichen Blumentöpfe, sind von einer harten und eisenfärbigen Materie, und von einem solchen Umfang, daß die größern ungefähr 14, die kleinern aber 4 Seidel fassen mögen.

31) Ratsch, von 20 N., mit einem Mayerhofe, und einer Kirche zu St. Laurenz M. In derselben ist ein Leichenstein, darunter die Gebeine des eifrigen Seelsorgers und Pfarrers zu Borissau Andreas Aumayers ruhen, welcher 1680. zur Zeit der in Böhmen stark wüthenden Pest der ihm anvertrauten christlichen Gemeinde mit allem möglichen Trost und Hülfe beygesprungen war, endlich aber selbst von dieser Seuche aufgerieben wurde. Ein dankbarer Grissel schilderte auf dessen Grabsteine eine schon zum Auslöschen geneigte Kerze ab mit dieser Aufschrift: Lucendo aliis consumor.

32) Lißniß, von 11 N. 33) Welbine, von 17 N., mit einem Mayerhofe.

34) Pirling, von 7 N. 35) Kradrob, von 22 N. 36) Auperschin, Auporzin, von 14 N. 37) Zwetniß, von 16 N. 38) Prasetics, von 14 N. 39) Settenz, von 18 N.

40) Klein Augezd, von 21 N. 41) Neudörfl, von 12 N. 42) Klein Priesen, Brozno maly,

maly, von 38 N., liegt am rechten Ufer der Elbe
hinter Groß Priesen.

43) Czenczicz, von 18 N., davon ein Theil
nach Koftemblat gehöret.

Majoratsherrschaft Milleschau.

Gehörte im Jahr 1569. dem Ritter Wenzel
Kaplirz von Sulewicz a), und blieb bey diesem
Geschlechte bis zu Ende des vorigen Jahrhunderts,
zu welcher Zeit Zdenko von Kaplirz dieselbe dem
Johann Leop. Hrzan von Harras erblich verschrieben hatte. Nach dem Hintritte des Johann Jos.
Hrzan, der 1784. mit Tode abgieng, fiel selbe dessen unter Vormundschaft hinterbliebenen Söhnen erblich zu. Der Landmann spricht hier durchgehends
deutsch, und suchet seine Nahrung in einem mittelmäßigen Acker- und Obstbaue. Hieher gehören:

1) Milleschau, Milessow, ehedem ein Marktflecken, jetzt ein Dorf von 70 N., liegt 8 gem. Meilen von Prag, und 1½ Meile von Leutmeriß westwärts im Mittelgebirge am Fuße des Mileschauer-
oder Donnerbergs, der dem Berichte des berühmten
Mathematiker P. Theodorus Moretus noch um ein
vieles als der bekannte Göltscher Berg höher ist b).
Nebst dem kleinen Schlößchen, das man insgemein
den Racziner Hof nennet, ist hier noch ein prächtiges

a) Prager Landtag n. und 1575. J.
b) Balbin, Miscel, L. 1.

ges Schloß, welches Zdenko Kaplirz 1682. auf einem Jaspisfelsen aufgeführet, und mit einem herrlichen Obst= Zier= und Phasangarten verherrlichet hatte. Eben dieser ehemalige Besitzer hat die hiesige Pfarrkirche unter dem Namen des heil. Anton von Padua, die schon 1384. mit eigenem Pfarrer besetzet war, 1686. wieder ganz neu hergestellet, und mit herrlichem Kirchengeräthe versehen.

2) **Leinitz**, von 48 N., liegt am Fuße des nach Lobositz gehörigen Bergs Wostrey, darauf noch einige Ueberbleibsel eines verfallenen Schlosses wahrzunehmen sind.

3) **Kazauer, Koczaur**, von 16 N., stößt an den so genannten Berg Honigsitze.

4) **Nedwieticz**, von 61 N., mit einer St. Katharinakirche, die 1384. mit eigenem Pfarrer versehen war. 5) **Palicz**, von 13 N., liegt zwischen dem so genannten Kohl= und Schmiedebergel.

6) **Hettow**, von 22 N.

Allodialherrschaft Billn.

Allem Ansehen nach ist diese ganze herumliegende Gegend anfänglich von den Dacianern oder Dozanern, einem Slawischen Volke, das im sechsten Jahrhunderte aus der jezigen Markt Brandenburg in Böhmen eingewandert ist, und sich daselbst seßhaft gemacht hat, der Dacianer Bezirk genannt, und von eige=

eigenen Herzogen beherrschet worden a). Nachdem
aber die Prager Herzoge dieses Volk zu wiederholtenmalen bezwungen, und endlich ihrer Macht gänzlich
unterworfen haben, stellten sie zu Bilin Burggrafen
an, die den ganzen Bezirk im Namen der Prager
Herzoge verwalten, und in gehörigen Schranken des
schuldigen Gehorsams erhalten sollten. Unter diesen
sind die nahmhaftesten: Prkoß oder Prokop, der
zwar 1040. wider Ekharden Herzogen aus Sachsen
ungemein tapfer gefochten, das folgende Jahr darauf
aber aus Fahrläßigkeit, oder durch Geldbestechung
demselben einen freyen Weg nach Böhmen eröffnet
hatte. Diese begangene Treulosigkeit brachte den
Herzog Brzetißlaw I. ungemein auf, er ließ Prkoßen
vor sich laden, befahl demselben auf der Stelle die
Augen ausstechen, Händ und Füsse abhauen, und in
den Fluß Bila herabstürzen b). An dessen Stelle
setzte er Epponen zum Burggrafen in Bilin ein c),
der bis zur Zeit des Herzogs Spitignews II. diesem
Amte vorgestanden, und dann mit Tode abgegangen
war, oder anderwärts hin befördert wurde. Die
unmäßige Herrschsucht unsers Spitignews ist allzu
bekannt, als daß man selbe hier weitschichtiger beschreiben sollte. Sobald er nun den böhmischen
Thron

a) Gelaf. Hift. T. 3.

b) Cofmas Metrop. L. 2. Annalifta Saxa ad h. a.
Pulkava. Gelaf. Hift. T. 5.

c) Urkunde a. Gelaf. l. c.

Fünfter Theil.

Thron bestieg, zog er das Markgrafthum Mähren, welches sein Vater Brzetislaw unter seine übrigen Söhne Wratislaw, Konrad und Otto getheilet hat, an sich, und ließ Arobonen, Wratislaws Gemahlinn, der sich während dem nach Hungarn flüchtete, nach Oßek überbringen, und daselbst festsetzen. Mstislaw, dem zu solcher Zeit das Burggrafenamt in Bilin anvertrauet war, war allzu hart und argwöhnisch, als daß er auf Treue und Glauben dieser unschuldvollen Prinzessinn trauen, oder eine Rücksicht auf ihre hohe Schwangerschaft hätte nehmen wollen, sondern ließ sich mit ihr an eine Kette anschmieden, damit sie ja keineswegs aus seinen Augen entwichen könnte. In solchen bedrängten Umständen war sie genöthiget einen ganzen Monat zuzubringen. Nach dessen Verlauf wurde sie zwar auf die Fürbitte des Prager Bischofs Severus freygelassen, gab aber den dritten Tag auf der Reise nach Hungarn den Geist auf. Wie sehr Wratislawen das traurige Schicksal seiner Gemahlinn, und die von Mstislaw an ihr verübte Unmenschlichkeit geschmerzt haben mag, läßt sich ganz leicht aus folgender Begebenheit erklären; denn so bald Wratislaw 1061. zu der Krone von Böhmen gelangt war, übergab er das Burggrafenamt dem Kojata, und würde Mstislawen noch viel strenger behandelt haben, wenn er sich nicht die nämliche Nacht durch Flucht gerettet hätte d). Nach der Zeit schenkte der K. Wenzel I. die Stadt Bilin sammt

d) Cosmas. Metrop. L. 2.

ſammt allen hierzu gehörigen einem ſeiner Hofleute mit Namen Hogerius, der ſich bey ihm durch ſtets treu geleiſtete Dienſte vorderſt ausgezeichnet hatte e). Allem Anſehen nach ſtarb dieſer Hogerius ohne allen männlichen Erben, und hinterließ nur eine einzige Tochter Swatka, die ſich zu Ende des dreyzehnten Jahrhunderts an Alberten von Seberg verehelichet, und demſelben die Herrſchaft Bilin zur Mitgift gebracht hatte. Die Veranlaſſung ſolches zu glauben, giebt uns die in den Errichtungsbüchern f) berührte Urkunde, laut welcher der gleich geſagte Albert 1302. den 1ſten Jul. mit Bewilligung ſeiner Gemahlinn die Pfarrkirche, und das Spital zu Bilin ſammt allen Gerechtſamkeiten den deutſchen Rittern verehret hatte. Allein auch dieſer ſegnete ſammt ſeiner Gemahlinn das Zeitliche ohne allen Erben. Solchemnach fiel die Herrſchaft Bilin abermal der königlichen Kammer zu, und wurde nach der Zeit an verſchiedene Beſitzer pfandweis überlaſſen. Aus dieſen ſind uns folgende bekannt: Albert von Koldicz, welcher 1419. zu der auſſer der Stadt im Dorfe Augezd gelegenen Marienkirche 4 Schock Prager Gr. jährlichen Zinſes vermacht hatte g). Jakubko (Jakob) von Wrżezowecz, der bey unſerm Bartoß auf das Jahr 1435. vorkömmt. Dieſem folgte abermal Thuma oder Thymo von Koldicz, und dann gegen das Jahr 1464.

H 2   das

e) Franc. Metrop. L. I.
f) Vol. 9. M. 4.
g) LL. Vol. 10. L. 5.

das Geschlecht der Herren Popel von Lobkowitz h),
aus welchen folgende in unsern Jahrbüchern vorkommen: Dipold von Lobkowitz auf das Jahr 1504.,
Johann Freyh. von Lobkowitz, der sich 1524. mit
Anna, des Freyh. von Biberstein Herrn auf Friedland Tochter verehelichet hat i). Christoph auf das
Jahr 1549 k). Lithwin auf das Jahr 1557 l),
Christoph auf das Jahr 1571. und 89 m). Udalrich auf das Jahr 1604 n). Christoph Ferd. Graf
von Lobkowitz Präsident der königlichen Kammer in
Schlesien auf das Jahr 1648 o). Nachdem aber der
lezte männliche Sprosse aus dieser Popelischen Familie
Leopold Popel v. Lobkowitz 1707. von dieser Welt
geschieden war, folgte ihm im Besitze dieser Herrschaft
dessen Schwester Eleonora Karolina vermählte Fürstinn von Lobkowitz. Diese verschrieb 1720. kraft
ihres lezten Willens die Herrschaft Bilin ihrem Ge-
mahl Philipp Herzog zu Sagan, von dem sie an
dessen Sohn Ferdinand, und dann vor wenigen Jahren an Philippens Enkel den jezt regierenden Herrn
Franz Joseph Reichsfürsten v. Lobkowitz, und Herzog zu Raudnitz erblich verfallen ist.

Ehe-

---

h) Paprocky de Stat. Dom.
i) Rohn. Chron. von Friedl. und Reichenberg.
k) Prager Landtag n. J.
l) Prager Landtag n. J.
m) Prager Landtag v. n. J.
n) Hist. S. I. P. 2. L. 3.
o) Hist. S. I. P. 4. L. 4.

Ehedem war in dieser Gegend die böhmische
Sprache allein im Schwange, nachdem aber der
größte Theil dieser Einwohner durch die 1680. stark
wüthende Pest aufgerieben wurde, machten sich andre
deutschen Kolonisten hier seßhaft, die ihre Nahrung
heut zu Tage durch einen mittelmäßigen Ackerbau befördern. Hieher gehören:

1) Bilin, Bylina, Belina, eine Stadt mit
Mauern, von der zur Zeit K. Karls IV. diese ganze
Gegend den Namen des Biliner Bezirkes geführet
hat p), liegt 9 gem. Meilen von Prag, 1 Meile
von Brüx, und 3 Meilen von Leutmeriz westwärts
entfernt an dem Flußse Bila, der hier nächst bey der
Stadt den Bach Cžißka, und den Radoweßzer Bach
in seinen Schoos aufnimmt. Die Stadt ist mit 3
Thören, und 2 Pforten versehen, zählet in der Stadt
100 Häuser, darunter 80 bräuberechtiget sind, in
der Brüxer Vorstadt 49, in der Teplitzer 94, in
der Prager Vorstadt 51 N. und führet im Wappen
zwey Thürme mit einem offenen Thore; ober dem
Thore ist ein kleines Schild angebracht, darauf ein
Adler, und zwey Fahnen vorgestellet werden. Vor
Zeiten wurde hier ein starker Getreidhandel nach Sachsen getrieben, allein nach der 1508, und 1700, den
1ten April erlittenen großen Feuersbrunst ist dieser
Handlungszweig gänzlich unterblieben, so daß die jee
zigen Bürger genöthiget sind nebst einem wenigen
Ackerbaue ihre Nahrung hauptsächlich in dem ge-
wöhn-

p) Urkunde a. Gelas. Hist. T. 2.

wöhnlichen Stadtgewerbe zu suchen. Im Jahre 1417.
hat die hiesige Stadt von dem damaligen Grundherren
Albrecht von Koldicʒ den auf seinem Erbtheil zu
Wiklitʒ, einem dermal zur Kulmer Herrschaft gehörigen Dorfe, jährlich zu fordern gehabten Silberzins
pr. 42 fl. nach jeʒiger Münʒ erblich erkauft. Das
hierüber verfertigte, und in der königl. Landtafel
eingetragene Cessionsinstrument bestätigte der K.
Wenʒel der IV. solchergestalten, daß, wenn die In-
saßen des Dorfs Wiklitʒ den gesagten Zins nicht alljährig abführen würden, die biliner Stadtgemeinde
befugt seyn sollte, durch einen Kämmerling die Ein-
führung davon nehmen zu können. Nebst dem sind
auch den hiesigen Bürgern manche herrlichen Vorrechte theils von den Grundherren, theils von den
Landesfürsten zu verschiedenen Zeiten bewilliget worden, als: vom Albrecht und Kima v. Koldiʒ 1434
den 2ten Februar und 1440 den 28 Juni, von
Jakob Wrʒeʒowecʒ 1458 den 25ten Juli, vom K.
Georg Podiebrad 1460 den 17 Januar, von Thuma v. Koldicʒ 1475. den 3 May, von Diepold
Lobkowitʒ 1504. den 23 September, von Lithwin,
Christoph, und Wenʒel von Lobkowitʒ 1542. 11
April, von K. Ferdinand I. 1549. den 5ten Nov.,
von den Brüdern Christoph und Johann v. Lobko-
witʒ 1565. den 6. Jul., von Christoph dem ältern
von Lobkowitʒ 1590. den 15. Febr., von Udalrich
Felix von Lobkowitʒ 1601. den 21sten Sept., von
Wenʒel Ferdinand von Lobkowitʒ 1675. den 26sten
Aug., von Leopold Grafen von Lobkowitʒ, und

end-

endlich von Eleonora Karolina 1714. den 26. Okt.,
kraft deren sie berechtiget wurden alljährig 4 Messen,
2 Roß- und Vieh- und einen wöchentlichen Markt
zu halten, das Bier in der Stadt frey zu bräuen,
das landtäfliche Gut Jablonitz, welches ihnen noch
heut zu Tage gehöret, und aus 31 N. bestteht, nebst
einem Mayerhofe und Weinkeller zu besitzen, einen
Bürgermeister, Primator, und Stadtrath zu wählen,
mit rothem Wachs zu siegeln, einen Adler im Wappen zu führen, und ein Landgut kaufen zu können.
Ferner ist die Bürgerschaft samt der Brüxer und Teplitzer Vorstadt von dem Todtenanfall losgesprochen
worden, und erhielt die Freyheit zu erben, über ihr
Hab und Gut frey zu testiren, und das Salz zum
Nutzen der sämmtlichen Gemeinde kaufen und verlegen zu können q).

Unter die merkwürdigen Gebäude sind hier folgende zu setzen:

1) Das neue vom Christoph Freyh. von Lobkowitz auf einem Steinfelsen gegen das 1680. Jahr
aufgeführte Schloß. 2) Das alte Schloß, welches
wie Pulkawa und Hagek behaupten, Biela, des in
unsrer Geschichte bekannten böhmischen Fürsten Kro-
kus Tochter, gegen das Jahr 744. angelegt haben
H 4 soll.

q) Archiv. Civit. und kön. Landtafel in den 6. grün-
goldenen Quatern der Majestätsbriefe A. 1715. den
17 Jun. sub lit. C. 27. einverleibte Privilegien, darinn auch, und in dem herrschaftlichen Vrbario die
gegentheilige Pflichten der Bürger enthalten sind.

soll. In diesem ist heut zu Tage die Niederlage des
Biliner Sauerbrunns, der in hiesiger Gegend am
Fuße des Bergs Gangbof hervorquillt, und dem berühmten Selzerwasser sehr nahe kömmt r), und des
Seidschützer Bitterwassers, wie auch ein Laboratorium
zur Bereitung des berühmten Bittersalzes, Magne-
sia, und Polichrestsalzes. Im Jahr 1763. ist allhier ein Industrialamt eingeführet worden, welches
über die gleich gesagten Mineralwässer, und deren Er-
zeugnisse, Granaten und Steinkohlen bestellet ist, und
mit den Haupt- und Handelsstädten Europens dieß-
falls in starker Korrespondenz stehet. Von allen diesen sind 1781. zu Wien beym edlen v. Trattner gedruckte Anzeigen herausgegeben worden, die hiervon
umständlicher handeln. Dieses Biliner Wasser wird
Flaschen- und Küstenweis verkauft, die Flasche per
5 Seidel gegenwärtig zu 9 kr. ist mit doppeltem Insiegel
versehen, an deren einem: Sig. Off. Industrialis Bili-
nen., auf dem andern: Biliner Sauerbrunn stehet.

3) Die schöne Pfarrkirche unter dem Titel der
heil. Apostel Peter und Paul, die 1061. den 29.
Jun. vom Prager Bischof Severus eingeweihet,
1421. den 7. Jun. durch Zizka verwüstet s), 1568.
gänzlich eingeäschert, und 1573. wieder hergestellet
worden ist. Sie wurde anfänglich den deutschen Rittern,

r) Ferber l. c. Jäckerts systematische Beschreibung
aller Bäder und Gesundbrunnen Deutschlandes.
s) Anonym. Script. rerum Bohem. T. 2.

tern, bis zur Zeit des K. Wenzels IV. anvertrauet,
und von einem Erzdechant schon 1371. administriret,
wie solches theils aus den Errichtungsbüchern t),
theils aus einem in dieser Kirche vorhändigen alten
Grabsteine zu ersehen ist. Von eben dieser Zeit her
wurden hier täglich die Tagzeiten vom Leiden Christi,
oder von dem heil. Kreuz stiftungsmäßig abgesungen.
Der jezt bey dieser Kirche angestellte Erzdechant ist
der Hr. Fr. Andr. Kostezky. Der Kirchthurm ist
mit einer Schlaguhr, und 3 Glocken versehen, die
70000 Schock am Gelde sollen gekostet haben. Die
größte hält am Gewichte 70 Cent. und führet nebst
andern diese Hauptinschrift: Chriſtophorus Baro de
Lobkowitz, Dominusque Bilinae, Coſt, et Besco-
witz etc. etc. Eques auratus hoc opus dono dedit
Ecclesiae Bilinenſi ad laudem et gloriam Dei omni-
potentis. Reſtaurator huius turris et Ecclesiae A. D.
1573. Anna a Biberſtein coniux Domini etc. etc.
Die zwey andern, deren eine 42, die zweyte 33
Centner wiegt, haben eben diese Aufschrift, und den
Namen des Glockengiessers Greg. Albrechts von
Schlackenwert.

4) Die St. Stephanskirche in der Brüxer
Vorstadt mit einer angebauten Kreuzkapelle, und einem weitschichtigen Gottesacker.

5) Die Kirche zu St. Elisabeth in der Teplitzer
Vorstadt mit einem herrschaftlichen Spitale, darinn
15 Arme unterhalten werden.

H 5 Gegen

t) Vol. 2. K. 6. Vol. 9. M. 4. Vol. 13. N. 6.

Gegen Mittag liegt der überaus steile Berg Borzen oder Bilinerstein, wo man ehedem eine Salzquelle, und zu Balbins Zeiten den weißen und schwarzen Polley, wie auch manche seltsame Kräuter entdecket hatte u). An der nördlichen Seite ist 1750. ein sehr guter Steinkohlenbruch eröffnet worden.

2) Augezd, von 57 N., mit einer Kirche unter dem Namen Marien Verkündigung.

3) Radoweßitz, von 77 N., mit einer Kirche zu Allen Heiligen, die 1384. mit eigenem Pfarrer besetzt war. 4) Lukow, von 29 N. 5) Ostiepanow, von 15 N.

6) Trzinka, von 21 N. 7) Butschlina, von 14 N., hier wird Trippel und Gips gebrochen. 8) Rasitz, von 62 N., mit einem alten ruinirten Schlößchen, gehörte ehedem den Freyh. von Zucker, und liegt an dem so genannten Prokopiwasser, das bey Mukow aus dem Prokopibrunnen seinen Ursprung nimmt. 9) Mukow, Mokow, von 50 N., mit einer Kirche unter dem Titel des heil. Prokop Ab., die schon 1386. den 18. Oktob. von der Merunitzer Kirche getrennet, mit eigenem Seelsorger versehen x), nach der Zeit desselben beraubt, nach Bilin eingepfarrt, 1760. auf die Veranstaltung des Fürsten Ferdin. von Lobkowitz größer, und prächtiger wieder hergestellet, und 1768. den 14. Jun. der großen

Ent-

---

u) Balbin. Misc. L. I. c. 9.
x) LL. Erect. Vol. 3. D. 5.

Entlegenheit wegen nach Merzliß einverleibt worden
ist. In diesem Dorfe ist ein Lindenbaum, von dem
man viele Wunderdinge wissen will. Der obgenannte
Heilige soll auf diesem Orte seinen Stab in die Erde
gesteckt haben, der alsbald zu grünen anfieng, und
bald darauf zu einem schönen Lindenbaum erwachsen
war. Daß doch unsre Vorfahren so leichtgläubig in
Ansehung dergleichen Mährchen waren, daraus weder die Ehre Gottes befördert wird, noch ein geistli-
cher Nutzen dem Nebenmenschen zufließt. Eine halbe
Stunde von diesem Dorfe sind in einem dermal ver-
wüsteten Thiergarten auf dem Berg Radelstein noch
einige Merkmale eines erfallenen Schloßes zu sehen.

10) Skalicz, von 18 N. 11) Starey, von
14 N., etwas davon gehöret nach Unter Trzibliß.
12) Twrdiy ehedem Gwardine genannt, von 24 N.

13) Mireschowiß, von 28 N., nächst an
dem Königelberg, mit einem Mayerhofe, einer öffentlichen St. Laurenzikirche, darinn das Altarblatt
vom Brandel herrühret, und einem ehedem sehr schönen Schloße, welches der Fürst Philipp sammt seiner Gemahlinn Eleonora zu wiederholtenmalen bewohnet hatte; im letzten Kriege aber ist selbes durch
das Soldatenspital stark beschädiget worden. Die
hiesige Kirche war 1384. mit eigenem Pfarrer versehen. Zu Anfang des vorigen Jahrhunderts gehörte
dieses Dorf der edlen Frau Maria Magdal. Wratislaw, gebohrnen Borinky y).

14)

y) Hist. S. Mont. German. Balbin. L. 1. c. 11.

14) Merzlitz, Murslitz, Merlitz, von 26
N., mit einer Pfarrkirche unter dem Titel des heil.
Apostel Jakobs des G., die schon 1384. als Pfarr-
kirche vorkömmt.

15) Kautz, von 28 N., mit einer St. Katharinakirche; liegt in einer sehr steinigten Gegend.

16) Dobschitz, von 24 N., davon 8. nach
Schwaß gehören.

17) Hrobczicz, von 38 N., mit einem
Schlößchen, einer Kirche unter dem Titel des heil.
Gallus Ab., und einem verfallenen Schlosse, ehe-
maligen Rittersitze der Hrn. von Kauffendorf, an
dessen Stelle jezt der Glockenthurm erbauet steht.
Am Fuße dieses Thurmes sind zwey Weibspersonen
von Stein gehauen mit der Aufschrift Rosina und
Ludmilla Kauffendorf, die von Schweden aus den
Fenstern ihres Schlosses herabgestürzt worden sind.
Der gemeinen Aussage nach soll hier auch ein
Frauenkloster gewesen seyn, an eben diesem Orte,
wo jezt der Kommißschüttboden steht.

18) Libschitz, Lybessiczky, von 20 N., mit
einer Kapelle unter dem Namen der heil. Dreyeinigkeit; liegt an der Bila zwischen vielen Bergen, wodurch öftere Ueberschwemmungen veranlasset werden,
wie es sich 1774. zugetragen hatte, wo das Wasser
in diesem Dorfe 3 Ellen hoch gestiegen war.

19) Selnitz, Zelenicze, von 60 N., mit einer
Pfarrkirche unter dem Titel des heil. Wenzels M.,
die schon auf das Jahr 1398. in den Errichtungsbüchern

büchern vorkömmt z). Nächst an der Bila sind noch
einige Merkmale eines verfallenen Schlosses zu sehen.
In dem Ganghofer = und Schäferberge bricht ein
sehr schöner Marmelstein von verschiedenen Farben,
dessen man sich bey Erbauung der Lauretenkapelle zu
Prag größtentheils bedienet hat. Im Jahr 1438.
nachdem der K. Albrecht mit Hülfe der Herzoge
Christophs aus Bayern, Friedrichs aus Sachsen,
und Albertens Markgrafen aus Brandenburg, dem
Praczek v. Sternberg eine Hauptniederlage bey Ta=
bor beygebracht hatte, zog Friedrich abermal zurück
nach Sachsen, stieß aber nächst an diesem Dorfe an
ein feindliches Corps, das ihm unter der Anführung
des Peters v. Sternberg den Paß abschneiden wollte.
Friedrich stellte sich in möglichster Geschwindigkeit zur
Gegenwehre, töttete 1500 seiner Gegner auf dem
Wahlplatze, und führte mehr als 1400 Gefangene mit
sich nach Sachsen ab aa).

20) Nikelsberg, Niklasberg, ehedem Neu=
schellenberg genanntes, vom K. Rudolph II. aber
in die Zahl der Städte versetztes, und mit einem
Wappen, darauf das Bildniß des heil. Nikolaus
vorgestellet wird, begnadigtes Bergstädtchen von 73
N. Die älteste Urkunde in Betreff dieser Stadt ist
eine Stiftung K. Ferdinands I. vom Jahr 1543.
den 7. May, darinn den Brüdern Johann Litwin,
Christoph und Wenzel von Lobkowitz, Herren auf
                                                    Bilin

z) LL. Erect. Vol. 13. I. 7.
aa) Bartoss. Balbin. Misc. L. I. e. 9. L. 3. c. 2.

Bilin, Tein, und Duchs der Bergzehend von dem Bergwerke zu Neuschellenberg nachgesehen wird bb). Es sind hier alte Silberbergwerke anzutreffen, welche man vor einigen Jahren gewältiget hat. Nach Ferbers Berichte soll auch hier in glimrichten Gestein und quarziger Gangart ein weißgüldischer, und mit etwas Kobolt vermischter Bleyglanz brechen. Dermalen bauen Se. Maj. der Kaiser Joseph II. die hiesigen Silbergruben, und man hoffet, daß mit der Zeit das hiesige Bergwerk dem zu Joachimsthal gleich kommen könnte. Die hiesige Filialkirche ist unter dem Titel des heil. Nikolaus B.

21) Neustadt, von 33 N. 22) Ullersdorf, von 42 N. 23) Schmelzhütte sammt einer Mühle, und 24) das fürstliche Jagd- oder Jägerhaus; diese fünf letztern Oerter liegen nahe den sächsischen Gränzen zu an dem Bache Weißeritz, der seinen Ursprung unter Neustadt nimmt, und gegen Dreßden fortläuft.

25) Kuteržicz, von 14 N. 26) Drzewcze, von 10 N., davon etwas nach Dlaskowitz gehöret. 27) Gangelhof, von 10 N. 28) Prohn, von 36 N., davon 7 zur Brüxer Komturey gehören, mit einer Kirche unter dem Namen des heil. Dionysius, und einem verfallenen Mayerhofe. An dem so genannten Rothenberg wird ein häufiger rother Leim, und die feinste Porcellainerde gefunden.

29)

bb) Johann Pelthner von Lichtenfels Versuch der Bergwerke §. 89.

29) **Böhmisch Schladnig**, Zlatnicze, von 30
N., an dem Fluß Bila, mit einer Kirche unter dem
Titel des heil. Georgs M., die 1694. auf die Veranstaltung der Gräfinn Maria von Lobkowitz, gebohrnen von Lichtenstein, von der Wrelner Pfarrkirche getrennet, und mit einem Administrator versehen wurde. Ober der Hauptthüre bey dem Eingang
sind fünf Wappen eingemauert. Das erste ist das
Zinstische, mit den Buchstaben: K. R. Z. Das
zweyte stellt vier Rosen vor mit den Buchstaben: M.
S. V. Das dritte hat drey Ringe in einer schreg ge-
zogenen Linie mit den Buchstaben: K. E. Z. Das
vierte ist der Herren von Hodiegowa mit zweyen senk-
recht stehenden Karpfen, und den Buchstaben M. H.
V. Das fünfte, dessen obere Hälfte weiß, die untere schwarz ist, führet die Buchstaben: S. K. A. Z.

30) **Parokrey**, von 29 N., mit einem Mayerhofe, einem verfallenen Schlosse, ehemaligen Rittersitze der Herren von Putz, und einer öffentlichen Kapelle unter dem Titel des heil. Johann von Nep., die
von der hiesigen Gemeinde mit Beyhülfe der Grundobrigkeit 1741. errichtet worden ist.

31) **Hochbetsch**, Petschau, Pitsch, Beczow,
von 81 N., mit einer Pfarrkirche unter dem Titel
des heil. Egidius Ab.

32) **Seidschitz**, von 20 N., mit einer Kapelle
unter dem Namen des heiligen **Ferdinands** K.
Hier, und in dem Dorfe Sedlitz, so im Saaßer Kreise
nicht ferne von dannen liegt, und dem ritterl. Orden
der Kreuzherren mit dem rothen Sterne zu Brüx gehöret,

höret, ist 1724. durch den preußischen geheimen Rath
und Leibarzt Dokt. Friedrich Hofmann der berühmte
Bitter = und Purgierbrunn entdecket worden cc). Die
Seidschitzer Gegend hat solcher Brunnen 23, davon
der Fürst Lobkowitz 19, ein Unterthan 2, und noch
ein anderer einen, den er an die fürstl. Industrie und
Kommerziendirektion verpachtet hat, dann die Stadt
Brür auch einen besitzet. Zu Sedlitz haben die Kreuzherren 2 solche Brunnen. Der Hauptstoff aller dieser sowohl in Sedlitz als Seidschitz befindlichen
Bitterbrunnen, sagt der Herr Arzt Jos. Gottfr.
Mikan Sr. kaiserl. königl. Majestät wirkl. Sani-
tätsrath, und zu solcher Zeit dirigirender Dekan an
der Universität zu Prag, in einer Nachricht an das
wahrheitliebende Publikum 1784. den 22. May, ist
nebst dem Wasser das so genannte Bittersalz (magne-
sia vitriolata) welches in beyden Oertern einerley ist,
der Brunn gehöre, wem er immer wolle. Allem
schädlichen, und der theuern Menschengesundheit gefährlichen Unterschleife vorzubeugen, sind 1781. die
minder vollkommnen Brunnen etlicher gemeinen Halb-
bauer vernichtet, und diejenigen, welche das kräftigste
und reichhältigste Bitterwasser geben, mit aller Be-
hutsamkeit gereiniget, und wider allen Zufluß fremder
Wässer bewahret worden: das Wasser wird zur Fül-
lung der Flaschen nur in der hierzu günstigen Jahrs-
zeit nämlich im Frühjahr und Sommer bis Anfangs
November geschöpft, und in entfernte Gegenden ver-
schickt.

cc) Johann Seyfart Beschreibung von Böhmen.

ſchickt. Die Flaſchen ſind mit doppeltem Jnſiegel, welche ſchon im Thone ſelbſt gezeichnet ſind, verſehen, auf deren einem Sig. Off. Induſtrialis Bilin., auf dem andern Saidſchützer Ober - Bitterwaſſer ſteht. Der Preis einer jeden Flaſche dieſes Bitterwaſſers iſt auf der Stelle jetz per 12 kr. Bey den Kreuzherren mit rothem Stern zu Prag iſt ſolches Waſſer nach beliebiger Maaß in gläſernen Flaſchen zu bekommen.

33) **Schwetz**, von 30 N., mit einer Kirche unter dem Titel des heil. Apoſtels Jakob des G.

34) **Wolepſchitz**, von 32 N., mit einer Kirche zu St. Gallus Ab., die 1384. mit eigenem Pfarrer verſehen war.

35) **Koſten**, von 60 N., mit einem fürſtlichen Forſtamt; die Einwohner verfertigen hier ſehr feine Strümpfe. 36) **Rothe Mühle**. 37) **Grundmühlen**, von 9 N. liegen 2 Stund von Sachſen unter dem hohen Gebirg, etwas hiervon gehöret nach Kloſter Grab; die hieſigen Müller ernähren ſich mit dem Mehlhandel, und Brodbacken für die Zinnwalder und Nikelsberger Bergleute.

Allodialherrſchaft Koſtenblat.

Gehörte 1379. dem Hrn. Habard von Zerotin dem ältern, der das Schloß ſammt allen dazu gehörigen kraft ſeines letzten Willens ſeinen Brüdern Plichta und Habard dem jüngern verſchrieben hat.

Fünfter Theil. J te

ꝛc a). Nach der Zeit gelangte diese Herrschaft an
die Wrschowerzen, und zu Anfang des funfzehnten
Jahrhunderts fiel selbe dem Hrn. von Kunstat oder
Podiebrad zu b). Bald darauf gelangte sie an
Siegmunden von Wartenberg Herrn auf Tetschen.
Zu dessen Zeiten 1434. überfiel Jakob von Wrzezo-
werz das jezt ganz wüst nahe an Kostenblat stehende
Bergschloß, verwüstete dasselbe, und bemächtigte sich
dieser ganzen Herrschaft c). Gegen die Mitte des
sechzehnten Jahrhunderts hielt diese Herrschaft Christoph Kostomlatczky von Wrzesowerz im Besitze d),
und so blieb Kostenblat bey diesem Geschlechte bis
auf Udalrichen Kostomlatczky von Wrzesowerz, dessen Güter 1623. an den königl. Fiskus gezogen, und
gleich darauf an Heinrichen van Czernin den ältern
um 26969 Schock 14 Gr. abgetreten wurden. Zu
Anfang des jezigen Jahrhunderts gehorchte Kostenblat dem Grafen Clary von Aldringen, und verfiel
leztlich an eine gebohrne Clary, verwittwete Desfine,
von der es die jezige Besitzerinn Wilhelmine Reichsgräfinn von Wiesnik, gebohrne Freyinn von Schirnding ungefähr vor 16 Jahren käuflich übernommen
hatte.

Der

a) Urkunde a. Balbin. Misc. L. 8.
b) Ibidem L. 3. c. 8.
c) Bartoff. a Gelas. Mon. T. I.
d) Prager Landtag auf das Jahr 1561.

Der Landmann spricht hier deutsch, und suchet seine Nahrung in einem mittelmäßigen Ackerbaue. Her gehören:

1) Kostenblat, Kostomlaty, von 127 N., mit einem Schlosse, das 1670. Humbert Czernin unter dem Namen Humprechtswiese aufgeführet, und mit einer Pfarrkirche, die 1737. Philipp Graf v. Clary und Aldringen verneuert und erweitert hat; liegt 9 gem. Meilen von Prag, und 2 von Leutmeritz nahe an dem so genannten großen Franzberge.

2) Lintschen, Linschen, von 8 N. 3) Mo- schen, von 10 N. 4) Welhenz, Welhenicze, von 24 N. 5) Bukowicz, von 26 N.

Allodialgut Krzemusch.

Die jetzige Besitzerinn Wilhelmine Reichsgrä- finn von Wieznik, gebohrne Freyinn von Schirnding hat selbe erblich übernommen. Der Landmann spricht deutsch, dessen Hauptnahrung besteht im Acker- und Obstbaue, das seines guten Geschmacks wegen vielen andern vorgezogen wird. Hieher gehören:

1) Krzemusch, das auf der Charte unter dem Namen Tschemoscha angemerkt ist, zählet 40 N., und ist mit einer schönen 1706. erbauten Admi- nistraturkirche unter dem Titel der heil. Apostel Peter und Paul, und einem Schlosse versehen, das 1693. aufgeführet, und mit herrlichen Obst - Zier - und Phasangarten gezieret worden ist; liegt 9½ Meile von Prag, ¼ Meile von Dux, 1¼ von Bilin, und ½

J 2   von

von Teplitz. 2) Dolanken, von 8 N., liegt an der
Bila. 3) Pohontsch, von 9 N. 4) Niemeczken,
Niemeczek, von 14 N.

Herrschaft Schwaß.

Gehörte schon gegen die Mitte des dreyzehnten
Jahrhunderts den regulirten Chorfrauen unter dem
Namen der Beschützerinnen des heil. Grabmahls,
die 1287. nachdem ihr Kloster 1278. durch Kaiser Rudolphs I. Soldaten stark beschädiget worden, Wenzel II. König in Böhmen unter seinen
Schutz genommen, und Johann von Luxemburg
1337. den 21sten Jun. dem Kloster am Zderäs zu
Prag untergeordnet hatte a). Gegen Anfang des vierzehnten Jahrhunderts haben die Herren Wsschlap,
und Stibor von Krssin die Einkünfte dieses Klosters
durch wiederholte milden Beyträge um ein merkliches
vermehret b), bald darauf aber 1421. wurde dasselbe
von Zizka zerstöret, und in die Asche gelegt. Nachdem die Unruhen im Lande wieder einigermassen gedämpft worden, kehrten abermal einige des gesagten
Ordens Nonnen, nicht aber aus dem St. Claraor-
den, wie Stransky ohne Grund behaupten will c),
in ihr ehemaliges Kloster zurück, und lebten daselbst

3.

a) Hammersch. Prod. Gl. Pr.
b) LL. Erect. Vol. 7. G. 6. Vol. 8. G. 9. et Codex
  Diplom. Morav. a. Gelas. Mon. T. 4.
c) R. B. c. 2. §. 15.

3. an der Zahl sehr kümmerlich bis auf das Jahr
1580, in welchem Rudolph II. dieselben in andre
Klöster verschicket, und ihre Güter dem Erzstifte in
Prag zugeeignet hatte d), bey dem sie noch heut zu
Tage verbleiben.

Der deutsche Landmann befördert hier seine Nahrung durch die Bearbeitung des trefflichen Waitzens
bodens, und einen fleißigen Obstbau, womit ehedem
von dannen ein stärker Handel nach Sachsen getrieben wurde. Dieser Herrschaft sind einverleibt:

1) Schwarz, Swietecz, Swieticze, Swatecz,
Swietcy, ein Dorf von 27 N., mit einem Schloße,
das zu Anfang des jezigen Jahrhunderts vom Johann
Breuner Prager Erzbischofe aufgeführet worden ist e).
Nächst am Schloße sind noch einige Bruchstücke des
ehemaligen Frauenklosters zu sehen, dann die Pfarrkirche unter dem Titel des heil. Apostels Jakob des
Gr., die schon 1384. mit eigenem Pfarrer versehen
war, nach der Zeit aber dem obbenannten Kloster einverleibt f), dann 1731. vom Prager Erzbischof Grafen v. Küenburg ganz neu angelegt, vom Joseph
Mayer von Mayern fortgeführet, und letzlich vom
Mauriz Gustav Grafen von Manderscheid zu Ende
gebracht, und mit zweyen Thürmen gezieret wurde.
Die große Glocke führet folgende Aufschrift: A. D.
1549. ista campana conflata est ad laudem omni-

J 3 poten-

d) Urkunde, die wir bey Ossek anführen werden.
Hammersch. l. c.

e) Berghauer in Protomart. P. I.

f) LL. Erect. Vol. 8. G. 9.

potentis, et Beatae Mariae Virginis et omnibus
Sanctis per me Magistrum Stanislaum. Za Urozene
Pauny Doroty z Daupowa Przeworſy ꝛc. ꝛc. Die
zweyte iſt mit folgenden Worten bezeichnet: Tiſiczteho,
cztyrſteho, oſimdeſateho, dewateho Leta. Laut ei-
nem genauen Verzeichniß des ehemaligen hieſigen
Pfarrers Joſeph Monfroni de Calteſon, der vor
dem jezigen würdigen Manne Herrn Kaſpar Peitſcner
die hieſige Pfarre durch 50 Jahre 4 Mon. und 4
Tage adminiſtriret hat, war noch zu deſſen Zeiten ein
Grabſtein in dieſer Kirche mit folgender Aufſchrift
zu ſehen: A. D. M. D. L. IV. feria quarta poſt
Martini obdormivit generoſa, atque devota Dna.
Dna. Dorothea a Daupiczov Sacro S. Sepulchri
Hyeroſolimitani cum rubea duplici cruce cuſtodiſſa,
Dna et Prioriſſa Monaſteriorum Zderas et Schwätz,
cuius anima requieſcat in pace. Dieſer Stein aber
wurde während des neu unternommenen Kirchenbanes
zerbrochen, und eingemauert. Nicht ferne von dieſem Orte werden die beſten Steinkohlen gebrochen, mit
denen auch das Bierbrauen betrieben wird. Schwätz
liezt nahe am rechten Ufer der Bila 9 gem. Meilen
von Prag, ½ Stunde von Tepliß, und 1 Stunde
vor Duchs.

2) Hoſtomiß, von 31 N., an dem Schelen-
kerbache, der ſich kurz bevor mit dem Ladowißer-
bache vereiniget, und unter Hoſtomiß in die Bila
fällt.

3) Krupay, von 8 N. 4) Auporz, von 16
N. 5) Boracz, von 18 N.

4)

6) Kuthowenka, Kotowenka, von 16 N.

7) Stirbitz, Stierbicze, von 19 N.

8) Liskowitz, von 10 N.

9) Kottowitz, Kuttowiĉze, von 26 N., liegt an der Bila. 10) Hohndorf, von 39 N., davon 'I. nach Teplitz gehöret, hat einen besonders guten Kalkbruch.

11) Knibitschen, Knibitschken, von 9 N. Folgende zwey Dörfer liegen etwas entfernt zwischen Mukow und Liebshausen. 12) Roth Augezd, von 48 N.

13) Wschechlap, Wssechlapy, von 14 N., mit einem Mayerhofe.

Fideikomißherrschaft Dux und Oberleutensdorf.

Gehörte zu Anfang des funfzehnten Jahrhunderts dem Herrn Johann Kaplirz von Sulewicz, der sie 1530. an Dipolden von Lobkowitz um 19600 Sch. Meiß. abtrat a). Aus dessen Nachfolgern kommen als Besitzer dieser Herrschaft bey unsern Chronisten folgende vor: Wenzel von Lobkowitz auf das Jahr 1557. und 1571 b). Adam von Lobkowitz, Herr auf Dux, Wssechlap, Girzetin,

J 4

a) Urkunde Mf. v. Gelas. v. Adauct. Wünzb. 3. Th. 1. St. 13. §.

b) Prager Landtag.

Zetin, und Litwinow auf das Jahr 1615 c). Ladiſlaw von Lobkowitz, Herr auf Duchs und Schreckenſtein, Appellationspräſident d), der 1590. mit Tode abgieng, und zu Prag in der St. Wenzelskapelle bey St. Veit begraben wurde. Wilhelm Popel von Lobkowitz 1618 e). Bald darauf gelangte dieſe Herrſchaft an die Herren von Waldſtein, aus welchen Johann Graf von Waldſtein und Erzbiſchof zu Prag der ehedem unterthänigen Stadt Duchs 1680. die Freyheit ertheilet, dieſe ganze Herrſchaft mit landesfürſtlicher Genehmhaltung zu einem Fideikomiß erhoben, und 1694. die Herrſchaft Duchs und Oberleutensdorf kraft ſeines letzten Willens dem Johann Joſeph von Waldſtein nachmaligen Landesmarſchall im Königreiche Böhmen erblich verſchrieben hatte f). Von dieſer Zeit an blieben dieſe Güter ſtets bey dem gleichgeſagten gräflichen Geſchlechte bis auf den jetzigen Beſitzer Karl Joſeph Reichsgr. von Waldſtein und Wartenberg Erbvorſchneider im Königreiche Böhmen, und Sr. k. k. apoſtol. Majeſtät Kämmerer. Der Landsmann ſpricht hier deutſch, und befördert ſeine Nahrung durch einen mittelmäßigen Ackerbau, und bey den zu Duchs und Oberleutensdorf wohl angelegten Tuch - und Strumpffabriken. Hieher gehören:

1)

c) Prager Landtag.
d) Paprocky de Stat. Dom.
e) Balbin. Miſc. L. 3. c. 7.   Hiſt. S. I. P. 3. L. I.
f) Berghauer in Protom. P. 1.   Archiv. Civit.

1) Duchs, Dux, Duxau, Duchezow, Duxovium, eine freye Schutzstadt, liegt 10 gem. Meilen von Prag, und ¼ Stund von Teplitz westsüdwärts, zählet 149 Häuser, und führet im Wappen einen Löwen in drey rothen, und zwey schwarzen Feldern. Das schöne Schloß ist mit einem ungemein schönen Lust- und Phasangarten, wie auch mit einem prächtigen Büchersaale versehen, darinn nebst 12000 Bänden auch zwey Theile der Kirchengeschichte von Böhmen verfaßt vom Paul Skala v. Horze in Manuscript aufbewahret werden. Die Decke im Saale des hiesigen Schlosses, das große Oelgemälde eben daselbst, die Kuppe in der Spitalkirche, das hohe Altarblatt in der Stadtkirche, und die prächtig von Stein gehauenen Bildsäulen im Schloßgarten werden noch allemal als Meisterstücke des Wenzel Reiners und Mathias Brauns bewundert g). Die prächtige Dechantkirche, welche schon auf das Jahr 1391. in den Errichtungsbüchern vorkömmt h), ist durch den prager Erzbischof Johann Friedrich von Waldstein von Grund auf ganz neu wieder hergestellet i), das Spital entgegen an der außer der Stadt gelegenen Kreuzkirche, darinn 24 arme, und zur Arbeit unfähige Unterthanen mit allem Nöthigen versehen werden, ist von Johann Joseph von Waldstein gestiftet, und mit einer Apotheke, woraus auch den übri-

J 5 gen

g) Abbild. Böhm. und Mähr. Gelehrten 4. Th.
h) LL. Erect. Vol. 12. D. 6.
i) Berghauer Protom. P. I.

gen armen Unterthanen bey zustossenden Krankheiten
die Medicinen unentgeltlich abgereichet werden, wie
auch mit einem Lokalkapellan und Chyrurgus versehen,
und reichlich gestiftet worden. Die überaus guten
Duxer Strümpfe sind allzu viel bekannt, als daß
man für nöthig fände, dieselben hier anzurühmen.
Die vortheilhafte Erzeugung dieses so nützlichen als
nöthigen Landesprodukts hat man einem holländischen
Strumpfwürker zu verdanken, der sich hier seßhaft
gemacht, und die Strumpfwürkerstühle nach holländi-
scher Art eingerichtet hatte. Zur Zeit der hussitischen
Landesverwüstung, obschon unsre Chronisten in der
Bestimmung des Jahrs nicht übereinkommen, rückten die Prager vor Duchs, wo sich eben eine geringe Besatzung von meißnischen Truppen aufhielt,
steckten die ganze Stadt in Brand, und verfuhren
nach dem Zeugnisse unsers Kranzius mit den Bürgern
dergestalten barbarisch, daß die Stadt von dieser Zeit
an durch viele Jahre ganz wüst und öde geblieben
war k).

2) **Losch,** von 49 N., mit einem herrschaftlichen Kalk- und Steinbruche; nahe an diesem Dorfe
liegt die 3) **Riesenmühle,** mit dem so genannten **Rie-**
senbade. Die Hauptquelle dieses Bades soll aus 7
Nebenquellen bestehen, deren 3 warm, die übrigen
aber

k) Cranzius in Vandalia L. 11. c. 6. a. A. 1421.
 Cochlaeus in Hussit. L. 4. a. A. 1426. Theo-
 bald. in Hussit. et Balbin. Misc. L. 3. c. 21. et
 L. 4. §. 103. a. A. 1426.

aber kalt aus der Erde hervorquellen, und zur Stär-
kung der Glieder trefliche Dienste leisten sollen. 4)
Kadenschenk oder Bergschenke.. 5) Stranka, von
14 N. 6) Sterbina, Stierwina, von 10 N.
7) Wssechlap, von 24 N. 8) Sobrusan, von 22
N., mit einer Kirche unter dem Titel der heil. Apostel Simón und Judas. -

9) Schlenken, von 28 N. 10) Kadowitz,
von 53 N. 11) Liptitz, von 16 N., mit einer
Kirche unter dem Namen der heil. Apostel Peter
und Paul, die sammt jener zu Sobrusan auf die
Veranstaltung des Joh. Jos. Grafen v. Waldstein
verneuert wurde.

12) Oberleutensdorf, ein vom K. Karl VI.
1715. erklärter Marktflecken, zählet 204 großentheils
wohlgebaute Häuser, führet im Wappen das Bildniß
des h. Erzengel Michaels, und unter dem Stadtthore
einen stehenden Löwen; liegt ferner in der angenehm-
sten, und mit vielfältigen Lindenalleen gezierten Gegend, 10 gem. Meilen von Prag, 1. von Brür,
und eben so viel von Duchs westwärts entfernt. Unter
die namhaften Gebäude sind hier zu rechnen:

1) Das Schloß, 2) die Pfarrkirche unter
dem Titel des heil. Erzengel Michaels, deren jenes
1732. von Joh. Jos. von Waldstein, diese aber
1690. von Joh. Friedr. Prager Erzbischofe aufgeführet worden ist. In dieser Kirche, deren Aufsicht
heut zu Tage dem Albert Freyh. von Hegenmüller
anvertrauet ist, kömmt hauptsächlich anzumerken das
hohe Altarblatt von Skreta, welches 3000 fl. geko-

.stet

ſtet haben ſoll, dann folgende Grabſchriften, die auf
dem Kirchhofe nächſt am Beinhauſe zu ſehen ſind:
A. D. 1558. Sonntag den 25. Jän. zu Mitternacht iſt in Gott entſchlafen die edle und tugend-
ſame Frau Helena, eine gebohrne von Wrzowicz,
des edlen und ehrenfeſten Abraham von der Jhan
auf Ober Leutensdorf ehelige Hausfrau ꝛc. A.
1566. iſt der edle und ehrenfeſte Georg von der
Jhan auf Ober Leutensdorf in Gott entſchlaffen.
A. 1571. Sonnabend nach Margaretha iſt der edle
und ehrenf. Abraham von der Jhan auf Ober
Leutensdorf in Gott entſchlafen. DECCEN.

3) Die Tuchfabrike, die 1715. von Johann
Joſ. Grafen von Waldſtein errichtet worden iſt, und
darinn heut zu Tage allerhand Gattungen feiner Tücher
fabriciret, vorzüglich aber jene, die aus ſpaniſchen
Segovia leoneſa Wolle, denn eine feinere iſt ſonſt in keinem andern Welttheile zu finden, verfertiget werden, welche den ſpaniſchen, holländiſchen und engliſchen Tüchern
nichts nachgeben. Die Preiſe davon ſind verſchie-
dentlich, nachdem die Farbe hoch oder gemein iſt,
eine Wiener Elle per 5, 6 — 8 fl. Der obgenannte Graf war gleich anfangs ſeiner Beſitznehmung
von dieſer Herrſchaft ſonderlich darauf bedacht, wie
er den hieſigen, bis jezt in großer Armuth verwahr-
loſten Einwohnern einen beſſern Nahrungsſtand ver-
ſchaffen könnte. Zu dieſem Ende ließ er anfänglich
mit großem Aufwand 10 wohlgeübte Manufakturiſten
aus Holland, und bald darauf noch einige andere aus
Engelland, und Spaniſchniederlande nach Oberleu-
tens-

tensdorf kommen, welche verschiedene, und ehedem
hier Landes noch niemal bekannte Geräthschaften mit-
gebracht, den hiesigen Einwohnern alle möglichen
Kunstgriffe beygebracht, dieselben in Wolle Schrobeln, Streichen, Spinnen, Tuchwürken, Walken
und Zurichten vollkommen unterrichtet, und das ganze
Werk auf holländischen Fuß eingerichtet haben. Solchemnach finden bey dieser Fabrike viele hundert Menschen ihren genüglichen Unterhalt, die ehedem außer
Stand waren, sich die nöthige Nahrung zu verschaffen; ja die Population nimmt in diesen Gegenden
von Jahr zu Jahr dergestalten zu, daß man in diesem Marktflecken seit dem Jahr 1763. um 150 neu
aufgeführte Häuser mehr zählet, ohne jene zu rechnen,
die in den nächst anliegenden Dörfern ebenfalls neu
angelegt worden sind. Denn die sämmtlichen umlie-
genden Oerter befleissen sich die Kunstgriffe zu erler-
nen, wie die Wolle zu feinem Gespinnst geschrobelt,
und vorbereitet werden solle, und sind auch bereits
darinn dermassen gut geübt, daß sie den Landtuch-
machern in Leutmeritz, Außig, Brüx, Kaden, Komotau, Jörkau, Bilin, Teplitz, u. a. m. das feinste
Gespinnst liefern, auch wohl gar solches zum Theil
nach Sachsen in gutem Preise verkaufen. Alle in
den gleich gesagten Städten wohnenden Tuchmacher,
haben es der hiesigen Manufaktur zu verdanken, daß
sie durch die neueingeführten ausländischen Geräthschaften, als da sind Schrobeln, Blatcarten, Streichen, Spinnräder, Würkstühle u. s. w., ihr Hand-
werk verbessert, und gegen die vorigen Zeiten unge-

mein

mein verfeinert haben. Seit einigen Jahren hat auch
die Strumpfwürkermanufaktur hier dergestalten zuge-
nommen, daß nur allein in Oberleutensdorf, und
einigen dahin gehörigen Dorfschaften auf den 220 daselbst aufgestellten Würkstühlen alljährig 11000 Du-
tzend wollene Kastorstrümpfe verfertiget werden. Zu
diesem Ende sind hier auch zwey auf holländische Art
erbaute Walkmühlen vorhanden, darinn die Strumpfwürker ihre Waaren gegen einen leidentlich billigen
Lohn gewalkter wieder zurück bekommen, wodurch
der Forttrieb ihrer Profession weit besser als irgendwo
begünstiget wird. Der stärkste Absatz mit diesen
Strümpfen wird dermal nach Rußland getrieben; es
befinden sich nämlich aus dem Dorfe Stein Schönau
gewiße böhmische Kaufleute in Petersburg, die den
Verschleiß daselbst besorgen, und von Zeit zu Zeit
namhafte Remisen an die Prager Wechselherren
überschicken, wodurch viele tausend Gulden in unser
Vaterland eingebracht werden.

4) Das Waisenhaus, welches 1775. vom
Emanuel Grafen von Waldstein aus folgender Ver-
anlassung errichtet wurde. Es war nämlich das
Duxer Spital auf 36 Personen gestiftet, darzu 24
betagte arme Männer und Weiber, 6 Knaben und
eben so viel Mädchen bestimmt waren. Nachdem
aber diese Kinder keine andre Verrichtung als das
Schulgehen allein daselbst hatten, so hat der obgenannte Graf nach einer hierzu vom allerhöchsten Orte
eingeholter Bewilligung diese 12 Kinder nebst der
für dieselben festgesetzten Stiftung, und ⅓ von den
ein-

eingehenden extra Spitaleinkünften außer übersetzen
lassen. Diese Kinder sind seit jener Zeit bis auf 30.
angewachsen, und werden zu ausgesetzten Stunden
zum Bethen, Lernen, und Arbeiten angehalten. Ihre
Arbeit besteht anfänglich in Wollstreichen, Spinnen
und Garnhaspeln, darinn sie von dem Fabrikspinn-
meister unterrichtet werden. Der Verdienst wird in
der Waisenrechnung in ordentlichen Empfang gebracht,
und zu dem Unterhalte des Waisenhauses verwendet.
Sobald sie mehr Kräfte erreichet haben, werden sie
zum Wollschroben, Tuchwürken, Tuchscheeren, oder
wozu sie sonst Lust und Fähigkeit zeigen, befördert.
Auch wird einem jeden dieser Waisen bey dem Aus-
tritte ein gutes Kleid, und 20 fl. an baarem Gelde
abgereichet. Dieses ist nun was das hochadeliche
Geschlecht der Grafen von Waldstein zum Besten
der Armen, und zu unvergeßlichem Danke sowohl
der hiesigen, als auch der benachbarten Landesleute
so mildreich als gütig gestiftet hatte.

13) Nieder Leutensdorf, von 47 N. 14)
Wiese, von 48 N.

15) Lindau, von 31 N. 16) Maltheuer,
von 58 N.

17) Nieder Georgenthal, ein Marktflecken,
mit einer St. Nikolaikirche, zählet sammt 18)
Ober Georgenthal 145 N., und ist mit einer Pfarrkirche unter dem Titel Marien Himmelfahrt versehen,
die 1693 vom Joh. Friedr. v. Waldstein angelegt, und
von dessen Nachfolger zu Ende gebracht worden ist;
liegt an einem unbekannten Bache, der hier die Gränz-

schei-

scheidung zwischen dem Leutmeritzer und Saatzer Kreise aufmacht. Diejenigen Häuser, welche jenseits dieses Baches liegen, sind der Herrschaft Eisenberg einverleibet.

19) Bettelgrün, von 37 N. 20) Duchser, Hammer, von 26 N. 21) Sandl, von 9 N.

22) Oberdorf, von 16 N. 23) Zettel, von 8 N. 24) Rascha, von 15 N.

25) Langewiese, von 50 N., davon ein Theil nach Ossek gehöret.

26) Schönbach, von 38 N. 27) Ladung, von 41 N., etwas gehöret davon nach Ossek.

28) Neudorf oder Willersdorf, von 39 N.; hier sind noch einige Merkmale von verfallenen Eisenbergwerken.

29) Georgensdorf oder Thal, von 105 N., liegt an dem Flusse Flöha, der hier die Gränzscheidung zwischen Böhmen und Sachsen ausweiset. In diesem Dorfe ist ein sächsisches Zollhaus auf böhmischen Grunde, darinn der sächsische Flößmeister wohnet. 30) Metzdorf oder Keil, von 40 N.; hier sind gleichfalls zwey sächsische Häuser auf böhmischen Grunde erbauet, in deren einem der Flößschreiber, im zweyten aber der Flößanweiser der Freyberger Flöße seine Wohnung hat.

31) Flöha, Blžany, Fleja, von 72 N., mit einer Pfarrkirche unter dem Titel des Heil. Johann Tauf.; liegt zwischen vielen Wäldern an den äussersten sächsischen Gränzen, und wird von dem Flusse Flöha durchgeströmt, der bey Willersdorf entspringt, und

und seinen Gang nach Sachsen richtet. Das merk=
würdigste bey diesem Flusse ist der 1620. von dem
Freyberger Rathe aus Sachsen mit vielem Geldauf=
wand eine halbe Stunde - unter Flöha verfertigte
Flöß = oder Kunstgraben, darinn das Wasser ohne
Zuthun, oder Gebrauch eines Kunst = und Trieb=
werkes auf den höchsten Bergen durch gehauene
Steinklüfte in einer Strecke von 7 Stunden bis zu
dem Einfall in die Mulda geleitet, und mit Hülfe
dessen das Flößholz von da aus nach Freyberg zu
dortigen Bergwerken 17 Stund, oder 8½ Meile
weit geflößt wird, da doch die Stadt Freyberg von
Flöha nur 4 Meilen entfernt liegt.

32) Lichtenwald, ein vom Grafen Emanuel
Waldstein 1760. auf einem sehr hohen Berge auf=
geführtes Jagdschloß. Eine Stunde von diesem
Schlosse entsteht der so genannte Wernsbach, der
sich bald darauf mit dem Flusse Flöha vereiniget,
und zu Georgensdorf gleichfalls die Gränzscheidung
zwischen Böhmen und Sachsen ausmacht; man soll
an diesem Bache im vorigen Jahrhunderte häufige
Geldkörner gefunden haben. Die hiesige Gegend ist
dergestalten kalt, daß man mit vieler Mühe kaum er=
was an Haber, Flachs und Kraut erbauen kann.

33) Strahl, von 29 N.   34) Riesenberg,
von 39 N., davon etwas nach Oßek gehöret.

35) Rauschengrund, von 14 N.   36) Gern,
Göhrn, von 48 N.

Stift Oßek.

Neu Oßek, Ozzegb, Wozzegb, Osseca ein berühmtes Zisterzienserstift und Dorf von 99 N., liegt 10 gem. Meilen von Prag, und 2 Stund von Brüx nordwärts in einer sehr angenehmen und weit und breit ebenen Gegend. Die erste Anlegung dieser Stiftung ist auf das Jahr 1192. zu versetzen, in welchem Johann Milgost, Herr auf Maschau, einige Brüder dieses Ordens unter dem ersten Abte Ruthard, aus Waldsaßen berufen, dieselben auf seinem nahe bey Baden liegenden Gute Maschau reichlich gestiftet, und zu ihrem Unterhalte laut eines 1193. unter dem Zeugniße des Probstes von Wischehrad Siegefried ausgefertigten Stiftsbriefes die Dörfer Maschau, Mladin, Rozilipie, Hunczan, Koniß, Ulczan, Tulhaw, Brinkaschow, Hluboky, Smilow, und Schleber angewiesen hatte. a). Allein die steten Ueberfälle des häufigen Raubgesindes, und viele andern Ungemächlichkeiten zwangen die hier neu angehenden Ordensmänner 1196. diesen Ort zu verlassen und ihre Zuflucht nach Oßek zu nehmen. Slawko von Riesenberg, der zu solchen Zeiten Oßek im Besitze hielt, nahm sie mit vielem Vergnügen auf, trat ihnen die schon ehedem hier erbaute Marienkirche ab, bestimmte zu dieser neuen Stiftung nebst vielen andern fahrenden Gütern die Dörfer Hirdloch, Skonwelt, Domo-

a) Sartorius in Cistercio bis tertio. Chron. Waldsasense a Gel. Hist. T. 6.

Domoslawik, Duban und Hayn sammt allen Gerechtsamen, welches Przemisl Ottokar I. kraft eines
Majestätsbriefes 1207. sämmtlich bekräftiget, und
mit neuen Besitzungen vermehret hatte. b). Milgost,
ohne dessen Vorwissen die obgedachten Geistlichen ihren
Sitz geändert haben, wurde über dieses Betragen
dergestalten aufgebracht, daß er seine ehemaligen Gesinnungen gänzlich geändert, und die der neugepflanzten
Stiftung zu Maschau gewidmeten Güter wieder an
sich gezogen hatte.

Hermann Abt zu Ossek und Ruthards Nachfolger brachte hierüber seine Klage bey dem päbstlichen Stuhle vor, und zeigte an, daß seine Ordensbrüder aus keinen andern, als den oben angeführten
Beweggründen ihren ehemaligen Sitz verlassen haben.
Pabst Innocenz III. nahm sich zwar derselben an,
und befahl den Bischöfen zu Prag und Ollmütz mit
Beyziehung des Probstes von Leutmeritz die Sache ganz
genau zu untersuchen; doch für wen eigentlich der
Streit entschieden worden sey, ist uns aus Mangel
sicherer Urkunden unbekannt geblieben c). Dieser erste
unangenehme Auftritt war gleichsam eine Ahndung der
künftigen traurigen Fälle, denen dieses Stift ohne
Unterlaß ausgesetzt war. Denn 1249 überfiel Przemisl Ottokar Markgraf aus Mähren das hiesige
Kloster, welches sich auf die Seite seines Vaters

K 2 Wen-

b) Neplacho a. Gelas. Mon. T. 4. Urkunde a. Gelas.
Hist. T. 6.
c) Urkunde a Gelas. Hist. T. 6.

Wenzels I. König in Böhmen geschlagen hatte, jagte die sämmtlichen Geistlichen von dannen weg, und gab das Kloster seinen Soldaten preis. Die nachfolgenden Aebte Zlawko, Weinhard, und Eiselbert, ließen sich zwar bestermassen angelegen seyn, ihr Kloster sammt der Kirche in vorigen Stand wieder herzustellen, welches sie auch beynahe glücklich bewerkstelliget haben, besonders nachdem der obgesagte Przemisl Ottokar II. den böhmischen Thron bestiegen, den vormals beygefügten Schaden diesem Kloster reichlich ersetzet, und den Zeugefinger des H. Johann Tauf. den er 1252, in Ungarn erbeutet, der hiesigen Stiftskirche verehrt hatte; allein im J. 1278. rückten die Truppen K. Rudolphs v. Habspurg vor Ossek, raubten das mit vielem Geldaufwand erworbene kostbare Kirchengeräth, rießen die Leichen aus den Gräbern, wühlten alles durch, um der etwann verborgenen Schätze habhaft zu werden, steckten das Kloster in Brand, und würden den Abt Theodorich I. noch viel grausamer behandelt haben, wenn er sich nicht bey Zeiten nach Dresden geflüchtet hätte d). Bald darauf gerieth das abermal hergestellte Kloster zu Anfang des vierzehnten Jahrhunderts unter dem Abte Konrad II. abermal in Flammen, und wurde endlich 1421. von Pragern, dann 1429 von Taboriten dergestalten zerstöret und verwüstet, daß es lange Zeit ganz wüst und öde geblieben war e). Hierauf sind eilf Dörfer,

die

d) Cont. Cosm. Pessina Marte Morav.
e) Balbin. Misc. L. 4. §. 89. Hammerschm. Pr. Gl. Pr.

die dem Stifte zugehöret haben 1460. vom K. Georg
Podiebrad an Johannen von Stampach, Wodolicz
aber, Mnichow und Sonucz 1485 vom Wladislaw II.
an die Brüder Wenzel und Nikolaus v. Czernuczicz,
und 1530. den Montag nach Palmsonntag vom K.
Ferdinand I. an die Hrn. v. Lobkowitz mit solcher
Bedingung abgetreten worden, daß solche von keinem
andern als von dem besagten Kloster wieder eingelöset
werden können. f) Die geringe Anzahl der Geistli=
chen, die sich nach geendigten solchen Landesunruhen
wieder versammelt haben, lebten hier sehr kümmerlich
bis auf das Jahr 1580., in welchem die Herrschaft
Oßek nach dem Tode des Abtes Balthasar auf kaiserl.
Befehl dem Erzbischofe zu Prag übergeben, und die
Geistlichen laut eines alten Manuskriptes, so im Klo=
ster Oßek noch heut zu Tage aufbewahret wird, in
andere Klöster verschicket worden sind.

Antonius Mohelnicius, spricht das gesagte Manu=
skript, Pragensis Archiepiscopus legatus seu Orator
primarius Ferdinandi primi Caesaris ad Tridentinum
Concilium, quam præclare commissam provinciam
coram Patribus in concilio sustinuerit, et quam
graves Sententias in eodem dixerit, consulatur emi-
nentiss. Cardinalis Pallavicinus. Redux coronavit in
reges Boemiæ Maximilianum II. A. 1562., item
Rudolphum II. A. 1575., quorum serenissimorum
gratia ipse Antonius et successores Archiepiscopi, sacri
R. Imp. Principes sunt creati. Cum antem proventus

K 3 archi-

f) Urkunden a. Gelas. et Steinbach. Pelzner l. c. §. 89.

archiepiſcopales eſſent exigui, defectu ſuſtentationis
ſufficientis, et loco illorum ſex millium talerorum
reditus annui Archiepiſcopo Pragenſi per piæ me-
moriæ Ferdinandum I. Cæſarem, qua regem Boemiæ
aſſignatorum, poſtulante Antonio Archiepiſeopo, pro-
curante Rudolph) II. Cæſare, et diſpenſante Gre-
gorio XIII. P. M , duo. Monaſteria, Oſſecenſe Viro-
rum Ciſtercienſis Ordinis, et Swatecenſe Virginum
Crucigerarum Sepulchri Domini cum navicula Pragenſi Archiepiſcopali Menſæ A. 1580. Idibus Junii
fuerant incorporata, Religioſis ſex Oſſecenſibus, et
Virginibus tribus Swatecenſibus hinc inde per monaſteria diſperſis. g). Von nun an ſchien die Hofnung
für dieſe Ordensbrüder dieß ehemalige Stift jemal wieder
zu erhalten für allemal verſchwunden zu ſeyn; doch
lenkte eine unverhofte Fügung die Sache bald wieder
zu ihrem Vortheil ein. Sobald Johann Lohelius
zum prager Erzbiſchof ernannt wurde, ſchrieb er 1614
einen wehemüthigen Brief an den römiſchen Pabſt
Paul V., ſchilderte darinn das unverdiente Schickſal
des ehemaligen Kloſters in Oſek auf das lebhafteſte,
hielt um deſſen abermalige Herſtellung an, trat demſelben die ganze Herrſchaft freywillig wieder ab, und
brachte endlich durch ſeine dringenden Vorſtellungen
die Sache dahin, daß die obbenannten Ordensmänner
1626. mit Genehmhaltung des Pabſts Urbanus VIII,
und des römiſchen Kaiſ. Ferdinands II. in ihre ehemalige

g) Berghen. Protomart. P. 1. et Archiv. Convent.

lige Stiftung neuerdings eingeführet wurden h). Bald
darauf fiengen die nachfolgenden Aebte Georg Urath,
Johann Greifenfels v. Pilsenburg, und Laurenz
Knitl das ehemalige Kloster aus dem Schutte hervorzubringen, und daselbe in dieser Pracht, in welcher
es noch jetzt zu sehen ist, wieder herzustellen. Der
Abt Benedikt Littwerig brachte die überaus schöne
Stiftskirche zu Ende, sammelte die wenigen Ueberbleibsel der ersten Stifter dieses Klosters, und ließ selbe in
einem prächtig hierzu verfertigten Mausoläum beylegen
i). Eben so thätig bezeigte sich Kajetan Brzezina, der
1749. den 4. Sept. zum Abte dieses Stiftes erwäh-
let wurde. Er war ein Mann von einer ausnehmenden Sanftmuth und Gelehrsamkeit, versah die
neugebaute Kirche mit vielem kostbaren Geräthe, und
stellte daselbst das prächtige Gemälde des H. Johann
Ev. auf, welches von dem berühmten Maler Anton Kern
herrühret. Diesem folgte der jetzt lebende XXX Abt
Mauriz Elbel im Jahr 1776. den 9. May, der
sich, ungeachtet jener grossen Drangsalen, die das
Kloster 1778 durch die preußische Ausschreibung einer
Brandschatzung von 40000. Reichsthl. erlitten, zu
allen Zeiten bemühet hatte, die ihm anvertraute Abtey
stets aufrecht zu halten, den schon ehedem mit vielen
Manuskripten versehenen Büchersal k) mit auserlesenen Büchern zu vermehren, und die Ordenszöglinge
zu allen ihrem Stande angemessenen Wissenschaften
K 4 sorg-

h) Berghauer in Protom. P. I.
i) Gelaf. Hift. T. 6.
k) Boem. Docta. P. 3.

forgfältigſt anzuleiten. Im Jahr 1785. iſt die Zahl
dieſer Ordensmänner auf den allerhöchſten Befehl von
50 auf 18 eingeſchränket worden.

Zwiſchen Oßek und Grab befinden ſich die alten Silberbergwerke, die man vor einigen Jahren
wieder gewältiget, und nebſt Silber Glaserzt daſelbſt
erbrochen hatte l). Das nicht ferne von dannen an dem
Bache Mzie oder Miza liegende verfallene Bergſchloß
Oßek, ſo auch mit dem Namen Leſczen, Lczhozen, und
Rieſenberg ſonſt belegt wurde, gehörte zu Ende des
dreyzehnten Jahrhunderts dem Slawnik, des heil.
Adalberts Vater m), und verfiel zu Ende des vierzehnten Jahrhunderts an die Herren Borſſen von
Oßek n). Im J. 1466. gehörte ſelbes dem Hrn.
Diepold v. Wartenberg o). Der Landmann ſpricht
deutſch, ſowohl hier, als in den übrigen her gehörigen Oertern, und ſuchet ſeine Nahrung in einem mit-
telmäßigen Ackerbaue.

2) Alt Oßek, von 20 N., mit einer Pfarrkirche, unter dem Titel der heil. Apoſtel Peter und
Paul.

3) Herrlich, von 33 N. 4) Neudorf, von
43 N. 5) Neuhof. 6) Ober Augezd, Ogezd
und 7) Unter Augezd, ſämmtlich von 71 N., mit
einer

l) Johann Peithner von Lichtenfels l. c. §. 90.

m) Coſmas. Metrop. L. 1.

n) Balbin. Miſcel. L. 5. Vol. 1. M. 7, T. 7. Vol. 2,
N. 2. Vol. 4. Q. 3. et Miſ. L. 3. c. 4.

o) Pulkava a. Gelaſ. Mon. T. 4.

einer Kirche unter dem Namen des heil. Apostels Bartholomäus. 8) Preschen, von 22 N. 9) Priesen, von 26 N.

10) Schwintschitz, von 24 N., davon ein Mayerhof nebst 3 Bauernhütten nach Pareydl Saazer Kreises einverleibt sind, welche der Herr von Mainer ehemaliger Domherr an der Metropolitankirche zu Prag nach seinem Vater geerbt, nach seinem Tode aber der nächst an Brüx liegenden St. Anna-Kirche vermacht, und den zu solcher Zeit daselbst angestellten Verwalter mit Namen Przibil, wie auch seine Nachkommen, so lange einer aus dem Przibilischen Stamme vorhanden seyn würde, als landtäflich versicherte Administratores dieses Gütels eingesetzt hatte.

11) Obernitz, von 36 N. 12) Rudelsdorf, von 22 N. 13) Strimitz, von 37 N.

14) Maria Ratschitz, Rzecžicze, Racžieze, von 61 N., mit einer Pfarrkirche unter dem Titel Marien Geburt, die schon 1384 mit eigenem Pfarrer versehen war.

15) Likwitz, von 71 N., mit einer Kirche unter dem Titel des heil. Erzengels Michael.

16) Bruch und 17) Steinmühl von 97 N. 18) Deutschendorf, von 22 N.

19) Batzendorf, Ratzendorf, von 12 N. 20) Haan, von 94 N.

21) Kloster Grab, Grob, eine Bergstadt von 105 N., liegt in einem Thale 10½ Meile von Prag, 2 Stund von Teplitz, und 1. von Ossek, und ist

R 5 mit

mit einer 1602. den 28. April vom Prager Erzbischof Zbinko Berka unter dem Titel der heil. Barbara
konsekrirten Kirche versehen. Gehörte anfänglich dem
Frauenkloster zu Teplitz, von denen es sammt Wernsdorf der Osseker Abt Theodorich 1282. käuflich an
sich gebracht hatte. Dieses ehemalige Dorf ist der
reichhältigen Zinngruben wegen von K. Ferdinand I.
mit vielen herrlichen Vorrechten begnadiget, und vom
K. Rudolph II. 1594. in die Zahl der Bergstädte
versetzet worden. Kaiser Mathias bestätigte diese
sämmtlichen Privilegien, und ertheilte 1613. den
20. Nov. zu Linz dem H. Johann Weidlich eine
Bergfreyheit über das in hiesiger Gegend neuerfun-
dene Steinkohlenbergwerk p). Im J. 1614. wollten
sich die hiesigen Bürger, deren eine große Anzahl zu
solchen Zeiten der lutherischen Lehre beygefallen war,
der Unterthänigkeit ihres Besitzers des Prager Erzbischofs gänzlich entziehen, schützten ein vom K. Karl IV.
ihnen mitgetheiltes Privilegium vor, kraft dessen sie
von aller Unterthänigkeit sollten losgesprochen worden
seyn, und führten in dieser Absicht für ihre Glaubens-
genossen eine neue Kirche auf, dessen wenige Merkmale noch heut zu Tage hinter dem Rathhause zu
sehen sind, welches doch der gestatteten Religionsfrey-
heit nach nur den Freyen, nicht aber Unterthanen ver-
williget worden. Nachdem aber K. Mathias
etliche Kommissarien dahin abgeschickt, welche die
ganze

---

p) Adauct. Münzb. 3 Th. 1 St. §. 21. und 4 St.
§. 6. Peithner l. c. §. 89.

ganze Sache genau untersuchen, und sich das vorge-
wandte Privilegium in der Urschrift sollten vorzeigen
laſſen, gaben die Bürger vor, ſie wußten nicht wo
ſelbes hingekommen wäre. Der Kaiſer ließ es zwar
für dießmal bey dieſer Entſchuldigung bewerden, doch
erklärte er dieſes Vorrecht, im Fall daß es in der
Zukunft gefunden werden ſollte, für null und ungültig, und befahl die neuerrichtete Kirche dem prager
Erzbiſchof zu übergeben. Dieſer, und ein ganz ähn-
licher Fall, der ſich eben zu ſolcher Zeit in Braunau
ereignet hatte, gaben den Anlaß zu dem darauf erfolgten dreyßigjährigen Kriege q).

22) Wernsdorf., von 29 N. 23) Janich,
Janegcz, von 37 N. mit einem Mayerhofe, und einer 1763. ganz neu erbauten Kirche unter dem Titel der heil. Apoſtel Peter und Paul.

24) Hegcholz, von 19 N. 25) Grünsdorf,
von 23 N. hatte ehedem ein reiches Bergwerk, welches jezt nicht mehr im Umtriebe iſt.

26) Ullersdorf, von 37 N.

Bergherrſchaft Kraupen.

Ehedem ein Lehengut der Krone von Böhmen,
welches die Herren von Koldiz vom vierzehnten
Jahrhunderte an bis zu Anfang des ſechzehnten im
Beſize hielten a). Im Jahr 1530. den Dienſtag
nach

q) Acta Boëmiae.
a) LL. Erect. Vol. 2. F. 3. Vol. 4. A. 5. Vol. 6.
G. 4.

nach Palmenſonntage überließ ſeſbes Ferdinand I. an
Zdenko Löw von Roſenthal und Platna erblich, von
dem es an die Herren von Warrenberg abgetreten,
1546. aber dem K. Ferdinand wieder zurück geſtel-
let, und bald darauf an die Herren von Lobkowitz,
und dann an Wolfen v. Wrzezowicz auf eine Zeit
lang verpfändet wurde.   Im Jahr 1616. ſchenkte
K. Mathias dieſe ganze Herrſchaft mit Vorbehalt
des Wiederkaufsrechts und Bergzehends vom Gold
und Silber, dem zu ſolchen Zeiten angeſtellten Oberſt-
burggrafen im Königreiche Böhmen, und königl.
Rathe Adam von Sternberg.   Von dieſer Zeit an
blieb dieſes adeliche Geſchlecht der Grafen v. Sternberg im Beſitze dieſer Herrſchaft bis zu Anfang des
gegenwärtigen Jahrhunderts, zu welcher Zeit Klara
Bernardina verwitwete von Sternberg dieſelbe mit
Genehmhaltung des K. Joſephs I. an den Grafen Franz Karl von Klary und Aldringen um
32000 fl. abgetreten hatte, wobey doch in dem an
die königl. böhmiſche Kammer 1710. den 19 May
hierfalls ergangenen Bewilligungsreſkript ausdrücklich
vorbehalten wurde: daß ſo oft ſolche Herrſchaft und
Stadt zum Verkauf kommen würde, der Eigenthü-
mer es allemal dem Könige, oder der königl. böhmiſchen Kammer anzumelden, und ſelbe, wenn der König
ſolche an ſich zu löſen Belieben trüge, in dem Werth,
den andern dafür geben würden, demſelben vor allen
andern zu überlaſſen ſchuldig ſeyn ſollte b).   Der
jetzige

b) Pelzhner von Lichtenfels l. c. §. 88.

jetzige Besitzer Franz Wenzel Reichsfürst von Klary
und Aldringen hat selbe erblich übernommen. Der
deutsche Landmann sucht hier seine Nahrung in Verfertigung guter wollenen Strümpfe, in Betreibung
des hiesigen Bergwerks, und fleißiger Bearbeitung
des Ackerbodens, der zwar nur mittelmäßig ist, aber
um desto vortheilhafter geräth hier die Anpflanzung
verschiedener Obstbäume, besonders der Welschennüsse
und der guten Maulbeerbäume. Hieher gehören:

1) Kraupen, Graupen, Krupka, Crupna,
eine freye Bergstadt unter dem fürstl. Klarischen
Schutze, liegt in tiefem Thale 11 gem. Meilen von
Prag, und 1. von Teplitz nordwärts entfernt, zählet 205 Häuser, und führet im Wappen, das in
drey Felder getheilet ist, im rothen Felde einen weißen
Löwen mit goldener Krone, im goldenen Feld einen
schwarzen Löwen, und im himmelblauen Felde einen
Bergknappen in weißer Kleidung. Im Betreff der
Anlegung dieser Stadt sind unsre Schriftsteller nicht
einerley Meynung, einige setzen dieselbe auf das Jahr
733., andere auf das J. 1146. oder 1152., in welchem
das hiesige Zinnbergwerk durch einen Ackersmann mit
Namen Wladek entdeckt, und diesem neu angehenden
Orte der Namen Krupna, von Krupy, Krupicze,
(Zinngraupen) beygelegt wurde c). Zu Wladislaws II. und Ferdinands I. Zeiten thaten sich die
hiesigen Bergwerke durch reichliche Ausbeute vor vielen

c) Hagek. Reiffenstuell. Peithner l. c.

len andern in Böhmen hervor d). Diesem zufolge
wurde Kraupen auf Anlangen des Hrn. Thimo von
Koldiz 1478. den Dienstag nach heil. drey Königen
vom K. Wladislaw II. in die Zahl der Städte versetzet, und nebst andern den Bergstädten zukommenden
Freyheiten, auch ein eigenes Stadtwappen zu führen, und in rothem Wachs zu siegeln berechtiget.
Im Jahr 1575. wurde ein Bergwerksvergleich getroffen, kraft dessen alle hier anziehenden Bergleute
frey seyn und verbleiben, und auch das Recht haben
sollen von dannen mit eben solcher Freyheit abzuzie-
hen. Alle diese ehemal verliehenen Vorrechte sind
nach der Zeit vom K. Ferdinand I. den letzten Jun.
1542, vom Maximilian 1567, vom Rudolph II.
1578 den 31. Dec., vom Mathias 1617. den 6.
August, vom Ferdinand II. 1631. den 20. Jun.,
vom Leopold 1691. den 24. Jun., vom Karl VI.
1715. den 27. Oktob., und letzlich von der K. K.
Maria Theresia 1764. bestätiget, und der königl.
Landtaffel in dem 3ten Relationsquatern 1716. den
3 Febr. sub Lit. C. 19. einverleibt worden. Es sind
in hiesiger Gegend, die aus einer langen Kette hoher
und steiler Gneiß-Gebirge besteht, und die man insgemein das Knütler Gezirk nennt, nebst zweyen Silbergruben, darinn der einbrechende Bleyglanz sil-
berhältig ist, noch heut zu Tage viele Zinngruben,
die jezt viel elfriger als vor einigen Zeiten betrieben

                                           wer-

d) Adauctus Münzb. 3 Th. 1. St. S. 21.

werden e). Im Jahr 1426. nachdem Prokop der
Kahle Tepliß und Duchs auf das grausamste behandelt hatte, machte er auch einen Ausfall nach Krupaa,
zerstörte hier das Minoritenkloster, so an der Kirche
der heil. Dreyfaltigkeit, die jezt ungemein schön, und
mit einem prächtigen Gemälde von Anton Kern versehen ist, gestiftet war, und steckte die ganze Stadt
in Brand. Georg von Lobkowitz, Oberstlandkäm-
merer, räumte nach der Zeit diese Kirche sammt der
Brandstätte des ehemaligen Minoritenklosters 1587.
den 30. April den Jesuiten ein, die zu Anfang des
folgenden Jahrhunderts darauf von dannen nach Maria Schein übertragen wurden f). Im Jahr 1640.
den 22. März ist diese Stadt abermal durch die
Schweden eingeäschert worden g). Unter den vornehmen Gebäuden sind vorzüglich anzumerken: 1)
das herrschaftliche Schloß, so auf den Trümmern des
alten zerstörten Schlosses erbauet, und mit einer
Zinnwage versehen ist, darauf jährlich gegen 500
Centner Zinn abgewogen werden. 2) Das prächtige
Schmakerische Haus. 3) Die Pfarrkirche unter
dem Titel Marien Himmelfahrt, und dem Patronatsrechte des Stadtmagistrats, die schon auf das
Jahr 1384. und 1394. in den Errichtungsbüchern

als

---

e) Ferber l. c.

f) Balbin. Epitom. L. 4. cap. 10. Hiſt. S. I. P. 1.
L. 6. P. 2. L. 5.

g) Hiſt. S. I. P. 4. L. 2.

als Pfarrkirche vorkömmt h); und heut zu Tage
unter der Aufsicht des Hrn. Georg Adalb. Habels
steht. 4) Die Kirche des heil. Geistes mit einem
Spitale. 5) St. Annakirche. Dann ausser der Stadt
an der Teplitzer Strasse 6) St. Prokopikirche, und
auf einem sehr hohen Berge 7) die nach Teplitz gehörige St. Wolfgangskirche. Nicht ferne davon
wird auf dem so genannten großen Göpel sowohl
Zinn- als Kupfererzt gebrochen, aus deren letzterm
ein Vitriol gesotten wird, der an Güte viele andre
in Böhmen übertrift. Der Stadtgemeinde gehöret
das Dorf 2) Ober Graupen, von 43 N. 3)
Rosenthal, von 32 N., die übrigen Dörfer gehören
der Grundobrigkeit, als:

4) Michlitz, von 17 N., mit einigen Mahl-
und Pochmühlen, liegt nächst an den sächsischen
Gränzen, so daß die sächsischen Häuser von den
böhmischen nur durch einen kleinen Bach getrennet
werden.

5) Mückenberg, sonst auch Mückenthürmel
genannt, von 7 N. Hier ist der höchste Punkt des
oben gesagten Knüttler Gezirks, der viele hundert
Lachter über Teplitz erhaben ist, und von dannen bis
Annaberg in Sachsen beständig herabfällt.

6) Czochau, von 17 N. 7) Meischlowitz,
von 7 N.

8) Hinter oder böhmisch Zinnwald, ein Bergflecken von 142 N., liegt 12 gem. Meilen von Prag
                                              und

h) LL. Erect. Vol. 4. A. 5.

und 2 von Teplitz knap an sächsischen Gränzen. Die herumliegenden Berge bestehen meistens aus Granit, und einem theils reinen, theils cristalinischen Quarz mit Zinngraupen, Zwitter, blauen, grünen und gelben Flußspat, Kieß und Kupfergrün i). Im J. 1564. den 14. Sept., nachdem kurz bevor die Silber und Kupferbergwerke hier erfunden worden sind, bewilligte K. Maximilian II. den hiesigen Gewerken eine freye Beholzung, gab ihnen das Recht Puchwerke und Hütten anzulegen, und die zum Betrieb nöthigen Teiche zu schütten, setzte auch nahmhafte Belohnungen für diejenigen aus, welche neue Gänge erschürfen würden, bewilligte das Schwarzkupfer auf zwey Jahre lang in oder ausser Lande zu verkaufen mit solcher Bedingung, damit das darinn enthaltene Silber nach vorher genommener Probe wieder in das Land zurück gebracht werde. Bestimmte für solch gesagtes Silber einen gewissen Kaufpreis, und befahl den sämmtlichen Gewerksleuten zwey Jahre hindurch den Zehenden nachzusehen. Diesem zufolge wurde hier die Anzahl der Bergleute von Jahr zu Jahr vermehret, und Zinnwald wuchs endlich zu einen ziemlich volkreichen Bergflecken an k). Die hiesige Pfarrkirche unter dem Patronatsrechte des Fürsten von Lobkowitz ist 1732 errichtet worden. Von diesem Orte, wie auch von dem Dorfe 9) Wolfs-

i) Ferber l. c.

k) Peithner von Lichtenfels l. c. §. 88.

Fünfter Theil. L

Wolfsgrund oder Vorder Zinnwald gehöret die Hälfte zur fürstl. Lobkowitzischen Herrschaft Liebshausen.

K. K. Kammeralgut Sobochleben.

Gehörte zu Ende des sechzehnten Jahrhunderts dem Herrn Albrecht Kekule, von dem Georg von Lobkowitz einen Theil desselben, namentlich das Dorf Schein sammt der Kirche 1584. käuflich an sich gebracht hatte a), der andere Theil entgegen wurde nach der Schlacht am weißen Berge dem obbenannten Kekule entzogen, und den 21. Decemb. an Alexander Regnier von Bleyleben von dem kön. Fiskus um 30000 fl. abgetreten b). Nach der Zeit gelangten diese beyden Theile an den Jesuiterorden, und fielen endlich nach dessen Aufhebung 1773. der königl. Kammer zu. Der Landmann spricht hier deutsch, und befördert seine Nahrung durch den Ackerbau, Strumpfwürken und Leinweben. Hieher gehören:

1) Maria Schein, Maria Kraupen, wird in Ober und Unter oder Niederschein eingetheilet, zählet 74 N., und liegt 10 gem. Meilen von Prag, und 1. von Teplitz nordnordostwärts entfernt in einer schönen Gegend, die mit wohlangelegten Obst- Wein- und Phasan-

a) Millerus in Collect. Hist. c. 7. a Schmiedl Hist. S. I. P. 1. L. 6.

b) Ms. et Hist. S. I. P. 3. L. 2.

fangärten verſehen iſt. Den Anlaß zur Erbauung
der hieſigen prächtigen Kirche unter dem Titel der
ſchmerzhaften Mutter Gottes, ehedem Maria in
Elend genannt, ſoll ein von Holz geſchnitztes Marienbild gegeben haben, welches zu huſſitiſchen Zeiten
durch die von Schwaß vertriebenen Kloſterfrauen in
einem hier ſtehenden hohlen Lindenbaume verborgen, und das folgende Jahr darauf durch die Kraup-
ner Bürger wieder entdecket wurde. Bald darauf
ſoll 1422. Albert II. von Kollowrat an eben dieſem
Orte, wie uns Balbin berichtet, den erſten Grund
zu einer kleinen Kapelle gelegt haben. Den Anlaß
zu ſolcher Muthmaſſung gab unſerm Balbin ein in
dieſer Kirche ober dem Chore zu ſeiner Zeit vorhän-
diges Gemälde, darauf eben dieſer Kollowrat kniend
vor dem Marienbilde vorgeſtellet war mit dieſer Aufſchrift: Albertus Kolowrat de Libſtein; da zu ſolchen Zeiten nur den Stiftern geſtattet wurde ihre
Namen oder Wappen in den Kirchen malen oder
aufſtellen zu laſſen c). Nach der Zeit iſt dieſe
Kapelle 1507. durch einen milden Beytrag des Albert III. v. Kollowrat erweitert, 1590. durch Georgen von Lobkowitz mit 7 Kapellen und einem Kreuz-
gang verſehen, und letzlich durch Wilhelmen v. Lobkowitz und Jaroſlawen Borzita v. Martinitz prächtig gezieret d), und zur Aufſicht den Jeſuiten zu

L 2   Krau-

---

c) Balbin. Syntagma. Familiae Kolowratinae c. 9.
    Cruger.

d) Hiſt. S. I. P. 1. L. 6. et P. 2. L. 5.

Kraupen übergeben worden. · Im Jahr 1618. als die Jesuiten von den akatholischen Ständen aus allen Erbländern verwiesen wurden, ließ Wenz. Wilh. v. Lobkowitz das gesagte Marienbild nach Duchs übertragen, von daunen wurde es wieder 1624., nachdem Zdenko Löw von Kollowrat, Markus Graf v. Aldringen, und Julius Franz Herzog zu Sachsen Lauenburg die schon großen Theils eingegangene Kirche wieder hergestellt haben, zurückgebracht, und 1631. bey dem sächsischen Einfall in Böhmen neuerdings durch Karln Regnier Freyh. von Bleyleben von hier nach Prag, und dann 1645. nach Kommotau fortgeführet, und daselbst in der Jesuitenkirche aufgestellet. Hier verblieb dieses Bild bis auf das Jahr 1651., in welchem es abermal der Kirche zu Mariaschein zurück gestellet worden ist e). In eben diesem Jahre ließ Katharine, eine hinterlassene Wittwe des Hrn. Leopold von Strahlendorf, gebohrne Gräfin v. Kozdražowa einen von Bildhauerarbeit prächtig verfertigten hohen Altar in dieser Kirche aufstellen, der 1702. abermal verneuert wurde. Christoph Popel Graf von Lobkowitz stiftete daselbst etliche Priester aus dem Jesuitenorden, zu deren Unterhalte er den so genannten Althof f), die 1665. den 16 Apr. verstorbene Anna Maria v. Bleyleben, gebohrne Freyinn v. Pichelberg aber kraft ihres letzten Willens das ganze Gut Sobochleben verschrieben hatte

e) Hist. S. I. P. 3. L. I. L. 4. P. 4. L. 6.
f) Hist. S. I. P. 4. L. 6.

hatte g). In Nieder Schein ungefähr 600 Schritte von der Kirche ist ein Gesundbrunn, insgemein das Freßwaffer genannt. Dieses Waffer, welches man hier früh Morgens nüchtern trinken muß, indem sich daffelbe nicht weit führen oder tragen läßt ohne etwas trüb zu werden, ist nicht nur durch die Anempfehlung des Dresdner Hofarztes Philipp Pollak, sondern auch durch eigene gute Wirkungen weit und breit berühmt und bekannt worden.

2) Geyersberg, Büßberg, Mons Supius, Vulturinus, ein von Schweden zerstörtes Bergschloß, wurde ehedem auch Chlumecz genannt, wie solches aus Bosnas zu ersehen ist h). Nach deffen Zerstörung aber ist dieser Namen dem nicht weit von dannen erbauten jezt Graf Thunischen Schloffe beygelegt, und endlich von den Deutschen in Kulm verwandelt worden. Die so große Verunstaltung der meisten böhmischen Oerterbenennungen in unserm Vaterlande haben wir der ungebrochenen Zunge der deutschen Völker zu verdanken, die uns hiedurch in Hervorsuchung der alten Namen eine unbeschreibliche Mühe und Arbeit verursacht haben. Der Berg, worauf die wenigen Trümmer des ehedem festen Schloffes noch zu sehen sind, soll nach dem Berichte des Hrn. Johann Ferbers Zinngänge enthalten.

3) Hohenstein, Haynstein, von 51 N. Im Jahr 1353. den 16. August ist Hinko Berka von

L 3   Duba

---

g) Archiv. Maria Schein.
h) L. 2.

Duba mit diesem eigenen Schloße von K. Karl IV.
neuerdings belehnet w oden i).

4) Marschen, von 26 N. 5) Sobochleben
Sobiechlap, von 28 N.

6) Modlan, von 31 N. mit einer St. Apollina-
rikirche, die 1384. mit eigenem Pfarrer verſehen war.

Allodialherrſchaft Kulm.

Gehörte zu Anfang des vorigen Jahrhunderts
dem Hrn. Otto Kölbel v. Geißing, wurde aber nach
der Schlacht am weißen Berge zu dem königl. Fiſkus gezogen, und 1623. den 6 Sep. an Leopolden v. Strahlendorf käuflich abgetreten a). Gegen die Mitte des
ſiebenzehnten Jahrhunderts gelangte ſelbe an den Hrn.
Wilhelm Alberten Krakowſky v. Kollowrat Obriſt-
landesrichter im Königreiche Böhmen, Herrn auf
Teiniz und Ziſchkowiz b). Nicht lange darauf kam
ſelbe erblich an die Reichsgrafen Kollowrat Liebſteinſky, und fiel endlich der jeßigen Beſißerinn Maria
Anna vermählten Reichsgr. v. Thun, nach dem Tode
ihres Vaters Johann Nep. Joſeph Kollowrat Liebſteinſky erblich zu. Der Landmann ſpricht hier durchgehends deutſch, und ſuchet ſeine Nahrung in einem
mittelmäßigen Acker- und guten Weinbaue. Hieher
gehören:

1)

i) Urkunde a. Balbin Miſc. L. S. LL. Erect. Vol. 2.
 T. 2. Vol. 3. Z. 3.
a) Ms. et Hiſt. S. I. P. 4. L. 2.
b) Hammerſchm. Pr. Gl. Pr.

1.) **Kulm, Chlum, Chlumecz** v. 56 N. liegt 10½ Meile von Prag, und 1½ M. von Teplitz entfernt mit einem neugebauten schönen Schloße, und einer Pfarrkirche, zu welcher der ehemalige hiesige Pfarrer Michael Schmied, und zu jener in Karbitz eine ansehnliche Büchersammlung, die er nebst vielen Manuskripten, darunter auch einige Briefe des M. Andreas de Broda waren, aus Meißen erkauft, verehret hatte c) Die 1683. von dem Grafen Joh. Franz Kollowrat Krakowsky erbaute Kirche unter dem Tit. der H. Dreyeinigkeit liegt nahe an Kulm auf dem sogenannten Weinberg Horka. Nicht ferne von dem Schloße sind häufige Basalten zufinden, die hier in einem kleinen Thale dicht an einander stehen, und aus der Erde hervorragen. Einige derselben sind den jezt gewöhnlichen Grabsteinen, wie Balbinus sagt d), ganz ähnlich, andere entgegen sind in der Forme eines Cilinders, halten in der Länge 3. bis 4., im Durchschnitte aber ½ bis ¾ Ellen, und sind dergestalten glatt, als wenn selbe mit Hilfe eines Meisels wären so gestaltet worden.

In hiesigen Gegenden werden noch heut zu Tage unzählige alten Waffen, und vermoderte Leichen ausgeackert, die uns zu einem untrüglichen Zeichen jener blutigen Niederlage dienen, welche hier die Sachsen zu wiederholtenmalen von Böhmen erlitten haben. Im J. 1040. da sich der Herzog Brzetislam

L 4 ge-

---

c) Bergh. in Protom. p. r.

d) Misc. L. 2. in Mantissa. ad c. 33.

gemeigert hatte, die aus Pohlen mitgebrachten Beuten
dem Kaiser Heinrich zu überliefern, fiel der Kaiser
den 24 Aug. in zweyen Kolonnen in Böhmen ein,
deren eine, die aus Sachsen bestand, unter der Anführung ihres Feldherrn Eckhards den ersten Anfall
gewagt hat, und mit blutigen Köpfen wieder abgewiesen wurde c) Im J. 1126. rückte Kaiser Lot-
harius durch jene Wälder, die Böhmen von Sachsen
trennen, vor Kulm, nachdem er kurz bevor durch
die Truppen Ottens Markgrafen aus Mähren, dem
er die Krone von Böhmen zuschanzen wollte, ver-
stärkt wurde. Herzog Sobieslaw saumte nicht sich
zur Gegenwehre zu stellen, sammelte häufige Truppen, ließ aus der Kirche zu Werbezan, einem im
Kaurzimer Kreise westwärts an Plantau liegenden Dorfe
die Fahne des h. Adalberts herbey holen, und grief den
Feind an dem Bache Straden oder Predliz mit einer ungemeinen Herzhaftigkeit an. Fast das sämmt-
liche feindliche Heer blieb auf dem Wahlplatze todt,
darunter Otto der Urheber dieses Krieges, Milo
Graf von Amenesleu, Geberhard von Querfurt, Be-
rengar von Quenstid, Berthold von Achemi, und
unzählige andre vornehme Feldherren gezählet wurden.
Der K. Lothar selbst kam nicht ohne große Mühe mit
Leben davon f). Hr. Gelasius Dobner liefert uns im

5.

c) Cofmas Metrop. L. 2. Gelaf. Hift. T. 5.
f) Contin. Cofma. Otto Frifingen. Annalifta Saxo.
Gelaf. Hift. T. 6. Athanafius Animadverf. Critica in
Chriftannum Balbin. Mifc. L. 3. c. 21.

5. Th. Annalium Haiccianorum Tab. II'. eine Münze des Herz. Sobieſlaw ſub. N. 3, welche bey Gelegenheit dieſes ſo herrlich erfochtenen Sieges allem Anſehen nach geprdget wurde. Die dritte Niederlage von 1420. J. wird bey der Stadt Außig vorkommen.

2) Shanda, von 32 N. 3) Ebersdorf von 124 N. mit einer Kirche unter dem Namen des H. Gallus die von einem Adminiſtrator verſehen wird.

4) Ließdorf von 16 N. Hier war ehedem ein Silberbergwerk auf dem ſogenannten Berg Hadalka, wo noch heut zu Tage zwey Hütten, ſonſt Zechhäuſer genannt ſtehen.

5) Arbeſau, von 47 N. 6) Auſchina, von 22 N. 7) Böhmiſch Neudörfl., Neudorf von 23 N. mit einem verfallenen Schlößchen, das nach der Zeit in einen Meyerhof umgeſchaft worden iſt. 8) Striſawitz, Strriſchowitz von 16 N. liegt auf einem hohen Berge. Der groſſe Waſſermangel, den die hieſigen Einwohner ohne Unterlaß gelitten haben, bewog den lezt verſtorbenen Beſitzer Johann Reichsgr. v. Kollowrat einen ſchönen Brunnen hier anzulegen, dergleichen weit und breit nicht zu finden iſt. Zu dankbarer Erkenntlichkeit einer ſo groſſen Wohlthat verpflichtete ſich die hieſige Dorfgemeinde alljährig ein Meßopfer für ihren Wohlthäter leſen zu laſſen.

9) Kleiſche, von 26 N. 10) Herbitz von 23 N. unweit von der Anhöhe Bihana oder Biehanj davon ein mehreres bey Außig vorkommen wird. Nicht fern von dannen gegen Mittag liegt die St. Laurenzkirche, in welcher folgende Grabſchriften angetroffen

L 5 wer-

werden: 1600. Mittwochs nach Misericordia ist
in Gott verschieden die edle, und ehr = und tu=
gendsame Johanna Knöblin, gebohrne Kaplerin
von Sulewitz auf Pröbliß. 1570. am Tag
Erasini den 4. Jun. ist in Gott verschieden die
edle und tugendreiche Frau Eva Bölblin von
Nitschwitz. 1591. den Sonnabend nach Oculi in
der Nacht ist in Gott verschieden der gestrenge
und ehrenfeste Adam Bölbel von Geißing auf
Pröbliß. 1687. den 7. Jun. Adalbert Heyden=
berger von Habelsberg. 1590. die edle Helena
Schönfeldin von Peteniß. — — Frau Christina
Nitschwiz, gebohrne Bölblin.

11) Hottowiß, von 5 N. 12) Lochtschiß,
von 32 N. und 13) Habrzy, von 21 N. sind mit
öffentlichen Kapellen versehen. 14) Wiklitz, von
33 N.

15) Barbiß, Barwicze, ein offenes Städtchen
unter dem Schutze der Grundobrigkeit von Kulm,
zählet 125 Häuser, in der Vorstadt aber 52, die
der Herrschaft Kulm einverleibt sind, führet im
Wappen zwischen zweyen Thürmen einen böhmischen
Löwen, und liegt 10 gem. Meilen von Prag, und
1. von Tepliz nordostwärts. Im Jahr 1616. sind
die hiesigen Bürger laut eines vom K. Mathias aus=
gefertigten Majestätsbrief berechtiget worden alljähr=
rig 3 Messen und wochentlich einen Markt zu hal=
ten. Die freye Bierbraugerechtigkeit, welche ihnen
eben dieser Kaiser im nämlichen Majestätsbriefe zuge=

stat=

ſtattet hätte, trat die Bürgerſchaft laut eines 1674.
zwiſchen ihr und dem Wilhelm Albrecht und Joh.
Franz Grafen von Kollowrat getroffenen, und von
K. Leopold beſtätigten Vertrags an die Grundobrigkeit ab, dafür ſie entgegen von der ehemaligen
Unterthänigkeit losgeſprochen, und mit ſtädtiſchen Freyheiten verſehen worden iſt g). Im Jahr 1697.
wurde ein großer Theil dieſer Stadt ſammt der Kirche
und unzählichen alten Urkunden eingeäſchert. Die
Pfarrkirche unter dem Titel Mariengeburt, und Patronatsrechte der Grundobrigkeit iſt 1700. wieder ganz
neu hergeſtellet, 1714. auf die Veranlaſſung des
Norbert Leopold Liebſteinſky Grafen von Kollowrat
Ritter des goldenen Bließes, Erbherrn der Herrſchaften Reichenau, Czernikowicz, Borohradek,
Chrauſtowicz, Przeſtawlk, Wamberg, Kulm,
Zlonitz, Poſtowitz und Geyersberg von Kulm getrennet, und mit eigenem Pfarrer verſehen worden.

16) Priſten, Prißen, von 21 N. 17) Straden, von 24 N., liegt an dem Straden- oder Pred-
litzbache, der hinter dem Dorfe Schanda ſeinen Urſprung nimmt, bey Kulm und Karbitz vorbey läuft,
und zwiſchen Außig und Tirmitz in die Bila fällt.

18) Lieben, von 15 N. 19) Bratſchen, von
14 N. 20) Soblitz, von 13 N.

21) Vorder Telnitz. 22) Sernitz. 23)
Zechenhäuſer.

Außig.

g) Archiv. Civit.

Außig.

Aussti nad Labem, Usk super Albea, Usta, Austia, Ostia, Austa, eine königl. Stadt mit Mauern, liegt neun gem. Meilen von Prag, und 2 Meilen von Teplitz ostwärts entfernt am linken Ufer der Elbe, und an dem Bleischbache, der hinter Königswald an sächsischen Gränzen seinen Anfang nimmt. Dieser Bach bekömmt ferner von den nahe daran angelegten Dertern verschiedene Benennungen, strömt bey Bleische vorbey, läuft durch Außig, und fällt nächst bey der Stadt in die Bila. Die hiesige Stadt zählet sammt der Oster- Töpferey- und Teplizer Vorstadt 262 Häuser, führet im Wappen einen böhmischen Löwen mit einem Helm, und ist mit einer kaiserl. königl. Poststation versehen, von dannen $1\frac{1}{2}$ Post bis Lobositz, 1 Post bis Teplitz, und eben so viel bis Peterswald gerechnet wird. Die Anlegung dieser Stadt wird von unsern Schriftstellern insgemein auf das Jahr 827. dem Russiswad und Laboborz beygelegt a), ihre Benennung aber soll sie nicht von Haussti (der Auflug eines jungen Waldes) sondern von dem alten slawischen Worte Ust oder Ustj (Mündung eines Flußes oder Bachs) bekommen haben, weil man solche Derter, die einen gleichen Namen führen, allemal an einem Wasser antrift, das sich nächst an diesem Orte in einem andern

Bach

a) Hagek. Paprocky de Vrb. Stransky R. B. c. 2. §. 15.

Bach) oder Fluß ergießt b). Im Jahr 1277. ent-
zog Przemiſl Ottokar II. dieſe Stadt aus bekannten
Urſachen dem H. Wirko, und ließ dieſelbe der Krone
von Böhmen einverleiben c). Bald darauf 1282.
wurde Wenzel II. genöthiget dieſelbe an ſeinen ehemaligen Vormund Otten von Brandenburg ſammt Pöſig,
Konnow, Hartenſtein, Tetſchen, Brüx und Sandau abzutreten d). Als aber das folgende Jahr
darauf die böhmiſchen Stände dem Kaiſer Rudolph
jene harten Verbindlichkeiten, die Otto ſeinem Münd-
ling abgezwungen hat, vorſtellten, erklärte derſelbe
alles für ungültig, wozu ſich der König Wenzel ehedem gegen ſeinen Vormund verbunden hatte, und ſo
kehrten die obengenannten Städte und Schlöſſer an
die Krone von Böhmen wieder zurück. Nach der
Zeit, als der König Siegmund in einen langwierigen Krieg mit den Huſſiten verwickelt wurde, und
einen groſſen Mangel an Geld hatte; fand er ſich
genöthiget die Stadt Außig, Kommotau, Brüx,
Nimburg, Teplitz, Bilin und Leipe, an die Meiß-
ner um 30 tauſend Schock prager Groſchen zu ver-
pfänden e). Die Böhmen wurden hierdurch wider
Siegmunden ſehr erbittert, nahmen in kurzer Zeit
die letztgemeldten drey Städte den Meißnern wieder
ab, und eilten mit größter Geſchwindigkeit der Stadt

Außig

b) Ditmarus. Gelaſ. Hiſt. T. 2.

c) Neplacho a. Gelaſ. Mon. T. 4.

d) Ex Chron. Auloregen. Balbin. Miſc. L. 2. c. 16.

e) Balbin. Miſc. L. 2. c. 16.

Aufig zu. Die Befasung dafelbft leiftete eine Zeit
lang dem Feinde eine dergeftalten tapfere Gegenwehre,
daß die Churfürftinn aus Sachfen Katharina in der
Abwefenheit ihres Gemahls hinlängliche Zeit gewann
ein Heer von mehr als fechs und dreyßig taufend
Mann zu verfammeln, welches unter der Anführung
der Grafen von Biztum, von Weiden und von
Schwarzburg der bedrängten Stadt Aufig zu Hülfe
gekommen war. Hier kam es nun 1426. den 16.
Jun. zu einem blutigen Gefechte, welches den ganzen Tag hindurch gedauert hatte. Die Niederlage
der Deutfchen, obgleich unfre Schriftfteller in Ange-
bung der Erfchlagenen nicht übereinkommen, war der-
maßen groß, daß die ganze Strecke von hier bis
Kraupen und Grab mit Leichen bedecket lag. Von
diefer Zeit an legte man dem Orte, wo die Schlacht
vor fich gieng, den Namen Bichanj bey f). Bey
diefer Gelegenheit ift auch die Stadt gänzlich einge-
äfchert, und dergeftalten verwüftet worden, daß fie
drey Jahre lang ganz öde geblieben war, bis fie
durch die Veranftaltung des Wrzezowecz wieder her-
geftellet wurde. Ein gleiches Schickfal traf diefe
Stadt abermal 1538. den 8. May, wo ein großer
Theil derfelben fammt der Stadtkirche durch die Un-
vorfichtigkeit einer Kühmagd in helle Flammen gera-
                                                    then

---

f) Aeneas Sylv. Hift. Boëm. c. 48. Cochlaeus Ep.
   L. 4. c. 10. Beneff. a. Gelaf. Mon. T. 4. Pulkava
   ibidem. Stransky. l. c. Balbin. Mifc. L. 3.
   cap. 21. Lupac. 16. Iun. Paproc.

then war g). Man kann hier keineswegs mit
Stillschweigen übergehen die ausnehmende Treue,
welche die hiesigen Bürger bey der Gelegenheit jener
Mißhelligkeiten, die zwischen dem Kaiser Karl V.
und Johann Friedrich Churfürsten aus Sachsen
entstanden sind, gegen ihren Landesfürsten Ferdinand I. bezeuget haben. Diesem zufolge wurde denselben nebst vielen andern Vorrechten auch der Sitz
und Stimme bey den öffentlichen Landtägen gleich
nach den Pilsnern, und Budweisern bewilliget h).
Im J. 1631. überfiel abermal ein sächsisches Corps
die hiesige Stadt, plünderte dieselbe rein aus, und
steckte einen großen Theil derselben in Brand i).
Nebst der hiesigen Dechantkirche unter dem Titel
Marien Himmelfahrt, und Patronatsrechte des
Stadtmagistrats, die schon auf das J. 1384. 1387.
und 1396. als Dechantkirche vorkömmt k), kömmt
noch anzumerken die auſſer der Stadt gelegene St.
Maternuskirche, mit einem Spitale, und jene unter
dem Namen Marien Heimsuchung, die von der
hiesigen Bürgerschaft gegen das Jahr 1714. auf
dem so genannten Marienberg aufgeführet worden ist.
Die St. Adalbertskirche mit einem ehemaligen Kloster, welches noch 1329. die Kreuzherren mit rothem Sterne, und dann die Dominikaner bewohnet
haben.

g) Lupac.
h) Pessina. Adauctus Münzb, 3 B. 1. St. S. 3.
   Stransky l. c.
i) Hist. S. I. P. 3. L. 6.
k) LL. Erect. Vol. 3. W. 2. Vol. 4. L. 7.

haben. Die Geiſtlichen des Predigerordens ſind hier
anfänglich durch die Herren von Roſenberg auſſer
der Stadt geſtiſtet, zu huſſitiſchen Zeiten vertrieben,
nach der Zeit 1618. in die Stadt wieder aufgenommen, und 1785+, da ſich dreyzehn derſelben ſehr
kümmerlich daſelbſt erndhret hatten, auf einen allerhöchſten Befehl aufgehoben worden 1). Der hieſigen
Stadt haben wir folgende geſchickte Männer zu verdanken: Ernſt Schoſſer, kam 1584. zu Frankfurt
am Mayn zur Welt. Weil aber nach dortigen Lan-
desgeſetzen niemanden, der ſich zur katholiſchen Lehre
bekannte, eine Erbſchaft anzutreten, oder ſich daſelbſt
ſeßhaft zu machen geſtattet wurde m), begab er ſich
nach dem Hintritte ſeines Vaters nach Böhmen, wo
er durch ſeine vorzügliche Fähigkeiten nicht nur das
ganze Vertrauen des Oberſten Kanzlers in Böhmen
Wilhelmen von Slawata, ſondern auch die Gunſt
des K. Rudolphs II., und Mathias in kurzer Zeit
gewonnen hatte. Bald darauf iſt er in hieſiger
Stadt als Primator angeſtellet, und 1618. den 20.
Nov. von dem akatholiſchen Pöbel mit mehr als ſie-
benzig Wunden, wie ſolches noch heut zu Tage der
Grabſtein an hieſiger Dechantkirche ausweiſet, getöd-
tet worden n). Johann Auguſtin Fichtenbaum,
gebürtig zu Auſſig, gab 1614. zu Prag eine Schrift
heraus

---

1) Gelaſ. Hiſt. T. 2. Hammerſchmid Prod. Gl. P. 1.
m) Ein neuer Beweis, daß Ferdinand II. nicht zuerſt
   die Intoleranz in ſeinen Erblanden eingeführet, ſondern ſich hierfalls nur der Repreſſalien bedienet habe.
n) Balbin. Miſc. L. 4. §. 128.

heraus unter dem Titel: Vſta ad Albim delineatâ
carmine, rebusque ſuis memorabilibus illuſtra:a.
Anton Raphael Mengs. Deſſen Vater Iſmael
verließ zu Anfang des jezigen Jahrhunderts ſein Vaterland Dänemark, und begab ſich nach Sachſen,
wo er bey dem damals regierenden Auguſt II. König
in Pohlen als Hofmaler angenommen worden iſt.
Von dannen that er 1728. eine Reiſe nach Außig in
Böhmen ſammt ſeiner Gemahlinn Charlotte v. Boer-
mann, die ihm daſelbſt der Zeit ihres Aufenthalts
den 12ten März einen Knaben zur Welt gebahr.
Der Vater ließ ihm aus Hochachtung für den großen
Anton Coreggio, und Raphael v. Urbino, dieſe beyde
Namen in der Taufe beylegen, kehrte wieder nach
Sachſen zurück, führte ihn zu der Malerkunſt von
der Jugend an, und bekleidete endlich dieſen neuangehenden Künſtler nach Rom, wo er durch drey
Jahre beſtändig nach Raphaelen zeichnen, das Antike
und Nackende kopiren, oder auf der Stube des berühmten Malers Benefiale ſtudieren mußte. Nach
verfloſſener dieſer Zeit langte er wieder zu Dresden
an. Hier machte er ſich bald nach ſeiner Ankunft
zuerſt bekannt durch das trefliche Portrait des Königs
aus Pohlen Auguſts III., welches er im 16. Jahre
ſeines Alters in einer Zeit von drey Stunden in Pa-
ſtellfaben ſo prächtig als künſtlich verfertiget hatte.
Dieß herrliche Stück iſt in dem Kabinet der Roſalba
zu Dresden aufgeſtellet, und die Arbeit des jungen
Künſtlers mit hundert Duplonen, nebſt einem jährlichen Gehalte von 600 Thaler belohnet worden. Die

Fünfter Theil.   M

ausnehmenden Vortheile in der Malerkunst, welche
unser Mengs vormals in Rom erlernet hatte, lockten
ihn abermal dahin. Zu solcher Zeit machte er sich
hier mit den Grundsätzen der katholischen Religion
näher bekannt, legte eine feyerliche Glaubensbekenntniß
ab, verehelichte sich mit einem überaus schönen und
tugendhaften Mädchen Margareth Guazzi, kehrte
gegen das Jahr 1750. wieder nach Dresden zurück,
und wurde daselbst 1751. als erster Hofmaler mit
einem Gehalte von 1000 Thaler angestellet. Im
Jahr 1752. reisete er abermal nach Italien, verfertigte daselbst ein großes Gemälde Marien Opferung
im Tempel für die königliche Hofkapelle in Neapel,
wurde vom Pabste Benedikt XIV. mit dem Ritter-
kreuz, so die vormaligen Päbste für die vornehmsten
Künstler bestimmt haben, beschenkt, und darauf
1761. nach Spanien als königlicher Hofmaler mit
6000 Thlr. jährlichen Gehalts berufen. Er trat
von Madrid abermal 1768. und 1777. eine Reise
nach Rom an, und starb daselbst 1779. den 29sten
Jun. bald nach dem Hintritte seiner Gemahlinn.
Die herrlichen Meisterstücke von seinem kunstreichen
Pensel sind in Rußland, Dännemark, Frankreich,
Engelland, Sachsen, am häufigsten aber zu Rom,
Madrid und Neapel, wie auch ein Krippelein bey
dem Grafen Ernst von Harrach in Wien anzutreffen.
Unter den häufigen Schülern, die von ihm in der
Malerkunst verlangten unterrichtet zu werden, waren
die vorzüglichsten Herr Anton Maron aus Wien,
und Hr. Guibol Direkteur der Bildergallerie, und
Hof-

Hofmaler des Herzogs von Wittenberg, als welche der hofnungsvollen Erwartung unsers Mengs gänzlich entsprochen hatten. Nebst dem so genannten Podskal-ster Wein', der hier nicht ferne von der Stadt unter einem gützen Felsen wächst, und seiner sonderbaren Güte wegen weit und breit berühmt ist, kömmt hier auch jene Gattung der kleinen Fische unter dem Namen Neunaugen, mustelae fluviatiles, typhlae, an-zumerken, die hier im vorigen Jahrhunderte nahe an der Brücke in großer Menge gefangen wurden. Gegen das Jahr 1670. entdeckte man auch hier in dem Elb-strome eine ganz besondere Art der schönsten Edelsteine, die man insgemein die Elbsteine nennet. Sie sind in der Größe eines Kirschenkerns, und schimmern, wenn sie polliret sind, ungemein schön o). Der Stadtgemeinde gehöret das Gut Wanowa, dazu fol-gende Derter einverleibt sind: Wanowa, von 31 N. 2) Ziberling, von 22 N.

3) Spiegelsberg, von 3 N., davon 1. nach Schebriß gehöret.

Herrschaft Schebriß.

Gehörte gegen die Mitte des funfzehnten Jahr-hunderts dem Hrn. Kaspar Schlick, wie wir bey der Stadt Ellbogen S. 13. gesehen haben. Der je-zige Besitzer Ludwig J. h. Maria Reichsgr. von Hartig, hat selbe nach dem Hintritte seines Vaters

M 2 erb-

o) Balbin. Misc. L. 1, c. 52.

erblich übernommen. Die Nahrung des hiesigen
teutschen Landmannes besteht in Wein- Obst- und
einem mittelmäßigen Feldbaue. Hieher gehören:

1) Schebritz, Sseberzicze, von 22 N., mit
einer Filialkirche, einem Mayerhofe, und einem baufälligen Schlosse, liegt 10 gem. Meilen von Prag,
und ½ Meile von Außig nordnordwestwärts.

2) Pokau, Bokau, von 17 N. 3) Deutsch
Neudörfel, von 22 N., davon etwas nach Kulm gehöret. Hier werden gute Steinkohlen gegraben.

4) Jonsdorf, von 29 N. 5) Bohna,
Pohna, von 12 N. 6) Eyckmantel, von 12 N.

7) Telnitz, von 37 N., mit einer Papie-
mühle, wird eingetheilt in Vorder, so nach Kulm,
Mittel, so nach Schönwald, und Hintertelnitz, so
hieher gehöret.

8) Streckenwald, von 44 N. 9) Kninitz,
von 33 N. 10) Saara, von 33 N.

11) Troschig, Troschko, von 19 N., liegt an
der Dresdner Poststraße. Nicht ferne von dannen
sind noch einige Merkmale des verfallenen Schloß-
berges zu sehen.

12) Niesenbahn, von 12 N. Die hiesigen
Einwohner sind von der gewöhnlichen Abfuhr der
Spatzenköpfe losgesprochen worden, weil sich hier
weit und breit keiner derselben aufhält. 13) Groß
Kautern, Kaudern, von 16 N. 14) Klein Kau-
tern, von 9 N.

15) Postitz, von 30 N., mit einem Mayerhofe. 16) Gardiz, von 19 N., mit einer aus der
Ver-

Verlassenschaft des ehemal hier verstorbenen Pfarrers Jophs Bayorle größtentheils 1750. erbauten Pfarrkirche.

17) Borschken, Karschken, von 17 N. 18) Berngrund, von 6 N. 19) Bamitz, von 11 N. und 20) Tillisch, von 23 N. Ein Theil von diesen zweyen letztgesagten Dörfern gehöret nach Bulm und Schönwald.

Herrschaft Schönwald.

Im Jahr 1578. brachte selbe Joh. Georg v. Seborhendorf churfächsischer Kammerrath käuflich an sich; nach der Schlacht am weißen Berge wurde selbe an den königl. Fiskus gezogen, und 1624. den Freytag nach Marien Himmelfahrt dem Freyh. Franz von Curier um 27980 Schock, 2 Gr. 2 Pf. überlassen a). Bald darauf gelangte selbe an die Freyherren nachmals Grafen von Schönfeld, und letzlich 1706. mittelst Heurath an die Reichsgr. Wratislaw von Mitrowitz, von denen selbe 1760. Fr. Karl Reichsgr. Wratislaw von Mitrowitz Oberster Erbküchenmeister im Königreiche Böhmen erblich übernommen hatte. Der deutsche Landmann suchet hier seine Nahrung größtentheils im Spinnen, Schnallen machen, und einem wenigen Flachs- und Ackerbaue, der aber der rauhen und ungestimmen Witterung, wie, auch der häufigen Sommerfröste wegen, nur Korn und Haber trägt. Hieher gehören:

M 3   1)

a) MS.

1) Schönwald, ein Dorf von 172 N. mit einem Schloße und Mayerhofe, liegt in hohem Gebirge an den äußersten sächsischen Gränzen 14 Poßtmeilen von Prag, 2 Meilen von Außig, $2\frac{1}{2}$ von Tepliß, und 4 Poßtmeilen von Dresden entfernt. Mitten durchströmet ein aus den nahe liegenden Forellenteichen herbeyeilender Mühlbach, der im Dorfe 11 Mahl- und 3 Bretmühlen treibt. In der hiesigen Pfarrkirche unter dem Titel Marien Himmelfahrt liegt ein Herz begraben unter folgender Aufschrift: Sifte viator — — Der Hoch- und wohlgebohrne H. H. Nikolaus, des heil. Röm. Reichs Graf von Schönfeld, Herr auf Saulny, Lamringen, Schönwald, Seth und Netluk, Sr. K. K. Maj. Kriegsrath, und Obrister Kämmerer, und Hoflehenrechts Beysitzer, auch Kammerrath und Obrister Münzmeister im Königreich Böheimb, gebohren den 5. Apr. 1588. gelebt bis den 12. Jän. 1663. An der Kirche des heil. Johann von Nep. ist von den Grafen von Schönfeld ein Spital für 7 arme, unterthänige Mannspersonen, mit 5000 Gulden Kapital gestiftet worden. An dem untern Theile dieses Dorfes rieselt ein von den Anhöhen herabfallendes Bächlein vorbey, das die Gränzen zwischen Böhmen und Sachsen bestimmet, und sich bald darauf mit dem vorgedachten Mühlbache vereiniget. Gleich hinter diesem Gränzbächlein sind zwey sächsische Häuser angebauet. Nicht ferne von dannen liegt der so genannte Spißberg, von dessen Gipfel bey hellem Tage, die Stadt Pirna,

Dres-

Dresden, die Festung Königstein und andre weit entlegenen Gegenden ganz leicht auszunehmen sind.

2) Peterswald, ein Dorf von 276 N. mit
einem kaiserl. königl. Zollhause, einer k. k. Poststation, von dannen 1 Post bis Außig, 1½ bis Tepliß,
und eben so viel bis Zeist oder Zest in Sachsen gerechnet
wird, und einer Kirche unter dem Titel des heil.
Nikolaus B., die 1495. den 9. Oktob. durch Johann Weihbischof in Meißen feyerlich eingeweihet,
1639. durch Schweden eingeäschert, und 1656. ganz
neu wieder hergestellet wurde. Bis auf das Jahr
1578. ist diese Kirche durch katholische Pfarrer versehen worden, zu welcher Zeit der hiesige Pfarrer
Martin Pretorius von der katholischen zur lutherischen Lehre übertreten, und dann nach der allgemeinen Abschaffung aus Böhmen noch eine Zeit lang zu
Markersdorf in Sachsen als Pastor angestellet war.

Die hiesigen Einwohner beschäftigen sich hauptsächlich mit Schnallenmachen, deren alljährig mehr
als 150 Centner von verschiedenen Gattungen verfertiget, und von dannen nach Prag, Dresden, Leipzig,
und andre Gegenden verführet werden.

3) Hungertuch, ein Mayerhof, ehemaliger
Rittersitz der Herren von Binau, wie solches noch
zwey an der Thüre dieses Mayerhofs angebrachte
Wappen anzeigen, deren erstes einen abgebrochenen
Baumzweig, das zweyte aber zwey Vogelhälse vor-
stellet.

4) Nahlendorf, Nollendorf, von 72 N. mit
einem Mayerhofe, und einer öffentlichen St. Jo-

N 4   seph-

sephskapelle, darinn laut eines von Johann Georg
Gröschel gräfl. Wratislawischen Sekretair errichteten,
und landtäflich versicherten Stiftsbriefes per 3000 fl.
zu größerem Behufe der von ihrer Pfarrkirche weit
entlegenen Dörfer alle Sonn- und Feyertage eine
heil. Meße gelesen wird.

5) **Klein Kahn,** von 20 N., davon ein Theil
nach Schebritz gehöret.

6) **Böhm. Kahn,** von 37 N. mit einer Pfarrkirche unter dem Titel des h. Martinus, die 1713.
mit Abtragung der Alten ganz neu wieder hergestellet
worden ist.

7) **Gut Predlitz, Przedlicze,** von 47 N.,
liegt ¼ Stund von Außig westwärts, und wird in
Ober und **Unter Predlitz** getheilet, davon der erste
Theil lehentäflich, der zweyte landtäflich seyn soll.
Im obern ist ein Mayerhof mit einem geraumen
Weinkeller, im untern ein vom Grafen Karl Wra-
tislaw wohl erbautes Schlößchen. Ober Predlitz
gehörte 1570. dem Hrn. Kölbel v. Geißing, Unter
Predlitz aber den Hrn. v. Curier. Dann gerieth der
obere Theil 1626. an die Hrn. Freudenberg v. Hals-
berg, nach der Zeit aber, zu Ende des vorigen
Jahrhunderts, gelangten diese beyden Theile an die
Grafen von Schönfeld.

8) **Gut Netluk,** von 46 N., liegt mitten zwischen der gräfl. Haßfeldischen Herrschaft Tlaschkowitz.

9) **Mittel Telnitz.**

Allos

Allodialherrſchaft Prieſnitʒ.

Gehörte ehedem dem Ludwig Grafen Capriani, iſt aber 1754. während der Vormundſchaft des jeʒigen Beſiʒers Ludwig Reichsgrafen von Hartig käuflich an denſelben gekommen. Der Nahrungszweig des hieſigen deutſchen Landmannes beſteht im Spinnen, und einem treflichen Obſt- Wein- und Feldbaue. Hieher gehören:

1) Prieſnitʒ, Schönprieſen, Prʒiʒnicʒe, Bieʒenicʒe, von 42 N., liegt am linken Ufer der Elbe 9 gem. M. von Prag, und ½ St. von Außig oſtwärts entfernt, und iſt mit einem ſchönen Schloſſe und einer uralten Kirche verſehen, darinn verſchiedene aus Alabaſter verfertigten Figuren auf dem hohen Altare, und an dem Predigtſtuhle anzutreffen ſind. Ober der Kirche ſind noch einige Merkmale der hier ehedem erbauten Zimmer oder Zellen wahrzunehmen, wodurch einige veranlaſſet wurden zu muthmaſſen, daß dieſen Ort ehemal die Tempelherren im Beſiʒe gehabt haben.

2) Aeſchtromiʒ, von 39 N., iſt vielen Ueberſchwemmungen unterworfen.

3) Leiniſch, von 7 N. 4) Weßeln, von 16 N. mit einer Kirche. Im Jahr 1770. den 5. und 19. Jän. ließen ſich bey der zu ſolcher Zeit anhaltenden großen Näße, und Aufſchwellung des Elbſtromes zwiſchen Weßeln, Reindliʒ, Meiſchlowiʒ und Moſern heftige Erdſtöſſe verſpühren, wodurch die von Ziegenberg bis an Meiſchlowiʒ fortlaufende Berge ſehr tiefe Spaltungen und Riʒe bekommen ha-

ben, deren Tiefe man hier und da auch mit den läng-
sten Hopfenstangen nicht erreichen konnte. Das Erd-
reich sank an vielen Orten herab, und die mit dickem
Gesträuche, oder häufigen Obstbäumen besetzten Thä-
ler wurden in einen von mehr als 50 Klaftern entfernten Raum weiter versetzt, und übertragen. Ein gleiches vermerkte man bald nach Ostern bey Budin,
Doxan, Postelberg, Saatz, und bey dem Geltscher
Berge. Bey dieser Gelegenheit, um ein größeres
Unglück und Gefahr abzuwenden, wurde von dem
Prager Metropoliten ein allgemeiner Buß- und Fast-
tag anbefohlen a).

5) Neftorzitz, Nesterzitz, von 17 N. 6)
Mosern, von 32 N. 7) Reindlitz, Reinlitz,
Seidlitz, von 32 N.

8) Mirka, von 29 N. 9) Blankenstein,
Blansko, von 4 N. mit einem 1442. zerstörten Berg-
schlosse b). Im Jahr 1553. verschrieb Johann
Dubrawius Bischof zu Ollmütz kraft seines letzten
Willens dieses Schloß sammt einer vortreflichen Bü-
chersammlung, und vielem Silbergeschmeide dem
Sohne seiner Schwester Wenzel Skala Daubra-
wiczky c).

10) Arnsdorf, von 41 N. mit einer Kirche.
11) Slabe, Slawisch, von 14 N.

12)

a) Franz Zeno in physikalischen Belustigungen. 2 B.
   1771. Prag.
b) Balbin. Misc. L. 3. c. 8. §. 1. et §. 4.
c) Abbildung der Gelehrten. 2 Th.

12) Spannsdorf, von ?5 N. 13) Leifen, von 28 N. davon 2. nach Türmitz gehören. 14) Mönchen, München, von 16 N. 15) Leiketsdorf, von 50 N., mit einer Kirche, die von einem Lokal kaplan administriret wird. 16) Dopitz, von 32 N. 17) Seesitz, von 32 N., mit einer Pfarrkirche.

18) Pömerle, Bemmerle, von 39 N. Hier hat die Elbe abermal eine gefährliche Fahrt, die sich bis Kongstock erstrecket, wo sie öfters bis an das Mundloch des Josephi Erbstolns aufschwillt. 19) Raudney von 6 N., davon etwas nach Kulm gehöret.

Majoratsherrschaft Tetschen.

Gehörte gegen die Mitte des eilften Jahrhunderts den Hrn. von Berka, von denen es zu Anfang des zwölften Jahrhunderts an die Krone von Böhmen, dann an Friedrichen von Czimburg, dessen Vater dieselbe vom König Wenzel I. für die ihm wider seinen aufrührischen Sohn Przemisl Ottokar treu geleisteten Dienste zur Belohnung erhalten hatte, und endlich 1310 nach dem Tode des gleichgesagten Friedrichs von Czimburg an die Hrn. von Wartenberg gekommen war a), aus welchen folgende bey unsern Schriftstellern vorkommen: Johann von Wartenberg auf das J. 1369. b) Beneß von Wartenberg auf

das

a) Neplacho ad. A. 1310. Gelaf. Mon. T. 1. Diplo. n a:. Waldstein. Wartenberg:

b) Dipl. a. Hammerschm. Prod. Gl. Pr. Paproc. de Stat. Equest.

das J. 1371., der sich mit Anna von Pottenstein
verehelichet hatte c). Johann II. von Wartenberg
auf das J. 1406. d) Siegmund von Wartenberg,
dem der K. Wladiſlaw II. 1474. die Statthalter-
ſchaft in der Lauſnitz angetragen, und die Hälfte von
den jährlichen Einkünften dieſes Markgrafthums an-
gewieſen hatte e). Beneß II. von Wartenberg, auf
das J. 1450., zu deſſen Zeiten die Herrſchaft Tetſchen an die Hrn. von Trczka käuflich abgetreten
wurde f). Dieſen folgten im Beſitze dieſer Herrſchaft
die Hrn. von Salhauſen, und dann die Hrn. von
Binau, aus welchen Günther von Binau 1571., u.
75. dem prager Landtage beygewohnt hat g). Nachdem ſich aber Rudolph aus den leztgeſagten Beſitzern
nach der Schlacht am weißen Berge nach Sachſen
geflüchtet hatte, wurde Tetſchen 1628. den 2. Aug.
von dem königl. Fiſkus an Chriſtoph Simonen Freyherrn von Thun Maltheſerordens Ritter, Großprior
in Ungarn, und K. Ferdinands III. Obriſthofmeiſter
käuflich abgetreten. Dieſer gleichgeſagte Beſitzer be-
wirkte bey dem päbſtlichen Stuhle für ſich die Voll-
macht, über ſein Vermögen frey teſtiren zu können, und
ſezte 1635. laut ſeines lezten Willens ſeinen Bruder
Georg Siegmund, und Vetter Joh. Sieg-nund
                                                    Gra-

c) LL. Erect. Vol. 2. K. 6.

d) LL. Erect. Vol. 7. E. 8.

e) Diplomat. Waldſtein. Wartenberg.

f) Paproc. de Stat. Dom. Hammerſchm. l. c. Rtt.
    von Binnenberg Böhmens Alterth. 2. Th.

g) Prager Landt.

Grafen von Thun zu Erben seines sämmtlichen Vermögens mit dieser Bedingung ein, daß selbe seine Verlassenschaft an beweg - und unbeweglichen Gütern, baaren Geld und Geldswerth unter sich in gleiche Theile vertheilen sollten. Georg Siegmund als leiblicher Bruder bezeigte sich nicht nur mit dieser festgesezten Theilung unzufrieden, sondern wollte auch die vom gesagten Testator noch bey Lebzeiten an dessen Bruder Johann Cyprian, Johann Siegmunds Vetter geschenkte Herrschaften und Güter Blösterle, Felixburg und Choltitz in der ganzen Verlassenschaft und Theilung mitbegriffen haben, machte derohalben an Johann Siegmunden ohne allen Grund und Beweis nahmhafte Foderungen, und ließ die ganze Erbstrittigkeit nach dem schon bereits publicirten Testament ganze sechs Jahre lang anstehen, da während dessen gesagter Johann Siegmund bis zu seinem 1646. erfolgten Tode die bestrittenen Güter verwaltet, und kraft seiner leztwilligen Verordnung seine acht Söhne: Quidobald, Wenzel, Michael Oswald, Maximilian, Franz Siegmund, Romedius Konstantinus, Joh. Ernest, und Rudolphen zu Erben seines sämmtlichen Vermögens eingesezt hatte. Der älteste dieser gesagten Söhne Quidobald Kardinal und Erzbischof in Salzburg, machte der noch immer zu seiner Zeit fortdaurenden Erbstreitigkeit mittels eines 1657. den 19. Sept. zu Salzburg errichteten, auch vom K. Leopold 1658. den 22. Jän. bestätigten, und 1659. den 22. Apr. der königl. Landtafel einverleibten gütlichen Vergleiches endlich ein gewünsch-

wünschtes Ende, kraft dessen alle in Böhmen von
Christoph Simon Graf. von Thun erkauften Güter
den Joh. Sieg.munds Graf Thunischen Erben böhm.
Stollens belassen, und zugleich die Tirolischen von
weiland Johann Arbogast Freyherrn von Thun
herrührenden Lehengüter denselben abgetreten, und
dagegen den Georg Siegmundischen Erben Grafen
Thun von Castel Brachier Tyrolischen Stollens nur
der Vierte Theil hiervon nebst der Herrschaft Hohen=
stein anerkannt worden. Ueberdieß haben die Jo=
hann Siegmundischen, jene nach Georg Siegmun=
den hinterbliebenen Erben mit einer Summe von
fünf und vierzig Tausend Gulden baar befriediget,
und die der Herrschaft Preßnitz zu ersetzen schuldige
vierzig Tausend Gulden mittels eines 1669. getroffe=
nen Vergleiches gegen solcher Bedingung nachgesehen,
daß die gesagte Georg Siegmund Graf Braschi=
risch Thunische Linie sub nullo quocunque titulo vel
prætextu von nun an, und auf ewige Zeiten nicht
das mindeste an gedachten Johann Siegmund Graf
Thunischen Erben böhmischen Stollens zu fordern
berechtiget seyn solle. Diese für die Johann Sieg=
munbischen Erben so günstig geendigte Erbstrittigkeit
gab also den Anlaß, daß das gräflich Thunische
Geschlecht in zwey Linien, als Johann Cyprian böh=
mische, und Georg Siegmund Tyrolische getheilet
wurde. Joh. Siegmund Graf von Thun Obrist=
hofmarschall und Statthalter im Königreiche Böh=
men wird als Stammvater der erstern angesehen,
indem derselbe durch die nach seinem Vater Johann

Cy=

Cyprian, und von dem Vetter Chriſtoph Simon
Graf von Thun ererbten Güter den erſten Grundſtein
zu Errichtung der Thuniſchen Majorate gelegt hatte.
Seine hinterlaſſenen Söhne verpflichteten ſich nicht
nur das Unternehmen ihres Vaters feſt zu halten,
ſondern erweiterten auch ferner die neu angelegten
Majorate durch ihr eigen erworbenes Vermögen,
welches ſie einſtimmig hierzu gewidmet haben. Solchergeſtalten wurden die drey Thuniſchen Majorate
als: das Klöſterkiſche, Tetſchner, und Achlentyner
1671. den 5. Jän. errichtet, und von K. Leopold
Beſtätiget. Von dieſem Zeitpunkte an, blieben die
Grafen von Thun ſtets im Beſitze dieſer Majorate
bis auf Johann Joſephen Reichsgr. von Thun, der
ſie nach dem Hintritte des Joh. Fr. Joſ. Gr. von
Thun als hinterbliebener einziger Erbe 1732. erblich
angetreten, bis 1735. ſelbſt verwaltet, und 1786.
den 10. März wegen erreichten hohen Alters ſeinen
Söhnen abgetreten hatte. Bey ſolch geſchehener vä-
terlichen Abtretung würde Prokop Graf von Thun
als zweyter Sohn in das Tetſchner Majorat haben
ſukzediren ſollen. Nachdem er aber durch eine von
der allerhöchſten Stelle veranlaßte, und durch die me-
diziniſche Fakultät vorgenommene Unterſuchung dergeſtalten blödſinnig befunden, daß ihm in dieſem betrübten
Zuſtande keineswegs zu helfen wäre, ſo ergieng vom
kaiſerlichen Hofe 1782. den 22. Jän. ſolche Erklä-
rung: Das mehr gedachter Prokop Gr. von Thun
ſelbſt, gemäß des in dem vierten Olivenfarben
Taufquatern A. 1671. den 16. Nov. ſub Lit. M.

14

14. einverleibten Fideikommiß Institut von der Sukzeſion in das ihm gebührende Majorat Tetſchen auszuſchließen, und mithin daſſelbe ſeinem in der Ordnung nachfolgenden Bruder gegen deſſen zu übernehmender genüglichen Unterhaltung zu überlaſſen ſey. Solchermaſſen folgte im Beſitze dieſes gegenwärtigen Majorats der jetzige Inhaber Wenzel Joſeph Reichsgraf von Thun Sr. k. k. ap. Maj. wirkl. Dienſtkämmerer, und General-Feldwachtmeiſter, deſſen gräfliche Frau Gemahlin Maria Anna Grafen Joh. Vinzenz von Kollowrat Liebſteinſky einzig hinterbliebene Tochter dieſes Majorat mit dreyen gräflichen Sproſſen, als Eliſabeth, die 1783. den 14. Aug., dann Joſeph Wenzel, der 1785. den 7. Febr., und letztlich Franz Anton, der 1785. den 23 Oktob. zur Welt kam, erfreuet hatte. Der deutſche Landmann ſuchet hier ſeine Nahrung in einem mittelmäßigen Ackerbaue, Spinnen und einem geringen Holz und Getreidhandel, der hier noch vor zwanzig Jahren ſehr ſtark getrieben wurde. Dieſer Herrſchaft ſind einverleibt:

1) Tetſchen, Diečzin, Dačzin, Diedjn, Warta, Tetſchna, eine ſchöne offene Schutzſtadt, liegt am rechten Ufer der Elbe, wo ſich der Fluß Polzen in dieſelbe ergießt, und iſt 4. Meilen von Leutmeritz, 12. gem. Meil. von Prag, und 6. Meil. von Dresden entfernt. Unter allen Bergen, mit welchen Tetſchen umzingelt iſt, hat der ſo genannte hohe Schneeberg den Vorzug, von dem man bis Dresden ganz füglich ſehen kann. Die Stadt zählt ſammt der Vor-

ſtadt

ſtabt 289. Häuſer, darunter einige Bierbräuberechtiget ſind, und führet im Wappen einen in rothem
Felde aufrechtſtehenden gekrönten böhmiſchen Löwen,
der in ſeinen Klauen eine Barbe hält. Der allgemeinen Ausſage, und einer uralten im hieſigen Kirchen-
archiv vorhändigen Urſchrift nach ſoll die ehemalige
Stadt ſamt einer Marienkirche anfänglich auf der ſogenannten Marienwieſe angelegt, 1059. durch eine
ſchreckliche Waſſerflut bis auf einige wenige Ueber-
bleibſel gänzlich weggeſchwemmt, und bald darauf durch
den Hrn. Jakob Berka auf dem jetzigen Ort gegen
Mitternacht hergeſtellt worden ſeyn. Die uralte
Schrift, welche der Hr. Joh. Chriſtoph Preiſter,
beſtverdienter Dechant zu Böhmiſch Leipe, und Vic.
For. aus den hieſigen Kirchenbüchern entlehnet, und
mir freundſchaftlich kommuniciret hatte, lautet alſo:

Als man zählte ein Tauſend neun und fünfzig Jahr,
Zur Zeit der Tag St. Wenzeslai war,
Ein groſſer Regen in Böhmen geſchach,
Daß ſich ergoſſen alle Wäſſer und Bach,
In Böhmen groſſer Schad geſchehen iſt,
Das Waſſer Städte und Dörfer wegriß.
Seit der Sündfluth nicht iſt geſchehen,
Die Elbe an der Gränze ſich ergoß,
Daß man Waſſer erreichet aus dem Tetſchner Schloß.
Die Polſniß hatte nicht ihren Gang,
Die Stadt Leipa dadurch groſſen Schaden empfang.
Es war da Jammer und groß Elend,
Daſelbſt auch es die Stadt Tätſchen wegſchwemmt.
Dieß geſchah in demſelben Jahr,
Als Spitigneus Fürſt in Böhmen war.

Fünfter Theil.   N   Jakob

Jakob Berka nach seines Vaters Tod,
Baut wieder Leipa und Tätschner Stadt.

Zu einem immerwährenden Andenken dieses
traurigen Vorfalles ist nach der Zeit von dem Grafen
Thun in Mitte der obgesagten Wiese ein prächtig von
Stein gehauenes Marienbild errichtet worden. Daß
aber das hiesige Schloß schon zu Spitignews II.
Zeiten in einem vollkommnen Stand gewesen seyn moch-
te, läßt sich hieraus schließen, weil Sobieslaw I.
den mährischen Herzog Brzetislaw nebst vielen andern
böhmischen Herren, die sich wider ihn verschworen
hatten, 1128 auf diesem Schlosse festsetzen ließ a);
und solchenmach sind die Worte unsers Neplachos:
1310. Obiit Fridericus de Symburg, cuius pater castrum Dyeczin primum Fundavit, nicht anders zu
verstehen, als daß dieser Czymburg das hiesige Schloß
wieder hergestellet, und vortheilhaft befestiget habe.
Im J. 1639. 1648. ist die hiesige Stadt von Schweden, 1744. und 1756. von Preußen eingenommen,
und 1749 den 30. Jul. durch ein unversehenes Feuer
gänzlich eingeäschert worden b). Unter den vornehmen Gebäuden sind hier anzumerken: 1) Das herrschaftl. Schloß, das auf einem sehr hohen Felsen liegt,
und mit drey grossen Plätzen, und einem tiefen Graben versehen ist, darinn ehedem Steinadler, und anders Wild aufbewahret wurde. Der vordere Theil
desselben, der durch einen Graben von dem alten
ge-

a) C. Cosmæ
b) Acta Boemiae. Pelzel P. 8, n. 2. Reifenstuel l. c.
Maurit. Vogt.

getrennet, und heut zu Tage das neue Schloß genannt wird, ist im J. 1674. durch Maximilianen
Graf. von Thun in einer Zeit von funfzen Jahren
aufgeführet worden. Der jetzige Besitzer ließ den
hintern Theil dieses Schloßes abtragen, und mit dem
gleichgesagten neuen Theile egalisiren, mit dieser Aufschrift: QVoD proaVVs orsVs eſt, a WenCesLao
Iosepho perfeCtVM. Merkwürdig iſt bey diesem
Schloſſe die 468 Ellen lange, und 16 Ellen breite
aus puren Felsen gehauene Einfahrt, dergleichen nur
selten anzutreffen sind. Der große Saal, der jetzt
insgemein der Nonnenboden genannt wird, und mit
vielen in Fresko gemalten Portraiten der Herren von
Binau gezieret iſt. Die Apotheke, daraus den Unterthanen die nöthigen Arzneymittel ohne alle Entgel-
tung gereichet werden. Die nach gothischer Art gebaute St. Gregoriuskapelle. Der Pferdstall, darinn
nebſt sechzehn steinernen Säulen ein künstlich verfertigtes Pferd zu sehen iſt, aus deſſen Gaume häufi-
ges Waſſer in einen steinernen Röhrkaſten hervorquillt.
Die meiſten Gemälde in dieſem Schloſſe sind von
Joseph Bragallia aus Bononien verfertiget worden,
der auch hier mit Tode abgieng. Die steinernen
Bildsäulen aber im Garten und Schloſſe kommen von
dem künſtlichen Meiſel des Abraham Kitzigers her,
der eben in dieſer Stadt zur Welt kam, und eine
große Geschicklichkeit in Nachahmung der Alten hatte.
Die prächtige Schloßstiege von 234 steinernen Staf-
feln. Der etlich und siebenzig Klafter tiefe, und
in puren Felsen gehauene Brunn. Die prächtige

Rüſtkammer. Die ſchöne Bibliothek. Das koſtbare
Münz- und Naturalienkabinet, welches auf die Veranlaſſung des Johann Joſ. Reichsgrafen von Thun
durch Leopolden von Schwamberg Prieſter des Ordens der Frommen Schulen größtentheils in eine gute
Ordnung gebracht, und bald darauf nach Linz übertragen worden iſt. Die mit acht ziemlich großen
Stücken ehedem beſetzte Baſtey. Der mit vielen
wälſchen Bäumen, und ſeltſamen Blumenſtöcken an-
gefüllte Einſatz, wie auch der künſtliche Springbrunn
und die aus einem Felſenſtücke gehauene Meer-
muſchel, welche eine Elle tief, 45 Ellen im Umkreiſe,
und 16 Ellen im Durchſchnitte hält, und mit vielem
Aufwande eine Meile Wegs wider den Strom hieher
gebracht, und im Garten aufgeſtellet wurde c).

2) Die herrſchaftliche Kirche unter dem Titel
des heil. Kreuzes, die 1687. vom Grafen Maximilian Thun von Grund auf ganz neu erbauet,
1691. durch Erneſten Grafen von Thun Erzbiſchof
zu Salzburg feyerlich eingeweihet, und 1773. durch
Joh. Joſ. Thun abermal prächtig verneuert, 1688.
mit dem Leibe des heil. Severus gezieret, und mit
einer Familiengruft verſehen worden iſt, darinnen
nebſt andern aus dieſer Familie auch die drey Gemah-
linnen des Grafen Johann Joſeph von Thun, als
die Gräfinn Hohenzollern, Kollonitſch, und Wil-
denſtein beygelegt ſind.

3)

c) Balbin. Miſc. L. 3. in Additamentis. Maurit.
Vogt. l. c.

3) Die Dechantkirche unter dem Namen des heil. Wenzels, die schon 1384. mit eigenem Pfarrer verſehen war, und jezt der geiſtlichen Aufſicht des würdigen und wohlgelehrten Mannes Karl Pompe anvertrauet iſt.

4) Die 1668. von Maximilian Thun und deſſen Gemahlinn Mar. Franz. Emerentiana Gräf. von Lobron, mitten auf dem Markte erbaute, und 1670. den 28. Sept. durch Wenzel Graf. von Thun Biſchof zu Paßau und Gurk konſekrirte Laureten-Kapelle. 4) Es iſt auch hier ein für 6 Manns- und 6 Weibsperſonen wohl angelegtes, theils vom Grafen Max. Thun, theils von der Stadt geſtifte-tes, und mit allen Bequemlichkeiten verſehenes Spital mit folgender Aufſchrift: Hoſpitale in honorem 12 Apoſtolorum a fundamentis aedificavit Maximilianus S. R. I. Comes de Thun MDCLXXIII. Nicht minder verdienet unſre Aufmerkſamkeit der Ge-ſundbrunn oder Joſephsbad, der vom Hrn. Franz Pallan zu ſolcher Zeit angeſtellten herrſchaftlichen Forſtmeiſter nahe an dem ſo genannten Dorfe Weyer entdeckt, von dem Hrn. Magget v. Czernitzky gräfl. Hofarzte unterſuchet, und 1770. vom Hrn. Joh. Heinr. Bauer der Weltweisheit und Arzneygelährheit Dokter in einer gelehrten Abhandlung beſchrieben wor-den iſt. Uebrigens haben wir der Stadt Tetſchen auch den berühmten Maler Anton Kern zu verdan-ken, der hier 1710. zur Welt gekommen, und 1747. zu Dresden geſtorben iſt. Ein mehreres kann man

von demselben im 3 Th. der böhm. und mährischen Gelehrten nachschlagen.

2) Laube, von 8 N., davon die Hälfte der Tetschner Stadtgemeinde gehöret. 3) Heydenstein, mit einem emphiteutischvertheilten Mayerhofe, von 40 N. 4) Losdorf, von 74 N.

5) Ober und Nieder Falkendorf, von 23 N. 6) Liewerda, Liebwerd, ein Mayerhof. 7) Ober und Nieder Birkicht, von 31 N.

8) Altstadt, von 60 N. 9) Ober und Nieder Bachelsdorf oder Laxdorf, von 16 N. 10) Ufer, ein nach Krischwitz konskribirter Bauernhof. 11) Mirabel oder Wallhof, ein Mayerhof. 12) Grabig, von 12 N. 13) Krischwitz, von 38 N. 14) Kilkenberg, eine Schäferey.

15) Hadergrund, ein Haus. 16) Kolmen, Kulm, Chlumecz, von 26 N.

17) Politz, von 30 N. 18) Buschmühle, von 17 N. 19) Bauscherbe.

20) Bey drey Linden, ein einschichtiges Gasthaus mit einem Jägerhause, und herrschaftlichen Gestütthofe. 21) Kutschenke, 2 Chaluppen.

22) Neschwitz, von 30 N., mit einer Pfarrkirche unter dem Titel des heil. Laurentius, die 1712. den 2. Jul. eingeäschert, bald darauf aber von der verwittweten Maria Adelheid Gräfin von Thun ganz neu wieder hergestellet, und mit einem prächtigen Laurenzbilde von Brandel beschenkt worden ist. Drey viertel Stund davon sind noch einige

nige Merkmale des verfallenen Schloffes Sperling-
stein mit 2 Chaluppen anzutreffen d).

23) Schmorda, von 7 N. 24) Hortau,
Harta, mit einem Mayerhofe, von 44 N. 25)
Vogelgesang, von 2 N.

26) Hostiß, von 7 N. 27) Scheras, von
4 N. 28) Babutin, von 23 N.

29) Nieder Welhoten, von 11 N. 30) Rit-
tersdorf, von 44 N. 31) Milerzen, Mühlörzen.
Milerzsko, von 11 N. 32) Ober Welyeten, von
8 N. 33) Tichlowiß, von 43 N. mit einer Kirche
unter dem Titel der Enthauptung des heil. Johann
Tauf., und einem prächtig gebauten Mayerhofe,
darinn viele schöne Gewölber von Obst- und Getraid-
händlern gemiethet sind.

34) Pschira, von 28 N., davon die Hälfte
nach Tepliß gehört. 35) Rongstack, Runstock,
von 63 N., mit einer St. Johann Tauf. Kirche.
Hier waren vor Zeiten Silberbergwerke, die man vor
wenigen Jahren wieder gewältiget, und Bleyglanz
mit Weißgüldenerzt darinn gewonnen hatte; weil diese
Erzte aber blendigt, streng, und von keinem großen
Silberhalte waren, und das Mundloch durch des auf-
schwellenden Elbstromes Wasser oft verdämmt wurde,
fand man für gut von dem fernern Bau abzustehen e).
Vor wenigen Jahren fieng man hier wieder an Silber zu gewinnen.

N 4   36)

_____

d) Balbin. Misc. L. 3. c. 8.

e) Peithner von Lichtenfels l. c. §. 92. Ferber.

36) Parken, von 21 N.

37) Proßlin, Proßeln, von 20 N. 38) Halbe, von 3 N. 39) Bleimen, von 26 N.

40) Karditz, von 22 N., mit einer Flußsiederey. 41) Malschwitz, von 22 N. 42) Mohren, Ohren, von 37 N., mit einer St. Prokopikirche.

43) Deutsch Kahn, von 43 N., mit einer 1767. erbauten St. Antonikapelle. Gehörte vor Zeiten dem Probsten am Wissehrad zu Prag, und gerieth mittlerweile an verschiedene Besitzer, unter welchen noch der H. Johann Kubik von Kochanowa bekannt ist, bis es endlich an die Herrschaft Tetschen gekommen war.

44) Altböhmen, von 19 N. 45) Topkowitz, von 38 N., davon 4 nach Töpliß gehören. 46) Wilschdorf, von 14 N.

47) Hopfengarten, Hoppegarten, von 13 N. 48) Krochwitz, von 8 N. 49) Seltnitz, von 9 N.

50) Roßawitz, von 13 N., mit einer prächtigen Pfarrkirche, unter dem Titel des heil. Wenzels, die 1579. errichtet, nach der Zeit von Tetschner Dechant administriret, und 1702. wieder mit eigenem Pfarrer versehen worden ist. An der auswärtigen Mauer dieser Kirche ist ein Grabstein des ehemaligen hiesigen Pastors Wolfgang Tzerschings zu sehen, der hier 1613. mit Tode abgieng. Nächst an diesem Dorfe im Walde steht eine prächtig erbaute Kapelle unter dem Titel des heil. Johann von Nep.

In

Ju dieser Kirche trift man ein großes Gemälde an des gleich gesagten Landespatrones, und zwey kleinere des heil. Josephs und Barbará von dem künstlichen Pensel des Hrn. Anton. Bern f).

51) Bodenbach, von 11 N. mit einem Mayer-hofe, und schön gebauten Bräuhause; liegt an einem Bache gleiches Namens, der hinter Eule entspringt und hier in die Elbe fällt. 52) Pfaffendörfel, von 23 N.

53) Ulgersdorf, von 34 N. 54) Herbst-wiese, von 5 N. 55) Alt Bila, samt 56) Hum-presta, ein Bauernhof. 57) Kühlloch, ein Gast-haus.

58) Skritin, einschichtiger Bauernhof auf ei-nem hohen Berge, der dem hiesigen hohen Schnee-berg fast gleich kömmt.

59) Neu Bila, von 71 N. 60) Bünauburg, von 21 N., mit einem Mayerhofe, und altem Schlosse, so ehemal die Herren von Bühnau bewoh-net haben. Dieses Gut ist samt Schönstein vom Günther von Bühnau 1628. den 14ten August an Christoph Simonen Freyh. von Thun käuflich über-lassen worden. 61) Neudörfel, Neudorf, von 34 N.

62) Schönborn, von 84 N., mit einer Filial-kirche unter dem Namen des heil. Erzengels Mi-chael, die schon 1384. mit eigenem Pfarrer versehen war.

N 5

f) Abbild. der Böhm. und Mähr. Gelehrten 3. Th.

63) **Eule, Eula,** ein Marktflecken, führet im Wappen eine sitzende Eule, zählet samt Neu Eule 107 N., und ist mit einer 1682. vom Ernest Gr. Thun Erzbischof zu Salzburg erbauten, und feyerlich eingeweißten Kirche unter dem Namen der h. Drey-einigkeit versehen, die von einem Lokalkaplan administri-ret wird, liegt 2 Meilen von Aussig, und $1\frac{1}{2}$ Stunde von Tetschen westwärts entfernt. Auf dem hiesigen Schlosse lebt der oben erwähnte Prokop Graf von Thun. Dieses Gut trat Dorothea v. Bühnau 1630. den 23sten Sept. an den Grafen Christoph Simon von Thun käuflich ab.

64) **Königswald,** von 185 N., mit einem verfallenen Schlößchen, und einer Pfarrkirche unter dem Titel der heil. Drey Könige. 65) **Rabenhäu-sel,** ist eigentlich ein Schimpfnamen; die hier befind-lichen Häuser sind dem Dorfe Königswald beyge-rechnet.

66) **Maria Annaberg,** ein zum Andenken der jezt lebenden Fr. Gräfinn Maria Anna von Thun, gebohrnen Gräfinn Kollowrat Liebsteinsky 1785. an-gelegtes Dorf von 13 N.

67) **Tißa,** von 122 N. Hier werden häufige Schnallen, und nebst andern auch die jezt herein zu führen verbotene Limburger Knöpfe fabricirt. 68) **Schönstein,** ein Mayerhof. Es sind hier noch einige Merkmale des verfallenen Schlosses Schönstein, und einer ehemaligen Kirche zu sehen, von dannen der Taufstein und der Predigtstuhl nach Königswald übertragen wurde. 69) **Oberwald,** von 7 N.

70)

70) Reitza, von 39 N. 71) Eyland, von 24 N., liegt mitten im Walde. Hier sind noch einige Merkmale des ehemaligen Eisenhammers zu sehen.

72) Schneeberg, von 63 N. Hier wurde vor Zeiten der Eisenstein gegraben. Liegt am Fuße des so genannten Schneebergs, der unter die höchsten in Böhmen gerechnet wird. Nächst an diesem Berge ist 1713. den 24. Nov. von Johann Ernst Grafen von Thun ein Luchs, 1723. den 23sten Dec. von damaligen Waldbereiter Jakob Hübner ein Wolf, und 1785. den vierten Hornung von dem Maxdorfer Forstakzunkten Franz Schmeloweffy abermal ein Luchs erlegt worden. Daß die hiesige Wildbahn ehedem eine der herrlichsten in Böhmen war, dienet zum Beweis der in Bünaburger Revier 1710. von damaligen Forstmeister Hittl erlegte Hirsch, der 528 Pfund am Gewichte hielt.

73) Maxdorf, ein 1671. angelegtes Dorf von 20 N. 74) Märzdorf, von 46 N. 75) Niedergrund, von 66 N., mit einer Kirche unter dem Titel der heil. Dreyfaltigkeit, die von einem Lokalkapellan administriret wird, und einem kaiserl. königl. Gränzzollamte.

76) Czerda, Czirta, von 9 N. 77) Mittelgrund, von 57 N., liegt an der so genannten Gegend Kutschken, wo eine Bildsäule des heil. Adalberts errichtet ist.

78)

78) Kaperswiese, von 38 N. 79) Peiperz, von 26 N. 80) Obergrund, von 30 N. Nicht ferne von dannen ist ein sehr guter Steinbruch.

81) Bösegründel, von 9 N. 82) Rothberg, von 9 N. 83) Krichlitz, Kröglitz, von 8 N. 88) Ober Ulgersdorf, oder Trabantendorf, von 17 N. 84) Gesteinigt, von 61 N., liegt bey Eule.

85) Riegersdorf, von 53 N., steht unter dem Eulauer Gericht.

86) Michelsberg, von 43 N., liegt nächst an Groß Czernosek, und gehöret der Tetschner Stadtgemeinde. Die Einwohner bauen die herrschaftlichen Gründe an, und leben von dem hierfalls verdienten Lohn.

87) Jakuben, ein 1783. angelegtes Dörfchen von 7 N.

88) Krebs, eine Mühle. 89) Laße, von 2 N.

90) Jägerhaus, einschichtig mit 2 geraumen Phasangärten.

91) Wenzelsdorf, führet den Namen von dem jezigen Besizer, der hier in verflossenem Jahre 20 Baustellen auf herrschaftlichem Grunde anweisen ließ. Dieses Dorf wird erst 1787. zu Stande kommen, darum läßt sich die Anzahl der Häuser für jezt nicht bestimmen.

92) Czeche, von 9 N. 93) Goldenschiffschenke, ein Gasthaus an der Elbe.

94)

94) Herrschaftliche Schmelzhütte, darinn das in Rongstock gewonnene Silbererzt geschmolzen wird.

95) Weiher, von 66 N. an der Elbe mit einem herrschaftl. Flußhause.

96) Christianenburg, eine Stunde von Marxdorf im Walde prächtig erbautes Jagdschloß.

97) Klopt, liegt nicht ferne von Nieder Grund jenseits der Elbe. Dieser Ort ist wegen den häufigen Steinbrüchen, daraus die sämmtlichen Steine zur Theresienstädter Festung gebrochen werden, merkwürdig.

98) Paulushof, ein emphiteutisch vertheilter Mayerhof. 99) Czekenthal, ein Gasthaus, und Bauernhof. 100) Froschmühle, von 2 N.

Allodialherrschaft Scharfenstein.

Wurde vom König Wenzel II. dem Herrn Johann von Michelsberg geschenkt, von dem sie aber bald wieder an die königl. Kammer zurück gekommen a), und 1575. vom Kaiser Maximilian an Ladislawen den ältern v. Lobkowitz Obersten Landeshofmeister, und Herren auf Chlumecz und Gistebnitz, samt Neustädtel erblich abgetreten worden ist b). Endlich gerieth diese Herrschaft an die Herren v. Rosenfels, dann an den Freyherrn Oswald von Prsisigele, und letztlich 1706. an Johann Franzen Reichsgrafen von Thun käuflich. Der jezige Besitzer Franz Joseph

a) Urkunde a. Balbin. Misc. L. 3.
b) Prager Landtag.

ſeph Reichsgraf von Thun Sr. kaiſerl. königl. Maj.
wirkl. geheimer Rath, wie auch Sr. königl. Hoheit
des Erzherzog Leopolds wirkl. Kämmerer hat ſelbe
1785. erblich übernommen. Der Landmann ſpricht
deutſch, und ſuchet ſeine Nahrung nebſt einem ſehr
guten Obſt = und mittelmäßigen Ackerbaue in verſchie-
denen Handthierungen, wie wir bald ausführlicher
hören werden. Hieher gehören:

1) **Scharfenſtein**, Oſtornſtan, ein Mayerhof
mit einem nächſt daran ſtoſſenden verfallenen Bergſchloſſe, von dem dieſe ganze Herrſchaft den Namen
führet; liegt am rechten Ufer der Polzen 11 gem.
Meilen von Prag, und ¼ Stunde von Penſen ſüd-
wärts entfernt.

2) **Franzenthal**, von 20 N. 3) **Voitsdorf**,
von 76 N. 4) **Klein Wehlen**, von 42 N., und
5) **Groß Wehlen**, von 67 N., mit einer Papiermühle, und einer 1746. erbauten Kapelle, liegen an
einem unbenannten Bache, der mit einer Brücke verſehen iſt, und oft namhaften Schaden verurſachet.
Die Einwohner dieſer zweyen Dörfer geben ſich hauptſächlich mit Wollkämmen und Spinnen ab für die
Strumpfwirker und Tuchmacher zu Kamnitz und
Leipa, andre mit Meſſerſchleifen, mit denen ſie bis
nach Oeſterreich, Steyermark, Kärnten, Krayn, ja
wohl auch bis in die Niederlande, Lüneburg, Holl-
ſtein und Dännemark hauſiren.

6) **Zautig**, von 21 N.

7) **Höfliz**, Hewlin, Jedlka, von 12 N.,
mit einer 1234. erbauten Pfarrkirche unter dem Titel

tel der heil. Anna, die 1384. mit eigenem Pfarrer
versehen war.   Nach der Zeit ist selbe von lutherischen Pastoren administriret, dann nach Pensen einverleibt, letzlich aber 1675. auf die Veranstaltung
der Frau Mar. Magd. von Rosenfels, gebohrnen
von Nestwitz auf Scharfenstein und Radlest wieder
in die Zahl der Pfarrkirchen versetzet, und 1716.
mit vielen Unkosten ganz neu hergestellet worden, be-
ren Aufsicht heut zu Tage dem Herrn Benedikt Bro-
lob anvertrauet ist.   Die Einwohner treiben einen
starken Gespinnst- und Garnhandel nach Hanspach
und Schluckenau.   Unter den Bergen zeichnen sich
in hiesiger Gegend hauptsächlich aus der Eich- und
Rabensteiner-Berg, auf deren letztern sich häufige
Raben, Nachteulen, und Uhu blicken lassen. Auf
der Strasse von Groß Wehlen nach Pensen, und
eben so bey Klein Wehlen auf des Josephs Krum-
holze Grunde trift man bey größter Sommerhitze
zwischen Steinen häufige Eisschollen an.

    8) Nieder oder Unter Ebersdorf, von 86 N.
davon ein Theil nach Binsdorf gehöret.

    9) Neuland, von 22 N.   10) Josephswille,
von 12 N.   11) Höfel Freydenberg, von 16 N.

Herrschaft Binsdorf.

    Gehörte anfänglich den Hrn. von Starrschedel,
von denen selbe an die Hrn. von Salhausen, dann
an die Grafen Wchinsky von Wchinitz, endlich an
die Herren von Binau, und letztlich 1695. an die
                                    Gra-

Grafen Clary zu Sperbersbach, Herren auf Schne-
dowitz käuflich gekommen, und nicht lange darauf an
das Geschlecht der Fürsten von Clary erblich verfal-
len ist.   Der jezige Besitzer davon ist Fr. Wenzel
Reichsfürst von Clary zu Aldringen.   Der deutsche
Landmann betreibt seine Nahrung durch das Spinnen,
Strumpfwirken, und einen sehr geringen Ackerbau.
Hieher gehören:

1) Binsdorf, Binausdorf, von 60 N., mit
einem Mayerhofe, und kleinem Schlosse, von dannen
eine Allée mitten durch die Waldungen bis nach Belvedere fortgehet; liegt 12½ genn. Meile von Prag,
und 1 Meile von Tetschen nordnordostwärts entfernt.

2) Elbleiten, von 39 N.; ein unter den zu
hiesiger Herrschaft gehörigen Oertern zulezt erbautes
Dorf, darum es auch insgemein Neudorf Elbleiten
genannt wird, ist ringsherum mit Harzwalde umzingelt, daraus jährlich viel Pech gesotten wird. Nahe
an diesem Dorfe liegt das so genannte

3) Belvedere, welches in einem von der Elbe
aufsteigenden steilen Felsen ausgehauen, und mit etlichen Gemächern versehen ist, daraus sich ein schönes
Aussehen auf den Elbstrom, in die gräfl. Thunische
Waldungen, und ferner weit in das Churfachsen öf-
net.   Von Seite der Elbe sieht dieser Ort einer Ci-
tadelle gleich, weil derselbe so eingerichtet ist, daß
man darauf kleine Kanonen und Feuermörser ganz
füglich pflanzen kann.

4) Hernskrätschen, von 63 N., liegt an dem
Kamnitzer Bache, der eine starke Meile hinter Kam-

nitz

nitz, oſtwärts entſtehet, bey Schemet den Kreybitzer
Bach und bald darauf das Billwaſſer aufnimmt, und
hier in die Elbe fällt. Man zählet von dannen 2
Meilen bis Königſtein, und 5 Meilen bis Dresden.
Es iſt auch hier ein kaiſerl. königl. Zoll- und Maut-
amt angeſtellet. In dieſem Orte war vor Zeiten die
Hauptniederlage verſchiedener Holzwaaren, die nach
Sachſen, Meißen, Magdeburg und Hamburg ge-
ſlößt wurden; allein dieſer ehedem ſo ſtarke Holzhan-
del nach Hamburg iſt des im Churbrandenburgiſchen
Lande großen auferlegten Imposts wegen um ein vieles herabgefallen. Auf dem hier nahe angränzenden
Winterberg, von dannen bey heiterer Witterung die
Thürme von Dresden ganz wohl auszunehmen ſind,
kaum man noch einige Merkmale des ehdem hier be-
triebenen Bergwerks wahrnehmen, ſo heut zu Tage
insgemein das Goldloch genannt wird. Im Jahr
1779. den 22. Sept. nahm unſer allergnädigſte Monarch Joſeph II. die hieſige Gegend ſelbſt in Au-
genſchein, und verfügte ſich von dannen über Jonsdorf, Arnsdorf, und Binsdorf nach Tetſchen.

5) Stimmesdorf oder Stimmesgrund, von
33 N., liegt am Kamnitzer Bache.

6) Hohe Leipe, ein Schloß und Dorf von
47 N. Nicht ferne von dannen geht die Straſſe
tyrch die ſo genannte Heide nach ſächſiſch Herrnsdorf, durch welche 1778. das Möllendorfſche Corps
in Böhmen eingebrochen iſt.

7) Kamnitzer Leite, von 18 N. 8) Roſen-
dorf, von 174 N., mit einer Kirche unter dem

Fünfter Theil.   O   Titel

Titel der heil. Apostel Peter und Paul, die 1712. ganz neu wieder hergestellet wurde; liegt an dem so genannten Bache Dürre Kamnitz, und am Fuße des überaus hohen Rosenbergs. 9) Arnsdorf, Arnóldi villa, von 67 N., mit einer Pfarrkirche unter dem Titel Marien Himmelfahrt, die schon 1384. mit eigenem Pfarrer versehen war, und 1758. wieder ganz neu hergestellet worden ist; sie ist heut zu Tage der Aufsicht des Hrn. Christ. Filler anvertrauet. Dieses Dorf liegt am Fuße des so genannten Arnsbergs.

10) Grundmühle, von 4 N. 11) Algersdorf, von 22 N. 12) Hermersdorf, von 81 N.

Allodialherrschaft Kamnitz.

Gehörte anfänglich den Hrn. von Berka, wie wir schon bey Konnow im Bunzlauer Kreise gesehen haben; dann fiel selbe dem Heinrich von Wartenberg zu a). Im Jahr 1613. brachte Radislaus von Chinitz und Tettau dieselbe käuflich an sich, von dem sie erblich 1631. an Wilhelmen, dann gegen das Jahr 1638. an Oktavianen, bald darauf gegen das Jahr 1696. an Wenz. Norbt. Oktav. Kinsky von Wchinitz und Tettau, Herrn auf Arnau, Neuschloß, Drahobus, Radoschin und Chlumecz, königl. Statthalter, und Oberkanzler im Königreiche Böh-

---

a) Prager Landtag vom Jahr 1569.

Böhmen b), und mittlerweile an den jezigen Besitzer
Franz Ulrich Reichsfürsten Kinsky von Chinitz und
Tettau k. k. Feldmarschall erblich gekommen ist. Der
deutsche Landmann suchet hier seine Nahrung nebst einem
äusserst schlechten Ackerbaue, hauptsächlich in Spinnen,
Zwirnmachen, Strumpfwirken, Tuchmachen, Garn- und
Leinwandhandel, Messerschleifen, wie auch in Verfertigung allerhand artiger Kreidengläser, die hier auf
das feineste geschliffen, sehr nett vergoldet, und dann
theils im Lande, theils ausser Lande nach Schlesien,
Preußen, Pohlen, Frankreich, Türkey, Schweden,
Dännemark, und Moskau verführet werden. Hieher
gehören:

1) Böhmisch Kamnitz, Chemnitz, czeska Ka-
menicze, eine offene Herrenstadt, liegt an dem Kamnitzer Bache mitten unter vielen Bergen 12 gem.
Meilen von Prag, und 5 von Leutmeritz nordnordostwärts entfernt, zählet der 1785. vorgenommenen
Steuerregulirung nach 302 Häuser, darunter einige
bierbräuberechtiget sind, und ist mit einem uralten
Schlosse versehen, welches ober dem Schloßthore
nebst dem kinskischen Wappen folgende Aufschrift führet: Wilhelm Graf von Wchinitz und Tettau
auf Teplitz, Neuschloß, Kamnitz, Bensen, Hainsbach, Rumburg, und Zahorzan R. B. M. Rath
und Käm. — — Elisabeth Gräfinn Wchinsky,
gebohrne Gräf. Trczkin von Leippa ꝛc. ꝛc. 1631.
Nebst der prächtigen Kapelle unter dem Namen Ma-

D 2 rien

rien Geburt, und doppeltem Spitale, deren eins von
der Grundobrigkeit, das zweyte aber von der Stadtgemeinde gestiftet wurde, kömmt hier noch anzumerken die hiesige Dechantkirche, unter dem Titel des h. Ap.
Jakobs des B., die schon 1384. mit eigenem Pfarrer versehen war.   Der hiesigen Stadt haben wir
auch zu verdanken den berühmten Mathematiker Johann Klein, der 1684. den 25sten Jul. hier zur
Welt gekommen, der mathematischen Kammer im
Clementinischen Kollegio auf der Altstadt Prag als
ein Mitglied des Jesuitenordens ganze dreyßig Jahre
vorgestanden, und 1762. den 15. Jän. daselbst mit
Tode abgegangen ist e).

Nahe an der Stadt gegen Mittag trift man auf
einem steilen Berge noch einige Merkmale eines verfallenen Schlosses, welches man insgemein das
Schloßberg nennet.   Ein gleiches ist etwas weiter
gegen Osten wahrzunehmen, auf einem fast unzugäng-
lichen hohen Felsenberge, so heut zu Tage mit dem
Namen des wüsten Schlosses belegt wird.

2) Ober Kamnitz, von 79 N.   3) Unter
Kamnitz, von 58 N.   4) Hasel, von 61 N., liegt am
Fuße des so genannten Kaltenbergs, und an einem un-
benannten Bache, der bey Ober Kamnitz in den
Kamnitzer Bach fällt.

5) Hüllemühl, von 46 N. sonst auch Bret-
oder Leinertsmühle genanntes Dorf, davon etwas
weniges nach Birkstein gehöret.   Die Einwohner
nähr-

nähren sich bennahe alle von verschiedenen Glasarbei-
ten, daher kömmt es, daß man in diesem Dorfe so viele
Schleifmühlen antrift, die von dem Kamnitzer
Bache getrieben werden.

6) Ober Preschkau, von 96 N., mit einer
Kirche unter dem Titel der heil. Apostel Peter und
Paul, die 1721. erbauet, und mit einem Lokalkaplan versehen worden ist; liegt an einem unbenannten
Bache, der aus mehrern Quellen, deren hier fast bey
jedem Hause eine ist, entsteht, und bald darauf in
den Kamnitzer Bach fällt.

7) Nieder Preschkau, von 39 N. 8) Schel-
ten, von 22 N. 9) Parchen, von 56 N. ist 1630.
angelegt, und 1780. mit St. Laurentiuskirche versehen worden.

10) Stein Schönau, von 222 N. an einem
unbenannten Bache mit einer Pfarrkirche unter dem
Titel des heil. Johann Tauf., die 1716. von Grund
auf ganz neu wieder hergestellet, und mit 6 Glocken
versehen worden ist. Die Aufsicht derselben ist heut
zu Tage dem unermüdeten Seelsorger Herrn Franz
Tietz anvertrauet. Die Einwohner dieses Dorfes
werden in drey Klassen eingetheilet. Die ersten sind
die Kaufleute, welche die hier verfertigten Gläser ab-
nehmen, und mit selben in auswärtige Länder handeln, daher sie auch fast aller Sprachen Europens
kundig sind. Die zweyten sind die Arbeiter, welche
das Glas schneiden, Perlen kugeln, vergolden, schleifen u. s. w.; unter diesen sind einige sehr geschickte
Künstler, hauptsächlich die Glasschneider, als welche

D 3   die

die feinsten Petschaften, allerhand verzogene Namen, Figuren, Landschaften und Portraite schneiden. Die dritten sind die Fuhrleute, welche die hier erzeugten Produkten in weit entfernte Gegenden verführen: zu dem hat Stein-Schönau vor andern Oertern, wo mit Glas gehandelt wird, auch dieses zuvor, daß hier mit selbem der Anfang gemacht worden. Merkwürdig ist bey diesem Dorfe der so genannte Herrenhaus-Berg, der ungefähr 600 Schritte im Umfange, und 30 Klafter in der Höhe hält, und aus lauter schwarzen Basaltensteinen zusammengesetzt ist. Diese Steine sind bis 20 und mehr Ellen lang, 1 bis 1½ Viertel breit, haben 4 bis 8 glatte, und gleichsam wie gehobelte Seiten, stehen dicht an einander, ragen wie die Orgelpfeifen aus der Erde hervor, lassen sich ohne viele Mühe brechen, und werden mit gutem Erfolge zu allerhand Mauerwerke und Gewölbern verwendet.

11) **Meistersdorf,** von 95 N., mit einem Schlosse, das mit einem großen Obstgarten versehen ist. Dieses Gut gehörte 1637. den H. v. Knobloch, und dann den Freyherrn von Wallbrunn zu. Im Jahr 1764. brachte selbes der jezige Grundherr Fr. Ulrich Fürst von Kinsky nach dem Absterben des letzten Besitzers Peter Freyh. von Wallbrunn samt den übrigen hierzu gehörigen Dörfern käuflich an sich, und ließ es der Herrschaft Kamnitz einverleiben. 12) **Ersdorf,** von 120 N., mit einer S. Magdalener-Kirche. 13) **Henneberg** oder **Henne,** von 40 N.

14) **Kamnitzer Neudörfel,** von 40 N. 15) **Jonsbach,** von 53 N. liegt an dem so genannten

Weiß-

Weißbach, der bald hierauf in den Kamnitzer Bach fällt.

16) Kunersdorf, von 69 N. liegt gleichfalls am Weißbach.

17) Windisch, ehedem Wendisch Kamnitz, von 113 N. liegt nahe an dem so genannten Rosenberg, und ist mit einer Kirche unter dem Titel des heil. Wenzels versehen, die 1773. ganz neu angelegt worden, und von einem Lokalkapellan versehen wird.

18) Jonsdorf, von 97 N. liegt nahe an dem so genannten Belegberg.

19) Limbach, von 17 N. 20) Kaltenbach, von 67 N. stößt an den so genannten Kaltenberg an. 21) Reniersdorf, von 65 N. mit einem vom Graf. Philipp Kinsky erbauten Schlößchen. 22) Dittersbach, von 67 N. mit einer Kirche unter dem Namen des heil. Johann von Nep., liegt an einem unbenannten Bache. Nicht ferne von dannen sind noch einige Merkmale des verfallenen Schlosses Falkenstein, und des ehemaligen so genannten Pudersdorfes zu sehen.

23) Nassendorf, von 14 N. 24) Schönbüchl, von 63 N. 25) Steinhübel, von 23 N.

26) Schönlinde, von 343 N. mit einer Pfarrkirche unter dem Titel Magdalene der Büß., die 1724. von Kreybitz getrennet, und mit eigenem Pfarrer versehen wurde, der vor Zeiten dem Zittauer Vikariat einverleibt war. Am Fuße des ehemaligen hohen Altars war die Jahrszahl 1144. angemerkt. Dieser Ort ist 1731. vom K. Karl VI. zu einem Marktflecken erhoben worden. Hier wird der beste

D 4   weiße

weiße Zwirn verfertiget, und häufig in fremde Länder verführet, den man oft für den Rumburger oder Schlesischen hält.

Das Bleichen des sowohl in- als ausländischen Garns setzet hier viele tausend Menschen in Bewegung, und macht, daß sich hier viele von fremden Gütern niederlassen. ¼ Stund von hier sind auf dem Schloßberg bey Schönbüchl noch einige Merkmale des verfallenen Schlosses Schönbach zu sehen, welches 1339. den 15. Oktob. durch die Sechsstädter zerstöret wurde.

27) Daubitz, von 110 N. liegt an dem Daubitzer-Bache, der bey Nieder Kreybitz in den Kreybitzer Bach steigt, und stößt an den so genannten Irrigberg. Zwischen diesem Berg, und dem gleich gesagten Bache ist die preußische Armee 1778. ferner in Böhmen fortgerückt, und grief nächst an Nieder Kreybitz bey dem so genannten Berg Bauer die kais. königl. Kroaten an. Bey dieser Gelegenheit bestieg ein Kroat mit Namen Jakob Mirre von dem Ogliner Regiment einen hohen Baum, und erlegte von seinem genommenen Poste 5 Preußen. Man wurde endlich seiner gewahr, schoß auf ihn los, und both ihm Pardon an; er schlug aber diese Gnade aus, legte mit seinem Gewehr, so gut als er noch dasselbe drehen konnte, einen seiner gegenwärtigen Feinde zu Boden, und fiel endlich selbst von den bereits empfangenen Wunden ganz entkräftet vom Baume herab. Die edlen Preußen bewunderten den Heldenmuth dieses wackern Soldaten, der für das Wohl seines Landesfürsten so

tapfer

tapfer gefochten hatte, fügten ihm ferner kein Leid zu, beschenkten ihn mit einigen Stücken Geld, und liessen ihn in das Bürgerspital nach Kreybitz übertragen, wo er in kurzer Zeit seinen Geist aufgegeben hatte.

28) Kreybitz, Kreydiß, ein Marktflecken von 179 N., an der Laußnitzer Strasse, führet im Wappen eine Jungfrau in einem Kahne, liegt an dem Kreybitzer Bache, der ehedem auch Barbach genannt wurde. Er entsteht am Fuße des Bergs Hirschenstein nahe an den Gränzen des Bunzlauer Kreises, läuft bey Rennersdorf vorbey, und fällt bey Schemel in den Kamnitzer Bach.

Rings um Kreybitz sind manche hohe Berge, als: der Blitzenberg, Tannenberg, von dannen ein großer Theil von Oberlaußnitz, und Schlesien, dann der Kalte Berg, von dannen die Festung Königsstein ganz füglich zu sehen ist; der große und kleine Himmelsberg, und der Pfaffenberg.

Dieser Marktflecken ist 13 gem. Meilen von Prag, und 1 Meile von Kamnitz nordwärts entfernt, und wurde 1596. durch Heinrichen und Siegmunden von Wartenberg mit vielen Freyheiten verherrlichet. Im Jahr 1609. ertheilte Johann von Wartenberg Oberster Erbmundschenk im Königreich Böhmen, Herr auf Neuschloß, Leipe, Kamniß, und Zwirzetiß den hiesigen Bürgern mit Genehmhaltung des K. Rudolphs II. das Recht Bier zu bräuen, Salz und Wein zu schenken, und einen Pflasterzoll von den Durchreisenden zu fordern. Die hiesige Pfarrkirche unter dem Titel des heil. Georgs M.,

ist

ift 1596. durch Martin Friedrich hiesigen Glasmei-
ster erweitert worden. In dieser Kirche war ehedem
ein schönes Jesus, Maria, Joseph Gemälde aufge-
stellt, welches der berühmte Maler Elias Hille ein
Kreybißer Kind zu Schwerin mit dieser Aufschrift
Schwerin me fecit A. 1705. verfertiget, und seiner
Vaterstadt verehret hatte. Im Jahr 1779. als
Se. Majestät, unser allergnädigster Monarch die hiesige Gegend besucht hatte, bath sich einer aus der
Zahl der kaiserl. Kammerdiener dieses Gemälde zum
Geschenke aus, nahm dasselbe mit sich nach Wien,
und stelle dagegen eine von dem berühmten Maler
Greipel verfertigte Kopie der hiesigen Kirche wieder
zurück. Die Aufsicht dieser Kirche ist heut zu Tage
dem Herrn Joseph Fleck anvertrauet.

29) Ober Kreybitz, von 99 N. wo das feinste
Kreidenglas verfertiget wird. Hier soll die allererste
Glashütte in ganz Böhmen durch einen gewissen
Asmon oder Ammon Friedrich 1504. angelegt, und
von Siegmunden Wartenberg berechtiget worden
seyn, Bier und Wein, doch ohne Nachtheil des
Marktflecken Kreybitz, frey zu schenken, wie auch
Vieh zu schlachten, und Brod zu backen. Nahe
an diesem Orte sind noch wenige Spuren des ehemaligen Bernsdorfes wahrzunehmen, wo jezt der Berns-
dorfer Teich zu sehen ist.

30) Nieder Kreybitz, von 183 N. mit einem
verfallenen Schlößchen, an dessen Stelle jezt der sogenannte Schlößelbauer seine Wohnung erbauet hat.
31) Kreibitzer Neudörfl, von 125 N.

33)

32) Förſtwalde von 11 N.   33) Gärten von
8 N. 34) Schönfeld von 66 N. ein neuangelegtes
Dorf auf den Feldern, die ehedem zu der Ober Kreibitzer Glashütte gehöret haben.   35) Teichſtadt von
45 N. macht einen Theil von Kreibitzer Neudörfel
aus; hat den Namen von dem ehemaligen ſo genannten Stockteich, an deſſen Stelle dieſes Dorf 1715.
angelegt worden iſt.

36) Khaa, von 39 N.   37) Tannendörfel,
von 9 N.   38) Philipsdorf von 49 N.

39) Walddörfel von 16 N.   40) Schemmel
von 54 N.   41) Ulrichsthal von 75 N. iſt 1758.
vom Freyh. von Wallbrunn, angelegt, und bey
der Taufe des neugebohrnen Sohnes Ulrichs mit
dem Namen Ulrichsthal belegt worden.

Herrſchaft Hainsbach.

Gehörte 1569. dem H. Johann Sſleimicz a)
dann fiel ſelbe den Hrn. von Slawata zu, b) von denen
ſie, nachdem dieſer ganze Stamm erloſchen war, 1603.
an die Grafen Salm, und dann auf den jetzigen Beſitzer Fr. Wenzel Reichsgr. zu Salm und Reiferſcheid
Sr. k. k. ap. Maj. Rath, und wirkl. Kämmerer
erblich gekommen iſt. Der deutſche Landmann erſetzt
die Unfruchtbarkeit des kalten Bodens durch Spinnen,
Weben und Strumpfwirken. Hieher gehören:

1)

a) Prag. Landt. n. J.
b) Balbin. Miſc. L. 1. c. 2.

1) Hainspach, Hanspach, Onſpoch, ein Marktflecken von 58 N. führet im Wappen eine Jungfrau mit der Waag, und liegt 1 Meile von Schlukenau, eben ſo viel von ſächſiſch Neuſtädtel, und 15 Meilen von Prag nordwärts entfernt. Das herrſchaftliche neue Schloß iſt 1737. durch den Graf. Leopold von Salm aufgeführet, und mit einem funtirten Schloßkapellan verſehen, das alte aber in ein Bräuhaus, Getreidkaſten und Beamtenwohnungen umgeſchaft worden. Ober der Schloßuhr ſteht folgende Aufſchrift: CVM tVrCIs pVgnans In tVto ſtrVXerat aeDes. Nächſt am neuen Schloſſe liegt ein groſſer Teich, deſſen Damm nach geendigter jenen groſſen Aufruhr in Böhmen durch die hieſigen Unterthanen aus Strafe verfertiget worden iſt. Zu der hieſigen Dechantkirche unter dem Tit. der H. Ap. Simon und Judas legte man den Grund 1603. Auch hat 1721. Maria Margareth Gräf. von Salm, und ihr Nachfolger Franz Wilhelm von Salm ein ſchönes Spital für 12 arme Unterthanen daſelbſt geſtiftet.

2) Hainsbach Dorf, von 299 N.　3) Schönau von 318 N., mit einer St. Bartholomäuskirche.

4) Klein Schönau von 39 N., liegt am Fuße des ſo genannten Potzenbergs.

5) Zeidler von 201 N., liegt an dem Bache Zeidl mit einer Pfarrkirche unter dem Tit. des H. Martinus B., die 1713. von Nixdorf getrennet, und mit eigenem Pfarrer verſehen wurde. Nicht

ferne

ferne von dannen liegt der so genannte Mühlberg
mit einer Kapelle unter dem Tit. der H. Dreyeinigkeit. Auf diesem Berg hat der Oberste Chevalier
de Toncell eine Schanze 1778. aufgeworfen.

6) Sternberg ein schönes Jagdschloß mitten
im Thiergarten, welches der jetzige Grundbesitzer
aufgeführet, und zum Andenken seiner Gemahlin
Walburg gebohrn. Reichsgr. von Sternberg mit
diesem Namen belegt hatte.

7) Langengrund von 36 N. Hier sind 7
Garnbleicher, einige Drathzieher, und Spinner 8)
Ober Karlstein mit einem Bergschlosse. 9) Nieder
Karlstein liegt an dem so genannten Kornsbach oder
Birnschbach. 10) Schnauhübel oder Schnaufhübel
von 21 N., mit einer von Joh. Christoph Librsch
und dessen Gemahlinn Anna Maria erbauten schönen
Marienkapelle.

11) Wolfsberg, von 79 N., liegt am Fuße
des Bergs gleiches Namens.

12) Hemhübel, von 45 N. 13) Groß Nickelsdorf, Nixdorf von 576. N. liegt in der Gestalt eines halben Mondes hart an der sächsischen
Gränze, mit einer 1753 ganz neu aufgeführten Pfarrkirche unter dem Tit. des H. Nikolaus B., darinn
das von dem berühmten Maler Bracker verfertigte
hohe Altarblatt sehenswürdig ist. Es giebt hier eben
so wie zu Zeidler einige sehr niedlich erbaute Häuser.

14) Klein Nickelsdorf, von 19 N. 15)
Salmdorf, von 39 N. 16) Thomasdörfel, von
5 N. liegt an dem so genannten Thomaswald. Diese

se lezt genannten drey Dörfer sind erst vor 60 Jahren angelegt worden.

17) Ober Einsidl, von 74 N. 18) Nieder Einsiedl, von 85 N. mit einer Papiermühle, wo das feinste Papier verfertiget wird. Diesem zufolge sezte Friedrich August König in Pohlen und Churfürst in Sachsen 100 Dukaten zur Belohnung demjenigen aus, der sich im Stande fände dergleichen Papier in Sachsen zu fabriziren.

19) Margarethendörfel, von 35 N. 20) Neudörfel, von 40 N. Nächst daran stößt der so genannte hohe Spizberg, auf dessen Gipfel ein eisernes Kruzifix stehet.

21) Lobendau, Lobende Aue von 246 N., liegt an dem Howald Bache, und ist mit einer 1712 ganz neu erbauten Pfarrkirche unter dem Tit. Marien Heimsuchung versehen, die heut zu Tage unter der Aufsicht des H. Johann Werfels stehet, eines wohl verdienten Mannes, der nicht allein in der Seelsorge unermüdet, sondern auch in der Gottesgelehrheit, in der Kenntniß mancher ausländischen Sprachen, und in der Tonkunst wohl erfahren ist. Das hohe Altarblatt in dieser Kirche ist von dem berühmten B. Belau verfertiget worden. Nächst an dieses Dorf stößt der Annaberg mit einer schönen St. Annakirche.

22) Hilgersdorf, von 243 N. 23) Röhrsdorf von 43 N. 24) Karolinsthal von 22) N. Führet den Namen von Karolina einer Gemahlin des Leopolds Graf. von Salm.

25) Ludwigsdörfel von 9 N. 26) Franzthal
von

von 6 N. 27) Welmsdorf von 81 N. mit einer vom Graf. Leopold Salm erbauten Kirche unter dem Tit. Marien Himmelfahrt, darinn die Graf Salmische Familiengruft zu sehen ist.

28) Grafenwald, von 28 N. 29) Jo= hannesberg, von 22 N. 30) Leopoldsruh, von 34 N.

Herrschaft Schluckenau.

Gehörte zu Anfang des sechzehnten Jahrhun= derts den Freyherrn von Schleiniz aus deren Ge= schlechte Ernest Domprobst an der prager Kathedral= kirche 1548 mit Tode abgieng, wie solches dessen Grabstein noch heut zu Tage ausweiset: A. D. 1548. Octavo Jdus Febr. obiit Reverendiff. Pater ac Gene- rofus Dominus Erneftus a Schleimitz SS. Pragenfis et Mifnenfis Ecclefiarum Praepofitus, et Pragenfis Archiepifcopatus olim Adminiftrator et Dominus in Tollenftein et Schlukenau a). Diesen folgte in Be= siße dieser beyden Herrschaften Johann von Schlei= nitz, der selbe noch 1571. im Besiße hatte. b). Bald darauf fielen selbe dem Hr. Otto Starrschedl zu, dessen Güter nach der Schlacht am weißen Berge an den königl. Fiskus gezogen, und 1628 den 1 Jul. an Wolfgang Graf. von Mannsfeld um 122500. Guld. abgetreten wurden c). Nach dessen Tode ge= langte

a) Berghau. in Protom. P. 1.
b) Prag. Landt. n. J.
c) Ms. Prag. Landtafel im gefpreugten Quatern fub Lit. C. 30.

langte die Herrſchaft Schluckenau an den Hr. Paul d), und dann an Karlr Adam Grafen von Mannsfeld, von welchem ſelbe durch Heurath an die Fürſten von Dietrichſtein, und leztlich an die Grafen von Harrach gekommen iſt. Der jetzige Beſitzer iſt Johann Reichsgraf von Harrach zu Rohrau, Sr. k. k. ap. Maj. wirkl. Kämmerer. Der Ackerbau iſt in hieſiger Gegend des kalten und leimichten Bodens wegen von einer dergeſtalten geringen Erträgniß, daß er kaum 2½ Körnlein abwirft, dieſem zufolge ſuhet der hieſige deutſche Landmann ſeine Nahrung hauptſächlich im Spinnen, Weben, Strumpfwirken, wie in Verfertigung des Piques, und Gradl- Tücher, Garnbleichen und Schwarzfärbereyen. Hieher gehören :

1) Schluckenau, Schlottenau, Slukenow, ein ehedem mit Mauern verſehener, wie ſolches noch einige Merkmale hier und da anzeigen, jezt aber offener Marktflecken von 391 N., liegt an den lauſitzer Gränzen 6 gem. Meil. von Dresden, 3 M. von Zittau, und 15 Meilen von Prag nordwärts entfernt, und führet im Wappen zwey kreuzweis übereinander gelegte Birkenäſte mit der Jahrszahl 1566. Die meiſten der hieſigen Bürger ſind Leinweber, als deren man hier 315. zählt, die durch die Freyh. von Schlemitz 1552 nicht nur von dem ehedem ſchuldigen Frohndienſte gänzlich losgeſprochen, ſondern auch mit einer freyen Bierbräugerechtigkeit begnadiget

d) Hiſt. S. I. P. 4. L. 6.

get worden c). Unter den schönern Gebäuden verdienen unsere Aufmerksamkeit, das schöne Schloß, so mit einer öffentlichen Kapelle, und einem fundirten Kapellan versehen ist. Die schöne Dechantkirche unter dem Tit. des H. Wenzels, die heut zu Tage dem H. Christoph Ant. Führich anvertrauet ist, und endlich das herrschaftliche Spital, darinn 16 Arme mit nöthiger Kost und Kleidung versehen werden. Nebst der grossen Seuche, welche hier 1555. dergestalten gewütet hat, daß nur zwey paar Eheleute mit Leben davon gekommen waren, wurde auch die hiesige Stadt 1577. den 15. April, 1710. den 28. Juni, durch ein unverhoftes Feuer, und abermal 1745. den 9 Juni durch einen Wetterschlag grossentheils eingeäschert. Die ganze Stadt würde bey diesem lezten traurigen Vorfalle ein Opfer der wütenden Flamme geworden seyn, wenn nicht die edlen Menschenfreunde aus Friedrichsdorf in Sachsen bey Zeiten mit Feuerspritzen herbeygeeilet, und der bedrängten Bürgerschaft die thätigste Hülfe geleistet hätten. Im J. 1642. zu Anfang des Monats October gieng in hiesiger Gegend ein blutiges Treffen zwischen den kaiserlichen und schwedischen Truppen vor. Mattlohe ein kaiserl. General rückte aus dem hier nahe anliegenden Walde hervor, darinn er sich schon eine Zeit lang verborgen hielt, überfiel den mit zwey Regimentern vorbey ziehenden schwedischen Feldherrn von Schlange, erlegte eine

c) Archiv. Oppidi.

Fünfter Theil.　　　P

eine grosse Anzahl der Feinde, nahm 150 gefangen, und verfolgte die übrigen bis auf die äußersten Gränzen f).

2) Kaiserswald, von 240 N. 3) Rossenhain, Rosenhein, von 96 N. liegt an dem Bach Boschel, 4) Fugau von 94 N. gehörte 1630. dem H. Abrah. von Uchteritz.

5) Königswald, von 280. N. Nächst an diesem Dorfe entspringt der Fluß Spree, richtet seinen Lauf nach Baußen, Spremberg und Cotbus zu, trennet Berlin und Kölln an der Spree von einander, und fällt der Festung Spandau gegen über in die Havel.

6) Alt Georgswald, ein 1756. von der seligen Andenkens K. K. Maria Theresia erklärter Marktflecken von 508 N, mit einer 1725. durch die Freygebigkeit der ehemaligen Besitzerinn Ernestina Gräf. von Harrach, gebohr. Gräf. von Dietrichstein statt der alten ganz neuerbauten Pfarrkirche unter dem Namen des H. Georgs M., liegt 2. gem. Meil. von Herrnhut, eben so viel von Zittau, und 15. Meil. von Prag nordwärts. Das Gewerb der hiesigen Einwohner besteht hauptsächlich im Leinweben, und die sämmtlichen Fabrikata werden theils hier an dem wochentlichen Mittwochsmarkte verkauft, theils nach Prag, Wien, Triest und Fiume küstenweis abgeschicket.

7) Neu Georgswald, von 55 N. 8) Philippsdorf, von 85 N. 9) Ober Kunersdorf, und 10) Nieder Kunersdorf, sämmtlich von 54 N.

11)

f) Balbin. Misc. L. 3. c. 21.

11) Fürstenwald, von 40 N. stößt an den sogenannten Birsten oder Plissenberg. 12) Herrnswald, von 25 N. 13) Alt Oberehrenberg, von 337 N. 14) Neu Ehrenberg von 175 N. Diese zwey Dörfer liegen am Fuße des so genannten Rauchsbergs, erstrecken sich auf zwey Stunden weit, und stossen fast bis an Rumburg an; sind auch 1736. durch die Milde der obengenannten Ernestina Gräf. von Harrach mit einer ganz neu aufgeführten Pfarrskirche unter dem Tit. des H. Johann von Nep. versehen worden. Mitten durch dieses Dorf fließt ein kleiner Bach, der nicht ferne von dannen aus mehsreren Quellen entsteht, und bey Zittau den Namen Weisse bekömmt. Die Einwohner ernähren sich mit Spinnen, Strumpfwirken, und Siebmachen, die sowohl in als auch außer dem Lande häufig abgesetzt werden.

15) Waldek, von 10 N. 16) Wiesenthal, von 57 N. 17) Harrachsthal von 17 N.

18) Königshain, von 27 N. 19) Neu Grafenswald von 88 N.

Gut Schürgswalda.

Liegt zwar in der Lausitz fast zwey Stunden von Hainsbach nordwärts entfernt, doch ist selbes der Krone Böhmen einverleibt, und dem Leutmerizer Bißtum in geistlichen, dem Kreishauptmann zu Leutmeritz aber in politischen Geschäften untergeordnet. Dasselbe ist 1734. von Ant. Florian Fürsten von Lichtenstein an das Domstift in Bautzen käuflich

P 2 abge-

abgetreten worden. Der Landmann spricht deutsch und wendisch, und suchet seine Nahrung im Ackerbaue, und einem guten Verschleiße der schönen einschierigen Wolle. Hieher gehören:

1) Schürgswalda, ein vom K. Leopold 1665. mit dreyfacher Meße des Jahres, und einem freytägigen Wochenmarkte privilegirter Marktflecken, liegt an dem Fluße Spree 16. gem. Meilen von Prag nordwärts entfernt, zählet 168 Häuser, führet im Wappen eine Stadtmauer mit zweyen Thürmen, zwischen welchen ein mit bloßem Schwerdt bewafneter Arm vorgestellet wird, und ist mit einem Schlößchen, und einer Pfarrkirche unter dem Tit. Marien Himmelfahrt versehen, die 1742 zu Ende gebracht, und 1752 feyerlich eingeweihet worden ist. Nicht ferne von dannen in dem so genannten Kirchenwald trift man einen hohen und breiten Felsen mit Namem Kölberstein an, von dessen Gipfel fast die ganze Lausitz zu übersehen ist.

2) Neu Schirgswalda, ist auf der Wielandischen Karte mit dem Namen Neudörfel angemerkt; zählet 18 N.

3) Petersbach, von 11 N.

Majoratsherrschaft Rumburg.

Nachdem Albert von Dohna seine sämmtlichen Güter, wie wir schon bey Grafenstein gesehen haben, 1562. an den H. Georg Mehl von Strölitz käuflich abgetreten hatte, behielt er Rumburg allein für

sich

sich, wo er den Rest seines Lebens zugebracht, und sein Leben daselbst geendiget hat a). Nach dessen Tode folgten im Besitze dieser Herrschaft die Freyh. von Schleinitz, von denen selbe gegen das Jahr 1653. an die Grafen Pötting b), und dann an das fürstliche Haus von Lichtenstein gekommen war. Der jetzige Besitzer Franz Joseph Fürst von und zu Lichtenstein von Nikolsburg hat selbe nach dem Hintritte des Fürsten Joseph Wenzels erblich übernommen. Der Landmann spricht in hiesiger Gegend nur deutsch allein, und befördert seine Nahrung hauptsächlich durch Spinnen, und Verfertigung verschiedener feiner Leinwand. Der Ackerboden ist hier sehr kalt, und trägt nebst wenigem Korn, Kraut, Erdäpfel und Haber. Hieher gehören:

1) Rumburg, Rayneburg, Runneburg, Ronneburg, Rinneburg, ein berühmter kaiserl. königl. Zoll-Gränz-Marktflecken, liegt an einem unbenannten Bache 1 gem. Meile von Schluckenau, eben so viel von Georgenthal, und 14 Meilen von Prag nordwärts entfernt, zählet 337 Häuser, und führet in dem 1587. den 17. Dec. von K. Rudolph II. der hiesigen Bürgerschaft mitgetheilten Wappen ein offenes Stadtthor mit zwey Thürmen in rothem Felde. Mitten im Thore wird ein geharnischter Mann, ober den Thürmen rechts ein rothes, und links ein blaues Posthorn, in der Mitte aber ein Schwan vorgestellet,

P 3 dessen

a) Rohn. Chron. von Friedl. und Reichenberg.
b) Hist. S. I. P. 4. L. 6.

deſſen Schnabel mit einem Pfeil durchgeſchoſſen iſt.
Chriſtoph von Schleinitz räumte den hieſigen Bürgern 1579. die Bierbräugerechtigkeit ein, die aber
nach der Schlacht am weißen Berge denſelben entzogen, und dann erſt 1662. durch Franzen Euſeb.
Reichsgr. von Pötting, Freyh. auf Oberfalkenſtein,
Herrn zu Birchheim, Rumburg, Miltſchitz, Warnsdorf, Niederleutensdorf, Sr. kaiſerl. königl. Maj.
wirkl. Kämmerer, Vicekanzler im Königreiche Böhmen, und Erbburggrafen zu Linz mit einer gewiſſen
Summe Geldes wieder reluiret, und 1728. von K.
Karl VI. beſtätiget wurde, kraft deſſen der hieſigen Bürgerſchaft ein ganzjähriges Malzey, das ganze Salz-
gewerb, 4 Meſſen im Jahre, und ein wochentlicher
Getraid- und Viktualienmarkt, wie auch hundert
Bürgern das Bier halbjährig zu bräuen, und den
Wein von Galli bis Georgi frey zu ſchenken neuerdings eingeräumet worden iſt c). Auch iſt die hieſtze
Bürgerſchaft eben ſo, wie jene zu Schluckenau, kraft
ihrer Privilegien nicht eher ſchuldig die Huldigung
abzulegen, es ſey dann, daß die Grundobrigkeit die
geſagten Vorrechte derſelben beſtätiget habe d). Dieſe
Stadt zieret vorzüglich das fürſtliche Schloß, welches eigentlich zum Wittwenſitze der Fürſt Lichtenſtei-
niſchen Familie beſtimmt iſt. Daſſelbe brannte 1724.
den 23. Auguſt gänzlich ab, wurde aber bald darauf
wie-

c) Archiv. Oppidi.
d) Prager Landtafel im vierten roſenfarben Staroſten
   Amtsregiſter. A. 1712. den 12 März ſub Lit. F. 24.

wieder ganz niedlich hergestellet. Ueberdieß ist hier
noch anzumerken die hiesige 1545. unter dem Titel
des heil. Apostel Bartholomäus erbaute Pfarrkirche,
darinn das hohe Altarblatt auf 5000 fl. geschätzet,
und von den Kennern als ein Meisterstück bewundert
wird. Dann die 1690. vom Jaroslaus Grafen von
Sternberg und Bischof zu Leutmeritz unter dem Namen des heil. Laurenz feyerlich eingeweihte Kirche
mit einem Kapuzinerkloster, welches der oben genannte Graf Pötting angelegt, Ant. Flor. Fürst von
Lichtenstein 1688. zu Stande gebracht, Wenzel
Fürst von Lichtenstein aber mit einer Lauretenkirche
versehen, und 1771. mit einem treflichen Glocken-
spiel gezieret hatte. Die Anzahl dieser Ordensmänner ist 1785. laut des allerhöchsten Befehls von 21.
auf 14. eingeschränkt worden. Die mitten auf dem
Markte 1680. während der großen Seuche aufgeführte
Bildsäule unter dem Namen der heil. Dreyfaltigkeit,
wie auch die zwey in Stein gehauene Röhrkasten, und
die kaiserl. königl. Waage fallen den Reisenden also-
gleich in die Augen. Der hiesige Marktflecken ist
auch durch wiederholte Feuersbrünste stark beschädiget
worden. Im Jahr 1614. brännte der ganze Ort bis
auf ein einziges Haus ab, welches auch 1744. und 1757.
mitten unter den wüthenden Flammen ganz unbeschädigt
verblieb. Im Jahr 1744. gieng durch einen Wetterstrahl
die Kirche, das Rathhaus samt dem prächtigen Portraite,
welches der hiesige Magistrat 1483. vom Könige
Wladislaw II. bekommen, und in hiesiger Rathstube
aufgestellet hat, und 104 Häuser im Rauche auf-

P 4   Im

Im Jahr 1757. geriethen 36 Bürgerhäuser in die
Flamme durch die Unvorsichtigkeit der kaiserl. königl.
Proviantbäcker. Der hiesige Magistrat besteht aus
3 Burgermeistern, 9 Rathsgliedern, 1 Stadtrichter,
1 Stadtschreiber, und 4 Gemeinältesten, die eine freye
Rathswahl ausüben, und die neuernannten Rathsglie-
der der zur Zeit regierenden Grundobrigkeit zur Bestätigung vorlegen. Seit 1771. haben Se. k. k. Maj. zu
größerer Bequemlichkeit der Gebirgsleute hier eine
große Salzniederlage festgesetzt. Die Bürgernahrung
besteht vorzüglich in Leinenmanufakturen, und man
zählet allhier bereits gegen 500 zunftmäßige Leinweber, welche mehrentheils ihr gutes Aufkommen den
lobenswürdigen Bemühungen der hier befindlichen pri-
vilegirten Handelsleute und Negotianten zu verdanken
haben, die für die hier verfertigten Waaren eine k. k.
privilegirte Niederlage in Wien unterhalten. Die
Leinweberey wird zwar hierorts schon seit undenklichen
Zeiten betrieben; beschränkte sich aber vor Alters
blos nur auf weißgarnige und rohe Leinwand, welche
meistens nach Zittau und Budißin zu Markte gebracht wurde. Im Jahr 1755. aber richtete hier
der hiesige Bürger Hr. Anton Salomon mit zwey
ausländischen Kaufleuten eine Leinwand- und Garn-
Handlungssocietät auf, wodurch die Industrie, und
ein sehr beträchtlicher Handel dergestalten aufzuleben
anfieng, daß hier dermal alles, was nur immer aus
Lein verfertiget werden kann, vollkommen und in einer großen Menge fabriciret wird. Der jährliche
Debit der hier verfertigten Leinwand nach Italien,

Spa-

Spanien, Portugall, Türkey, Engelland und Holland beträgt ungefähr 500,000, und in den österreichischen Staaten selbst gegen 200,000 Gulden. Der Verschleiß in die entfernten Länder wird von dreyen al grolso Händlern betrieben, namentlich von dem Herrn Anton Salomon, und dessen Sohne, vom H. Klostermeyer und Preuß, und von dem H. Johann Wulston. Die vornehmsten Artikel, welche die hiesigen vortreflichen Garnspinnereyen, Weberstühle, und Garnbleichen liefern, vornehmlich die aus weißen Garn gewebten, und wegen ihrer Dauer wohl bekannten Creas, welche von Italienern Tele coramo, und von Engelländern Dowlas genannt werden, sind folgende:

$\frac{6}{4}$ breite, 108 Leipziger Ellen lange detti im Werthe à 16, 17, 18, 19, 20, bis inclusive à 50 fl.

$\frac{5}{4}$ breite, 108 Ellen lange detti à 15 — 22 fl.

$\frac{9}{8}$ breite, 108 Ellen lange detti à 16 — 24 fl.

$\frac{5}{4}$ breite, 72 Ellen lange detti, die auch als schweitzer Leinwand nach Italien gehen, à 23 — 80 fl.

Ferner werden hier verfertiget buntgestreifte Kannefaß-Leinen $\frac{5}{4}$ breit, 72 Ellen lang à 20 — 25 fl.

detti $\frac{5}{4}$ breit, 72 Ellen lang à 17 — 21 fl.

Gradel mit Seiden gestreift $\frac{5}{4}$ breit, 60 Ellen lang à 16 — 33 fl.

detti ganz leinen gestreift $\frac{5}{4}$ breit, 60 Ellen lang à 16 — 20 fl.

P 5   detti

detti ganz weißleinen, oder weiße Kannefaßleinen, auch Bassins genannt 1 Elle breit, 72 Ellen lang à 22 — 36 fl.

Blaugestreifte Buchleinen $\frac{5}{4}$ breit, 72 Ellen lang à 12, $12\frac{1}{2}$ — 14 fl.

detti Matrosenleinen $\frac{6}{4}$ breit, 60 Ellen lang à $6\frac{3}{4}$, $7\frac{1}{4}$, $7\frac{1}{2}$ fl.

Feine, mit Seide gestreifte Leinen $\frac{7}{4}$ breit, 24 Ellen lang à 13, 15, 18, 20 fl.

Gebleichte Weben oder Papierleinwand $\frac{7}{4}$ breit, 72 Ellen lang à 25 — 100 fl.

Zwillich $\frac{6}{4}$ breit, 60 Ellen lang à 17 — 24 fl.

Damasken gezohene Tischzeuch Garnituren zu 6, 12, 18, und 24 Personen von allen Gattungen und Preisen.

Schnupftücher, so wohl ganz leinen, als mit Seide gestreift, wie auch blau und roth gedruckte zu verschiedenen Preisen.

Man fieng auch hier an mit gutem Erfolge die baumwollenen Piques zu verfertigen. Ueberhaupt ist der Handel so wohl mit böhmischen, mährischen, und schlesischen Zwirn hier sehr beträchtlich. Man schlägt den bisherigen Debit aller dieser jezt genannten Artikel für das ganze Königreich Böhmen auf drey Millionen Gulden an. Ein Theil der Leinwand, aber unendlich weniger als ehemal, wird ungebleicht nach Schlesien verhandelt, wo sie, wie man behauptet, noch besser als in Böhmen gebleichet wird, von dannen gehen solche Waaren theils über Stettin nach Kadix und Amerika, theils in andre entfernte Gegen-

den

den über Hamburg, wo jezt von preußischer Seite
eine starke Leinwandniederlage auf eine sehr vortheilhafte Art ganz neu errichtet ist.   Nebst dem blühen
in hiesiger Gegend auch noch andre Fabriken - und
Handlungszweige.   Herr Joseph Fürle unterhält
etwas tiefer im Lande eine ansehnliche Manufaktur
von mittel und extra feinen Kastorhüten, und bezieht
alljährig damit die Leipziger Messen.   Auch ist hier
eine ansehnliche Drechslerzunft von 38 Meistern, die
einen namhaften Absatz von verschiedenen aus Holz
und Bein gedrechselten Waaren auf den Leipziger,
Braunschweiger und Frankfurter Messen machen.   Ferner ist in Rumburg ein sehr geschickter Laquierer, der
von Papiermaché artige Tabaksköpfe, Kaffeetassen,
und andre dergleichen Stücke ganz fein verfertiget.
Nicht minder wird hier auch ein starker Handel mit
ungarischer und böhmischer Pottasche getrieben e).

2) Ober Hennersdorf, von 175 N.   3)
Unter Hennersdorf, von 92 N.   4) Blauße, von
5 N.

5) Schönborn, von 120 N.   6) Floriana-
dorf, von 60 N.

7) Altwarnsdorf, von 261 N. mit einem zerstörten Schlosse; liegt an dem Bache Mandau, und
gehörte zu Ende des sechzehnten Jahrhunderts dem
Herrn von Knobloch, Jakob von Haugwitz, und
Johann von Leimars, dann fiel selbe dem Herrn
                                        Elias

e) Extrakt aus dem Almanach für Kaufleute auf das
   Jahr 1784.

Elias Schmidgrabner zu, wurde aber nach der Schlacht am weißen Berg eingezogen, und an die Frau Helena Jakoberinn um 17000 fl. käuflich abgetreten. Die ehemalige Pfarrkirche ist 1766. den 14. April durch einen Wetterstrahl stark beschädiget, bald darauf abgerissen; bey welcher Gelegenheit man einen mit der Jahrzahl 1233. bezeichneten Stein vorfand, und durch die Freygebigkeit des Joseph Wenz. Fürsten von Lichtenstein eine ganz neue unter dem Titel der heil. Apost. Peter und Paul aufgeführet worden. In dieser Kirche ist ein prächtiges Bild des heil. Johann Nep. von Brandel zu sehen. In diesem Dorfe wird allerhand gezogener Zwillich, Kannefaß, Atlas, Grädel, und die feinste Leinwand verfertiget.

8) Neu Warnsdorf, von 48 N.   9) Neusorge am Schlosse von 27 N.   10) Obergrund, von 153 N.   11) Niedergrund, von 169 N.

12) Georgenthal, ein Bergstädtchen von 198 N., wo ehedem Bleyglanz, und Kupfererz, so 4 bis 14 Pfund Kupfer, und 2 bis 4 Loth Silber hielt, gebrochen f), nach der Zeit verlassen, 1782. aber der Bau neuerdings wieder unternommen worden ist; liegt am Fusse des mit einer schönen Kapelle versehenen Kreuzbergs nächst an der lausnizer Gränze, 3 gem. Meilen von böhm. Leipe, 2 von Zittau, und 13 Meilen von Prag nordwärts entfernt. Die Anlegung desselben wird insgemein auf das Jahr 1554.

dem

f) Ferber l. c.

dem Georg von Schleinitz Herrn auf Rumburg
und Tollenstein beygesetzt, der allda eine Strecke auf
500 Häuser angewiesen, den Bau dergestalten angeordnet, damit zwischen 3 Häusern allemal eine Gasse
laufe, und diese neuangehende Stadt von seinem Namen Georgenthal benannt hatte. Das Stadtwappen,
welches Rudolph II. 1587. den 18. Dec. der hiesigen Bürgerschaft mitgetheilet hat, stellet das Schloß
Tollenstein, mit zweyen Thürmen vor, zwischen welchen ein Pelikan, unten aber im offenen Thore der
heil. Georg zu sehen ist. Auch die unverbrüchliche
Treue und der stete Gehorsam, den die hiesigen Bürger zur Zeit der allgemeinen Aufruhr in Böhmen sowohl gegen ihren rechtmäßigen Landesfürsten, als auch
gegen ihre Grundobrigkeit geäussert haben, darf man
keineswegs mit Stillschweigen übergehen. Dieser
Ursache wegen sind sie auf die Veranstaltung des Eusebius Graf. von Pötting 1639. den 5ten Febr.,
1640. den 12. May vom K. Ferdinand III., und
1666. den 13ten Febr. vom K. Leopold mit vielen
herrlichen Vorrechten begnadiget worden, laut deren
sie nicht nur die Bestätigung ihrer ehemaligen Privilegien, sondern auch neue Freyheiten erhielten, alljährig von Galli bis Georgi das Bier zu bräuen,
und den Wein frey zu schenken, wie auch das ganze
Jahr hindurch frey zu malzen, und das Salz sowohl der Stadt, als auch den hierzu gehörigen
Dörfern zu verkaufen berechtiget wurden. Der größte
Theil der hiesigen Einwohner beschäftiget sich mit
Leinweben, Strumpfstricken, wie auch mit Flachs-
und

und Wollgespinnst. Die hiesige Pfarrkirche unter dem Titel der heil. Dreyeinigkeit ist 1590. angelegt, 1611. durch einen reichlichen Beytrag der Bürger in Zittau zu Ende gebracht, das folgende Jahr darauf mit einem evangelischen Prediger Johann Schönfeld besetzt, nach der Auswanderung der Protestanten aber nach Rumburg einverleibt, und endlich 1656. mit einem katholischen Pfarrer wieder versehen worden.

Eine halbe Stunde von Georgenthal südwärts liegt das Dorf und verfallene Schloß Tollenstein, Thale = Dohlenstein, Arx Monedularum, von 67 N. ehemaliger Sitz der Freyh. v. Schlemitz, die sich zu Anfang des sechzehnten Jahrhunderts aus Meißen hieher verwendet haben. Rings herum ragen viele Berge hervor, unter denen die namhaftesten sind: der Tannen = Nesselberg, Hirschen = Vogelstein, und Scheber = oder Steberlin. Vor diesem Schlosse quillt ein Wasser hervor, welches Perlen in der Größe einer Erbse, Granatenbrüche, Kristalle, Chrisolithen, und häufigen Goldschlich mit sich führen soll g).

13) Alt Hayde, von 56 N.   14) Nieder Ehrenberg, von 102 N.   15) Vorwerk, von 56 N.

16) Wüstengut von 12 N.   17) Antonithal, von 51 N.   18) Frankenstein, von 32 N.

19) Neuwald, von 10 N.   20) Josephsdorf, von 37 N.   21) Rauchberg, von 2 N.

22)

g) Balbin. Misc. L. I. c. 14.

22) Franzenthal, von 32 N.   23) Karls-
dorf, von 102 N.   24) Lichtenhan, von 25 N.

25) Katharinathal, von 36 N.   26) Inno-
censdorf, von 27 N.   27) Lichtenstein, von
14 N.

28) Lichtenberg, von 35 N.

Allodialherrschaft Birgstein.

Gehörte zu Anfang des vorigen Jahrhunderts
dem Herrn Wolf Salhausen von Salhaus, wurde
aber nach der Schlacht am weißen Berge an den
königl. Fiskus gezogen, um 3721 Schock abgeschätzt,
und 1623. den 18 Jun. an den Herrn Zdenko Löw
Liebsteinsky von Kollowrat käuflich abgetreten a).
Nach der Zeit kam selbe an die Grafen Kinsky.
Der jezige Besitzer Philipp Kinsky Reichsgr. von
Chinitz und Tettau hat selbe 1780. nach dem Hintritte seines Oheims des Reichsgr. Jos. Joh. Max.
Kinsky erblich angetreten.   Die Nahrung des hiesigen deutschen Landmannes besteht zum Theil im Ackerbaue, hauptsächlich aber bey den in Birgstein und
Lindenau angelegten Fabriken.   Hieher sind einver-
leibt:

1) Birgstein, von 141 N. 1½ Stunde von
Böhm. Leipe, nordnordostwärts gelegenes Dorf mit
einem 1735. vom Gr. Jos. Kinsky Oberstjägermei-
ster aufgeführten Schlosse, und einer wohleingerichte-
                                                    ten

a) MS.

ten Fabrik, darinn allerhand feiner Kattun und Tü-
chel verfertiget, gedruckt und häufig abgesetzt werden.
Die hiesige Pfarrkirche unter dem Titel der heil. Katharine ist 1707. erweitert, und 1717. mit einem
schönen Thurme versehen worden.   Merkwürdig ist
hier der so genannte Einsiedlerstein, auf dem nebst
einer überaus weiten Aussicht verschiedene von Stein
aufgeführte Höhlen und Klüften zu sehen sind.

2) Rottowitz, von 49 N.   3) Steinwand,
von 3 N. hat den Namen von einem nahe daran
stossenden Feisen bekommen, der gleich einer gemauer-
ten Wand ganz glatt entweder durch Menschenhände
oder durch die Natur selbst so gestaltet worden ist.

4) Hayda, ein Marktflecken von 81 N. mit
einem 1763. durch den milden Beytrag des Reichsgrafen Jos. Kinsky und der sämmtlichen Bürgerschaft
gestifteten Kollegio der Priester der Frommen Schulen,
die nebst der Normalschul die Jugend im Zeichnen, fran-
zösischer Sprache, und Scrittura Doppia unterrichten.
Die ehemalige Klosterkirche unter dem Titel Marien
Himmelfahrt ist 1785. in die Zahl der Pfarrkirchen
versetzt, und dem P. Rektor des gesagten Kollegii
Ildephonsus Bierfeind anvertrauet worden.   Die
Handlung, Korrespondenz und Wechselgeschäfte der
hiesigen Bürgerschaft gehet nach Spanien, Engeland,
Portugall, Frankreich, Holland, Pohlen, Rußland,
Italien, und in die Türkey.   In den hiesigen
herrschaftlichen Wachs- Leinwand- Spiegel- gezo-
henen Barchets- und Hutfabriken, dann Schön
und

und Schwarzfärbereyen werden mehr als 12000 Menschen durch verschiedene Arbeiten beschäftiget, und ernähret.

5) Klein Heyda, von 6 N. 6) Ober Arnsdorf, und 7) Unter Arnsdorf sämtlich von 166 N.

8) Blattendorf, von 114 N., mag den Namen von den häufigen Steinblatten, die in dem nächst anliegenden Hayne gegraben werden, bekommen haben; gehörte 1614. der Frau Anna Salhausen, gebohrnen Berka von Duba und Lipa, gegen das Jahr 1671. fiel selbes der Gräfinn Katharine Kokorzowa, gebohrnen von Wrtby, und endlich den Grafen von Kinsky zu. Die Einwohner dieses Dorfes ernähren sich, so wie die meisten in hiesiger Gegend, mit Glasschneiden, Schleifen, und Vergolden, haben zuerst den Glashandel nach Amsterdam, und bald darauf nach Spanien, Portugal, Rußland, Lübeck, und Stralsund eingeführet, und verehelichten sich zu öfternmalen mit spanischen Frauenzimmern. Die meisten derselben sind auch aller derjenigen ausländischen Sprachen kundig, deren sie nach den Maaßregeln ihres Handels mit auswärtigen Völkern benöthiget sind, und haben einen holländischen Konsul als Kaufmann, und hiesigen Ansässigen zu Korona in Spanien angestellt. Dieses Dorf hat großentheils wohl gebaute Häuser, und war ehedem auch mit einer Stutterey versehen, die aber dermalen mit Häusern besetzt ist, und insgemein der Füllengarten genannt wird. Die hiesige Pfarrkirche, darzu die Grundherren von Birkenstein und Ober-Libich ein

Fünfter Theil.   Q   rauy

taugliches Subjekt wechselweis präsentiren, ist anfänglich nach Ober-Libich, dann nach Langenau einverleibt, und letztlich zu einer Pfarrkirche erkläret worden. An dem nächst anliegenden Bleisberg sind noch wenige Merkmale eines verfallenen Schlosses anzutreffen, und eine große Höhle, wo sich noch vor 80 Jahren ein unterirdisches Feuer verspüren ließ, welches die herumstehenden Bäume eingeäschert hatte. Die herumliegenden Steine riechen nach Schwefel und Vitriol.

9) Falkenau, von 74 N. wird von einem kleinen Bache durchgeströmt, der etlich und 30 Schleifmühlen in Bewegung setzt.

10) Kottowitz, Kodowitz, von 92 N.

11) Langenau, Skalicze, von 230 N. davon ungefähr ein Drittheil nach Ober-Libich gehöret, wird von dem Bache Sporka durchgeströhmt, und ist mit einer 1712. ganz neu erbauten Pfarrkirche unter dem Titel der heil. Anna, und Patronatsrecht der Ober-Libicher Grundobrigkeit versehen, die schon 1384. mit eigenem Pfarrer besetzt war. Die Einwohner treiben ihren Handel in auswärtige Länder eben so, wie jene zu Blattendorf.

12) Sabr, von 4 N. 13) Neuhäusel, von 18 N.

14) Plessa, von 15 N. 15) Welnitz, von 97 N. liegt an dem so genannten Zwitterbach, und ist mit einer 1735. ganz neu unter dem Titel der heil. Dreyeinigkeit erbauten Pfarrkirche versehen.

16) Bokken, Bokwen, von 52 N. liegt an dem so genannten Zippelteich.

17)

17) Schwolken, Schwoika, von 55 N. liegt an dem Berge gleiches Namens, und ist mit einem Schlößchen versehen, darinn 1778. der Prinz Heinrich aus Preußen sein Hauptquartier festgesetzt hatte. Es ist auch daselbst eine Tapetenfabrike angelegt, bey welcher die hiesigen Einwohner ihre Nahrung und Unterkommen finden. 18) Bühl, von 5 N. daran ein verfallenes Bergschloß zu sehen ist.

19) Bühler Baustedler, von 114 N. 20) Romt, von 23 N. 21) Maxdörfel, von 15 N.

22) Johannesdotf, von 52 N. 23) Zwitte, von 36 N. 24) Lindenau, von 228 N. liegt mitten zwischen den so genannten Lauf- und Urthelsberg an dem Zwitterbache, der hinter Zwickau seinen Ursprung nimmt, bey Reichstadt dem Dorfe Wolfsthal zueilet, und sich daselbst in die Polzen stürzt. Die hiesige Pfarrkirche ist 1702. unter dem Titel der heil. Apost. Peter und Paul eingew. ihr worden. Man findet auch in diesem Dorfe eine von Joh. Jos. Max. Graf. Kinsky 1760 stattlich aufgeführte Spiegel- Leinwand- Futterbarchet- und Zwillichfabrik, wie auch eine große Garn- und Leinwandbleiche.

25) Josephsdorf, von 51 N., ehedem ein Mayerhof, welchen der Graf Joseph Max. Kinsky 1735. unter seine Unterthanen getheilet, und den Anlaß zur Anlegung dieses Dorfes gegeben hatte; liegt an dem Bache Rehbenka.

26) Schönfeld, von 10 N. 27) Kitlitz, von 49 N. wird auch insgemein Neudorf genannt, weil es seit 18 Jahren angelegt worden, und noch

Q 2 heut

heut zu Tage vergrößert wird. Zu dem Baue der
hiesigen Kirche hat der Bischof Anton Bernard von
Gürtler beynahe alles beygetragen. Der Besitzer
der hiesigen Glashütte hat das Recht Bier zu bräuen.

Fideikomißherrschaft Neuschloß.

Gehörte 1561. laut des Prager Landtages vom
nämlichen Jahre den Hrn. von Berka, nach der
Zeit gelangte selbe an die Herren von Wartenberg,
wurde aber nach der Schlacht am weißen Berge,
dem Herrn Georg von Wartenberg entzogen, und
1623. den Sonnabend nach drey Königen an Albrechten v. Waldstein um 154528 Schock Gr. abgetreten a). Nach der Zeit, als eben dieser Herzog
1634. den 25. Febr. vom Deveroux zu Eger ersto-
chen wurde, soll der Kaiser selbst dessen Tod be-
weinet, der hinterlassenen Wittwe Isabella gebohrnen
von Harrach die Herrschaft Neuschloß zugesprochen,
und gestattet haben, daß die Leiche des entseelten
Herzogs von Mieß, wo sie anfänglich in der Fran-
ziskanerkirche beygelegt wurde, nach Walditz überbracht werden dürfte. In wenigen Jahren hierauf
verehelichte sich Maria Elisabeth Albrechtens einzige
Tochter an Rudolphen Grafen von Kaunitz, und
brachte ihm diese Herrschaft zur Mitgift b). Von
die-

a) MS.
b) Spondanus in Annalib. Ecclef. ad A. 1633. Ke-
venhüller in Annal. Ferdin. T. 12. Col. 1164.
Hift. S. I. P. 4, L. I.

dieser Zeit an blieb die Herrschaft Neuschloß bey dem
Geschlechte der Grafen von Kaunitz bis auf den jetzigen Besitzer Michael Karl Joseph Reichsgr. von
Kaunitz Sr. k. k. apostol. Majestät wirkl. Kämmerer
und Rath bey der allgemeinen k. k. Appellation im
Königreiche Böhmen. Der deutsche Landmann befördert seine Nahrung nebst dem Ackerbaue, der hier
nach verschiedenen Gegenden bald der ersten, bald der
mittlern, und auch der letzten Klasse beygerechnet
wird, durch das Gespinnst, welches von hier wochentlich nach Böhm. Leipa, und von dannen nach
Rumburg an die engelländischen Fabrikanten verkauft wird, und durch den Hopfenbau, der hier, und
in der ganzen Auscher Gegend mit gutem Erfolge häufig angebauet, und theils durch die Insassen, theils
durch die Hopfenhändler nach Bayern, Sachsen,
Mähren, Oesterreich, Ungarn, Krain, Kärnthen
und Tyrol verführet wird. Hieher gehören:

1) Neuschloß, Neugarten, Nowy Zamek,
Neo Castrum, ein schönes Schloß und Dorf von
109 N., liegt 9 gem. Meilen von Prag, und $\frac{1}{2}$ M.
von Böhm. Leipa südsüdwestwärts entfernt. Das
prächtige Schloß, welches theils die Herren von
Wartenberg, theils der Herzog von Friedland und
dessen Nachfolger errichtet haben, wird heut zu Tage
noch viel herrlicher gebauet, und mit einer neuen öffentlichen Kapelle versehen, darinn die Gebeine der
heil. Viktoria M., die man indessen aus der Schloß-
kapelle von Zahorzan in die nahe an Neuschloß liegende St. Barbarakirche überbracht hatte, beygelegt

Q 3 wer-

werden sollen. Bey diesem Schlosse kommen hauptsächlich anzumerken die vortreflichen in Felsen gehauenen Keller, woraus die ganze umliegende Gegend mit
ungarischen, böhmischen und österreichischen Weinen
versehen wird. Der herrliche Obst = und Ziergarten,
die neu erbaute, und durch den H. Häger mit einer
überaus schönen Freskomalerey gezierte Gloriette. Die
prächtig von Stein gehauene, und mit verschiedenen
Figuren gezierte Fontaine, wozu das Wasser aus einem von mehr als 20 Klaftern tiefen Thale mittelst
einer hydraulischen Maschine durch bleyerne Röhren
geleitet wird. Endlich das nahe am Ziergarten auf
einer kleinen Anhöhe nach der neuesten Art angelegtes Bienenhaus, so mit schönen Nebenzimmern versehen ist, woraus man die Bienen belauschen, und
ihre tägliche Arbeit beschauen kann. Der Einfahrt
des Schlosses entgegen steht eine schöne Lindenallée,
die sich auf $\frac{1}{4}$ Stunde bis zu dem Phasangarten er-
streckt.

2) **Narbe**, von 12 N. wo meistens Leinweber
wohnen. Nächst an dieses Dorf, und an das so genannte 3) **Hirnser Wirthshaus** stößt der große
Neuschlösser Teich, der sich auf $1\frac{1}{2}$ Stund ausdeh-
net, und ehedem ein kleiner See war, nach der Zeit
aber vom K. Karl IV., wie solches aus einer im Bez-
diezer Kloster aufbewahrten Urkunde zu ersehen ist,
in einen Teich umgeändert worden. Er faßt zwey
kleine Inseln in sich, auf deren einer noch einige
Merkmale eines ehemaligen Gebäudes wahrzunehmen
sind. Der Abfluß dieses Teiches, den man insgemein

mein den Schlucken nennet, ist in einer Vertiefung
von 5, in der Breite von 2, und in der Länge von
15 Klafter in der Gestalt eines Halbzirkels in purem
Felsen ausgehauen. Unweit davon ist ein künstlich an-
gebrachter Aalenfang, darinn im Herbst und Früh-
jahre häufige Aalen und Hechten gefangen werden.
Gleich an diesem Teiche jenseits eines im Felsen gehauenen Fuhrwegs nächst an der oben gesagten St. Barbarakirche, daran vor Zeiten ein Kloster erbauet war,
stößt der so genannte Mönchenteich.

4) Regersdorf oder Neudorf, von 26 N.
5) Habichtstein, Gestrzaby, ein Flecken von 89
N. mit einer St. Barbarakirche, die vom jetzigen
Besitzer ganz neu wieder hergestellet wird; liegt 3¼
Meile von Leutmeritz, und 1 Meile von böhm. Leipa
südwärts entfernt, und führet den Namen von dem
fast mitten im Orte liegenden verfallenen Schlosse,
wo man noch heut zu Tage in Felsen gehauene Ställe,
Gewölber, Keller und andre Behältnisse bemerket,
obgleich der Zutritt sehr gefährlich ist, und nicht anders, als mittelst einer Leiter über einen tiefen Brunnen unternommen werden kann.

6) Fischbehälter bestehen aus 3 N., die zu
Neuschloß numerirt sind, und liegen an 12 kleinen
Teichen. 7) Augezd, Vgezd, von 23 N. 8)
Popeln, von 4 N.

9) Maschwitz, von 16 N.; liegt auf einem
Berge gleiches Namens. 10) Blum, von 82 N.
mit einer 1739. von Grund auf ganz neu erbauten
St. Georgskirche.

Q 4 11)

11) Radisch, von 7 N. mit einem wüsten Schloße, das hier insgemein Ratsch genannt wird. Nicht ferne von dannen oder der Grundmühle sind abermal auf einem hohen Felsen wenige Ueberbleibsel eines verfallenen Schlosses zu sehen.

12) Dürchel, von 39 N. mit einer Kirche unter dem Titel des heil. Nikolaus B., die ehedem mit eigenem Pfarrer beseßet war.

13) Sebitsch, von 63 N. 14) Oschiß, von 6 N. 15) Oberhirschmantel, von 10 N.

16) Niederhirschmantel, von 25 N,

17) Pawlowicze, Pablowitz, von 58 N. mit einer 1670. erneuerten Pfarrkirche unter dem Titel Marien Himmelfahrt, die schon 1384. mit eigenem Pfarrer versehen war, nach der Zeit aber als Filial nach Dürchel einverleibt, und dann wieder in die Zahl der Pfarrkirchen einverleibet worden ist.

18) Zizkenberg, von 5 N. Auf dem nächst anliegenden Zizkenberg, trift man einen eben so wie jener bey Neuschloß ist, mit Damhirschen und wilden Schöpsen besetzten Thiergarten, und ein verfallenes Schloß, welches noch heut zu Tage vom Thiergartenjäger bewohnet, und von Zizka, dem man die Anlegung desselben beysetzt, insgemein das Zizkenschloß genannt wird. Auf der obersten Anhöhe dieses Bergs trift man eine in Felsen gehauene Höhle an, die man hier den Zizkenberger Krug nennet, und darinn Zizka seinen Bruder, wie es heißt, erhungern ließ. Ausserdem ist auch hier ein ausgetrockneter bis 30 Klafter tiefer Brunn, aus welchen man, wenn

Steine

Steine hinabgeworfen werden, den Schall einer tö-
nenden eisernen Thüre oder Truhe vernimmt.

19) Podlitz, von 2 N.   20) Kwis, von
1 N.   21) Schwaben, von 19 N.

22) Holan, Deutsch Hohlan, Holen, Holany,
ein durch dreymalige Feuersbrunst stark beschädigter
Marktflecken, zählet 75 N., und liegt 9 gem. Meilen von Prag, 3 Meilen von Leutmeriz, und eine
Stunde von Neuschloß westsüdwärts entfernt. Die
hiesige Pfarrkirche unter dem Titel der heil. Magdalene, hat ein prächtiges Hochaltarblatt von Skreta.
In dem herrschaftlichen Spitale werden 6 Männer,
und eben so viel arme und betagte Weiber auf obrig-
keitliche Kosten versorget.

23) Storchhöfen, von 3 N.   24) Hayde,
von 11 N. wird in Vorder= und Hinterhayde eingetheilet, und gehöret zum Theil nach Drum.

25) Hospitz, von 40 N., mit einer der heil.
Dreyeinigkeit gewidmeten Kirche.

26) Waslowitz, von 20 N.   27) Buschhäuser,
von 3 N.   28) Halbe Mulde, von 6 N.

29) Baumgarten.   30) Zwirkau, Zwiet-
kow, von 43 N. mit einer 1725. unter dem Titel
des heil. Jakobs des Gr. neuerbauten Filialkirche,
die schon 1384. mit eigenem Pfarrer versehen war,
und einem verfallenen Schlosse, welches hier insgemein unter dem Namen Blumstein bekannt ist.

31) Kosel, Kozel, von 59 N. liegt an dem
so genannten Koselsberg, worauf die häufigen Zie-
gen aus diesem Dorfe eine überaus gute Weide fin-

Q 5   den.

den. Man soll auch vor Zeiten Silbererzt daselbst gebrochen, weil es aber zu geringhältig war, den Bergbau wieder eingestellet haben.

32) Bickelsberg, von 2 N. liegt am Fuße eines Bergs gleiches Namens, darauf noch einige Bruchstücke eines verfallenen Schlosses zu sehen sind.

33) Wilschhäuser wenige Hütten, liegen am Fuße des Wilschbergs, welcher den herumliegenden statt eines untrüglichen Wetterglases dienet. Der größte Theil dieses Bergs gehöret nach Libeschitz, das übrige nach Drum und Neuschloß.

34) Neustädtel, ein Marktflecken von 117 N., liegt am linken Ufer des Flußes Polzen 9½ gem. Meil von Prag, und 2 Stund von Böhm. Leipa westnordwestwärts entfernt, führet im Wappen ein Rathhaus mit einem Lindwurm. Die Herren von Wartenberg ertheilten 1577. der hiesigen Bürgerschaft nebst andern Freyheiten auch das Recht Bier zu bräuen, wie auch Salz, Fleisch und Brod zu verkaufen, welches nach der Zeit vom Albrecht Waldstein, und 1680. vom Ernest Gr. v. Kaunitz neuerdings bestätiget wurde. Nebst der 1760. neuerbauten, und mit vornehmer Frescomalerey versehenen Pfarrkirche unter dem Tit. des H. Laurenz M., deren Aufsicht heut zu Tage dem Hrn. Florian Ant. Richter anvertrauet ist, kömmt hier noch anzumerken die mitten auf dem Markte aufgeführte Kapelle, darauf eine 9 Ellen hohe steinerne Säule mit dem Bildniß der unbefleckten Marien Empfängniß ruhet, und das Spital unter dem Titel des heil. Johann von Nep.

55)

35) Böhmisch Leipa, cžeska Lipa, eine mit Mauern und vier Thören versehene Herrnstadt, zählet 575. grossentheils von Holz gebaute Häuser, führet im Wappen eine Stadtmauer mit zweyen Thürmen, und liegt am linken Ufer des Flußes Polzen 4 Meil von Leutmeriß, eben so viel von Zitau, und 9½ Meil. von Prag nordwärts entfernt. Unter den angränzenden Bergen zeichnen sich vorderst aus, der nahe an der Stadt liegende Knapphübel, der Spißberg, an deßen Fuße sich Wilhelm Prinz von Preußen nach der 1757 bey Plaňian verlohrnen Bataille. mit seiner Armee gelagert hatte; der Horkerberg, und gegen Abend der Kahleberg mit einer der H. Dreyfaltigkeit geweihten Kapelle. Die hiesige schöne Töpferarbeit, das geschliffene Glas, und der Tuchhandel verschaffen der hiesigen Bürgerschaft gute Nahrung. Der allgemeinen Sage nach soll die ehemalige Stadt Leipa jenseits des Flußes Polzen, wo jezt das so genannte Dörfel steht, angelegt, nach der 1059. erfolgten großen Ueberschwemmung aber, deren wir schon bey Tetschen erwähnet haben, von dem H. Jakob Berka an den jeßigen Ort überlegt worden seyn. Zu dieser Zeit hielten die Hrn. Berka von Duba und Leipa allein diese Stadt als Pfandesinhaber. Aus diesen kommen bey unsern Schriftstellern folgende vor: Heinrich Berka von Duba und Leipa auf das J. 1317. c) Auf das J. 1371. abermal ein Hein-

rich

___

c) Paproc. de Stat. Dom.

rich d). Hinck auf das J. 1389 e). Diesen
lösete ab gegen das J. 1415. Johann, und endlich
1420 Heinrich IV., zu dessen Zeiten die Stadt Leipa vom
K. Siegmund an Sachsen abgetreten, bald darauf
aber von Taboriten wieder erobert f), und neuerdings
dem Zdislaw Berka eingeräumt wurde. Diesem folgte Heinrich Berka V. dann abermal Heinrich VI. gegen
J. 1454., endlich 1512 Berthold IV. Herr auf
Krummau in Mähren, 1513. dessen Sohn Heinrich VII., 1531 dessen Sohn Johann II., 1549. des
gleichgemeldten Johanns Sohn Berthold V., 1551
Bertholds Sohn Czenko II., 1579 Czenkos Bruder
Johann III., und letzlich Johanns III. Sohn Berthold VI., der eben so, wie seine Vorfahrer, die Stelle des Obersten Landesmarschals begleitet, und die
Stadt Leipa gemeinschaftlich mit den Hrn. von Wartenberg als Pfandesinhaber im Besitze hatte g). Zur
Zeit der allgemeinen Empörung wider den K. Ferdinand II. pflichteten so wohl der letzt genannte Berthold Berka, als auch Georg von Wartenberg dem
Churfürsten aus der Pfalz bey, und wurden beyde,
wie wir schon bey Neuschloß vernommen haben, ihrer Güter verlustig h). Unter den ansehnlichen Gebäuden kommen hier anzumerken 1) das 1771 et-
baute

d) LL. Erect. Vol. 1. K. 6.
e) LL. Erect. Vol. 3. Z. 3.
f) Theobald. in Hussit. Balbin. Miscel. L. 3. e. 21.
g) Hammersch. Pr. Gl. Pr.
h) Ms.

baute k. k. Zoll - und Salzhaus. 2) Die Dechant-
Kirche unter dem Tit. der H. Ap. Peter und Paul,
die schon 1363. mit eigenem Pfarrer versehen war i),
und 1490. den 16 Juni laut des Konsekrationszettel
von Peter Bischof zu Littowien feyerlich eingeweihet
wurde. Der jetzige würdige Dechant Johann Christoph Preisler ist 1760 vom Graf. Adolph Kaunitz
zu dieser geistlichen Pfründe präsentiret worden, obgleich das Patronatsrecht zwischen der Grundobrigkeit und dem Stadtmagistrate seit 17 Jahren im
Streite steht, doch die Präskription, da die Grundbesitzer seit 1564 bis auf das gleichgesagte Jahr,
neun Jahre allein ausgenommen, als zu welcher
Zeit das Lutertyum in hiesiger Stadt stark über die
Hand genommen, ungehindert und eigenmächtig die
Seelsorger zur hiesigen Kirche benennet hat, scheint
für den Grundbesitzer das Recht zu sprechen. Unter
den merkwürdigen Grabschriften sind hier die folgenden: Zdislaus Heros Berka quondam curiae Magister
in Boëmia, Lusatiae Proconsul et Praefectus, ac
Dux militum, Prorexque, Patris ad sui Jaroslai con-
sepultus ossa dormit in Deo. Decessit autem ex hac
vita A. 1552. die 11. Sept. Aetatis suae 85. 2) Monumentum modestissimae et honestissimae Matronae
Margarethae Anderschin ab Lindendorf coniugis cha-
rissimae Dni. Valentini — Bischof Wenders — ab
Ebersbach, quae in Christo obivit anno aetatis 27.
Mense Martio A. MDLII. 3) A. 1542. 14. Ian.
natus

---

i) LL. Erect. Vol. 1. P. 3. Vol. 2. K. 6.

natus est magnificus ac Gener. D. D. Ioannes a Wartenberg, Dnus in Nova arce, Lippa, et Bezdiez,
obiit A. D. 1595. 4 Ian. paullo ante horam 12.
meridianam dum vixisset annos 52. Menses 11.
dies 21. horas 5. In der Wartenbergischen Gruft
sind 4 schwere, und zierlich von Zinn gearbeitete
Särge beygesetzet, deren erster dergestalten zusammen-
gequetscht, daß von der Aufschrift nichts mehr auszunehmen ist. Der zweyte ist mit folgenden Worten
bezeichnet: A. D. 1595. den 22. Jan. ist in Gott
selig entschlafen 1 Viertelstund nach 11 Uhr Vormittag der Wohlgeb. H. Adam von Wartenberg,
Herr auf Neuschloß, Leipa, und Bezdiez. Er
war seines Alters 10 Jahr, 7 Monate, 3 Wochen, 5 Tage, 6 Stunden und 15 Minuten.
Der dritte: A. D. 1604. den 16. Apr. am Char-
freytage aufn Abend um 6 Uhr ist in Gott selig
verschieden die wohlgeb. Frau Elisabeth Watten-
bergin, gebohrne von Wartenberg, Frau auf
Neuschloß, Leipa, Zwirzetiz, Drum, lebte 15
Jahr im Ehestande, und ist eine Mutter 3
Söhne, und 2 Töchter geworden. Der vierte:
A. D. 1604. den 10. Dec. den Abend um 6 und
ein halb Uhr ist in Gott selig entschlaffen der wohlgeb. H. Abraham Joach. Wilhelm Berka, Herr
auf Neuschloß, Leipa, Ronau, Kamnitz, und
Zwirzetiz, welcher gebohren 1596.

3) Die Kirche zu St. Nikolaus. 4) Die
Krenzkirche. 5) Die Kirche unter dem Titel Marien Geburt, welche beyde schon auf das Jahr 1389.

in

in den Errichtungsbüchern vorkommen k). 6) Das
Kloster des Eremitenordens St. Augustini, welches
1627. den 12. März von Albrechten Waldstein unter dem Titel Aller Heiligen auf dem so genannten
Klein Schlößel Platz gestiftet l), und von Wilhelm
von Kaunitz mit einer herrlichen Kirche, darinn die
Verstorbenen aus diesem gräfl. Geschlechte beygelegt
werden, versehen wurde. Die hier gestifteten Ordensmänner lehrten die niedern lateinischen Schulen, nebst
der Poesie und Rhetorik. Nach der Zeit aber ist
das hiesige Gymnasium in eine Hauptnormalschule
verwandelt, und 1785. die Zahl der Geistlichen laut
eines allerhöchsten Hofdekrets von 20 auf 14 eingeschränkt worden. 7) Die Probstey nebst einer uralten Kirche unter dem Titel der heil. Mar. Magdalene in der Vorstadt. Diese Probstey war 1566
mit der hiesigen Stadtpfarrey, die erst seit der Errichtung des Leutmeritzer Bisthums zur Dechantey
erhoben worden, vereinbaret, als zu welcher Zeit
Petrus Nettetus Pfarrer und zugleich Probst in
Leipe angestellet war. Diese Probstey, zu welcher das
Gut Lauben von 54 N., Ziegenhorn von 2 N. und
noch einige Grundstücke zugehöret haben, ist nach dem
Siege am weißen Berge laut eines Schenkungsbrie-
fes an den Prälaten des Cisterzienserklosters zu Plaß,
weswegen er auch einen doppelten Hirtenstab in seinem
Wappen führte, abgetreten worden. Nachdem aber
das

k) LL. Erect. Vol. 2. T. 2. Vol. 3. Z. 3. P. 4.
l) Instrumentum Fundationis a Gelaf. Mon. T. 1.

das plaſſer Kloſter 1786. aufgehoben worden, fiel dieſelbe
ſammt den her zugehörigen Gütern dem Religionsfond zu.
Leipe gab unſerm Vaterlande zwey verdienſtvolle Männer: Danielen von Deutſchenberg, der hier 1585
zur Welt kam. Er gab 1617. Vorleſungen über die
mathematiſchen Wiſſenſchaften auf der hohen Schule
zu Prag, und wurde endlich zu dem Amte eines Se-
kretärs bey der böhmiſchen Hofkanzeley, und eines
Raths bey der k. k. Appellation befördert m). Dann
den H. Hikl Hofmaler zu Wien, der ſich 1783.
durch ſeinen treffenden und geſchmakvollen Penſel in
den Portraiten Sr. Maj. des Kaiſers, Pabſtes
Pins VI., wie auch der hohen Herrſchaften aus Rußland, der Prinzeſſin Eliſabeth von Würtenberg, und
andrer hohen Häupter, auch ſchon in fremden Ländern
ſchätzbar gemacht hat.

36) An der Wand, Anewand, von 13 N.,
wurde 1598 laut eines alten Buches, ſo noch heut
zu Tage in dem Gerichte zu Alt Leipe aufbewahret
wird, Hoheleippa genannt, und machte für ſich eine
Gemeinde aus; für jetzt aber wird daſſelbe dem
Dorfe.

37) Alt Leipé beygezählet, und beſtehet ſämmtlich aus 46 N.

38) Schiſing von 33 N. 39) Dörſt 40)
Robitz von 6 N. 41) Zinaſt von 53 N.

42) Ramſcha, und 43) Neu Ramſcha oder
Neuhof zwey Mayerhöfe.

44)

m) Abbild. böhm. u. mähr. Gelehrten 4 Th.

44) Schwara, von 47 N. 45) Hermsdorf,
Herrnsdorf, von 32 N. Hier trit der Bach Zwille
in die Polzen.

46) Aschendorf, von 19 N. 47) Jukman-
tel, von 13 N. 48) Kühberg, von 5 N.

49) Karsch, von 19 N. 50) Weßeln. 51)
Ober, und 52) Unter oder Nieder Mückenhan,
sämtlich von 67 N.

53) Rubenau, von 18 N. 54) Nedam, eine
Schäferey 55) Babilon, von 5 N.

56) Neuborn, von 10 N. 57) Spitzberg,
von 7 N.

58) Scheiba, von 68 N. wo die Jugend in
einer auf die Veranstaltung der Grundobrigkeit neu
errichteten Schule im Zeichnen unterrichtet wird.

59) Rehdörfel, von 9 N. 60) Butterberg,
von 6 N. 61) Paufta, von 17 N.

62) Grundmühle.

63) Pisnicz, Pisnitz, von 50 N.

Gut Schönborn.

Gehörte ehedem zur Herrschaft Neuschloß,
wurde aber 1627. durch Albrechten von Waldstein
davon getrennet, und zum Unterhalte der von ihm zu
Leipe gestifteten Augustiner samt den hierzu gehörigen
Dörfern angewiesen, die es noch heut zu Tage im Besitze halten. Der Landmann spricht hier deutsch, und
suchet seine Nahrung in einem geringen Ackerbaue
und Rockenspinnen. Hieher gehören:

Fünfter Theil. R 1)

1) Schönborn, Schönburg, von 21 N., wozu auch 2) Poschin, Buschin, Buezinka; und 3) Münchsberg gerechnet werden.

4) Tiefendorf, von 13 N. 5) Klein Eicha, von 22 N. mit einem Mayerhofe, den eben der obengesagte Albrecht Waldstein dem Armenhause zu Leipe abgekauft, und sich verpflichtet hatte demselben dreyßig Thaler jährlichen Zinses zu bezahlen *a*).

6) Steinbrücke, ein Wirthshaus. 7) Leiper Mayerhof.

Herrschaft Ober-Libich.

Gehörte im sechzehnten Jahrhunderte den Hrn. von Wartenberg, aus deren Zahl, Heinrich von Wartenberg Herr auf Kamnitz und böhm. Leipa laut des hiesigen Archivs 1574. das Schloß in Ober Libich aufgeführet, und die katholische Religion aus allen seinen Gütern gänzlich abgewiesen hatte. Diesem folgte Heinrich Penzig v. Penzig, dessen sämtliche Güter Libich und Sandau nach der Schlacht am weißen Berge konfisciret, und an Wilhelmen Zdenko Wratislaw von Mitrowitz des ritterl. Maltheser Ordens Großprior 1623. um 26958 Schock 20 Gr. abgetreten wurden *a*). Von dieser Zeit an blieben die Großprioren des gesagten Maltheserordens im Besitze dieser Herrschaft bis auf den jetzigen Innhaber

ber

a) Inſtrum. Fundat. l. c.
a) MS.

der Mich. Ferd. Reichsgr. von Althann. Der
deutsche Landmann suchet hierorts seine Nahrung
hauptsächlich in dem Feldbaue, obgleich derselbe keineswegs von einer großen Erträgniß ist, und gemeiniglich nur 2¼ Kern abwirft. Hieher gehören:

1) Ober Libich, wrchnj Libichow, Libiechow,
ehedem ein Marktflecken, jezt ein Dorf mit einem
Schlosse, liegt an einem unbenannten Bache zwischen
den Hutt- Blings- und Eichberg, 1 Stunde von
böhm. Leipe, 3 Stund von Kamniz, und 9 gem.
Meilen von Prag nordwärts entfernt, und ist mit einer Pfarrkirche unter dem Titel des heil. Apostels
Jakob des Gr. versehen, die schon 1384. mit eigenem Pfarrer besetzt war, nach der Zeit aber 1426.
von Hussiten samt dem ganzen Marktflecken eingeäschert, 1499. wieder hergestellet, und 1736. durch
die Veranstaltung des Großpriors Gundakar Poppo
Reichsgr. von Dietrichstein ganz neu errichtet worden ist. Man trift auch in hiesiger Gegend einige
Edelsteine an, dergleichen sind: Chrisopasen, Chalcedonier, Karniolen, Jaspisse von verschiedenen Farben, Onichen, Speksteine, Krystalle, Saphire,
Topasen, Heliotropien u. a. m., deren einige der
hiesige Hr. Seelsorger Fr. Thad. Erb selbst entdecket,
und seiner Naturaliensammlung beygelegt hatte.

2) Nieder Libich, von 137 N. 3) Strausnitz, von
167 N. wird mitten von dem Flusse Polzen durchgeströmt. 4) Ober Wolfersdorf, und 5) Nieder Wolfersdorf, Wolfarticzc, sämtlich von 238 N. führen den
Namen von zweyen adelichen Brüdern H. v. Wolfers-

R 2 dorf,

dorf, deren einer den obern Hof samt Wohnschlosse, der zweyte aber den niedern Hof samt Wohnschlosse erbauet, und besessen hat. Nach der Zeit gelangte der obere Theil an Siegmunden Rauschendörfer, der untere Theil aber an Johannen Entiz. Nach der Schlacht am weißen Berge wurden beyde diese Güter konfisciret, und bald darauf das Ober Wolfersdorf, welches heut zu Tage nach Politz gehöret, an den H. de Curiers um 17827 Schock 54 Gr. 2 Pf., das Nieder Wolfersdorf aber an den oben gesagten Wilhelm Wratislaw von Mitrowitz um 18277 Schock 2 Gr. 6 Pf. abgetreten b). Die hiesige Pfarrkirche unter dem Titel der heil. Apost. Peter und Paul, und Patronatsrechte der Ober Libicher Grundobrigkeit ist 1506. errichtet, und 1756. in die Zahl der Pfarrkirchen versetzt worden. Die Nahrung der hiesigen Einwohner besteht hauptsächlich im Spinnen, Glas- und Perlenschleifen, und Glashandel.

6) **Sonneberg**, von 82 N. davon etwas nach Neuschloß gehöret.

7) **Manisch**, von 26 N.; fast die Hälfte davon ist der Herrschaft Neuschloß einverleibt. 8) **Jägersdorf**, von 29 N. mit einer 1738. niedlich erbauten Kirche unter dem Titel Marien Empfängniß.

9) **Emanuelsberg**, von 4 N.; liegt am Fuße des so genannten Czasskenstein, und führet den Namen von

b) MS.

von dem Großprior *Emanuel* Reichsgr. von Kollowrat.

Allodialherrschaft Politz.

Hatte' die nämlichen Besitzer gehabt, die wir
im Bunzlauer Kreise bey der Herrschaft Reichstadt
angeführet haben, von *Zbinck Berka* an, bis auf
den jetzigen Innhaber *Christian August* Fürsten zu
Waldeck. Der hiesige deutsche Landmann suchet hauptsächlich seine Nahrung in Glas- Strumpf- und Leinwandhandel. Hieher gehören: —

1) Ober Politz, *Policze*, ehedem ein Marktflecken, jetzt ein Dorf von 100 N. mit einem 1724.
auf die Veranstaltung der Großherzoginn von *Toskana*
Anna Maria Franziska um einen Stock erweiterten Schlosse, und einer nicht ferne von dannen gelegenen Papiermühle; liegt an der Polzen, 4 gem.
Meilen von Leutmeritz, 2 Stunden von böhm. Leipe,
und 9 Meilen von Prag nordwärts entfernt. Bey
der hiesigen Dechantkirche, die 1638. durch einen
milden Beytrag des *Franz* Herzog. von Sachsen-
Lauenburg unter dem Titel *Marien* Heimsuchung
erbauet, und von dessen Tochter *Anna Maria Fran*-
ziska um ein vieles erweitert worden, wurde 1722.
eben von dieser gleich gesagten Großherzoginn ein Erzdechant gestiftet, und 1737. vom Pabste *Kle-*
mens XII. mit einer Insel nach der Art der übrigen
Aebte auf immerwährende Zeiten beehret. Das ehemalige Benediktinerkloster, welches *Przemisl* Otto-

Kar

Kar I. 1213. hier gestiftet, und jenem zu Brzewniow unterworfen hatte a), ist allem Ansehen nach von Hussiten zerstöret worden.

2) Neugrund, von 13 N. 3) Neuland, von 6 N. 4) Rabenstein, von 17 N.

5) Nieder Politz, von 30 N.

6) Groß Bocken, Bok, Bukowna welka, von 122 N. mit einem mittelmäßigen Schloß, und zweyen Mayerhöfen. Dieses Gut hat die Großherz. Anna Mar. Franz. 1732. von Elisabeth Gräf. Müller simo gebohrnen Frey. von Präschenfeld saint 7) Schogau, von 35 N. und 8) Klein Bocken, von 88 N. erkauft, und der Herrschaft Politz einverleibt. Die Pfarrkirche zu Klein Bocken unter dem Titel des heil. Wenzels, welche schon 1384. mit eigenem Pfarrer versehen war, ist nach den hussitischen Unruhen nach Sandau einverleibt, 1716. durch die Veranstaltung des Freyh. Benedikt von Präschenfeld wieder ganz neu hergestellet, und bald darauf neuerdings in die Zahl der Pfarrkirchen versetzt worden.

9) Neudörfl, von 48 N. die meisten hiesigen Einwohner sind Gärtner, Schleifer, und Siebmacher. 10) Schoßendorf, von 54 N.

11) Sandau, Sanda, Sandawa, Žandow, ein Flecken von 151 N. mit einer Kirche, die 1383. mit eigenem Pfarrer versehen war, jezt aber wird

selbe

---

a) Neplacho a Gelaß. Monum. T. 4.

ſelbe von einem Lokalkapellan adminiſtriret; liegt ¼ Stunde von Politz nordwärts.

12) Hofberg, von 7 N. liegt am Fuſſe des Bergs gleiches Namens.

13) Staupen, von 19 N. 14) Bühl, Biela, von 3 N. 15) Waltersdorf, Valtheri villa von 81 N., wird von einem unbenannten Bache durchgeſtrömt.

16) Herrnsdorf, von 106 N. 17) Morgendorf, von 28 N. Ober Wolfersdorf, ſ. bey der Herrſchaft Ober Libich S. 259.

Gut Markersdorf der kleinere Theil.

Gehörte ehedem dem Karl Ludwig Czeyka von Olbramowitz, von dem ſelbes Sophia Agnes verwittwete von Dietrichſtein, gebohr. Gräf. zu Mannsfeld 1671. den 14. Aug. um 11966 fl. 40 kr. käuflich übernommen hatte a). Nach dem Hintritte dieſer gleich geſagten Fürſtinn trat der jüngere Sohn Philipp Siegmund Graf von Dietrichſtein laut der leztwilligen Anordnung ſeiner Mutter die Herrſchaft Schluckenau und Markersdorf an, und befriedigte mit baarem Gelde, ſeinen ältern Bruder Franz Ant., der mittlerweile in die Geſellſchaft Jeſu getreten war, und ſeine Schweſter Maria verehelichte Gräf. von

R 4 Pöt-

a) Prager Landtafel im vierten meergrünen Gedenkquatern ſub lit. F. 7.

Pötting b). Nach der Zeit, als Erneſtina verwittwete von Harrach, gebohr. v. Dietrichſtein 1745,
mit Tode abgieng, ſetzte ſie zum Univerſalerben ihres
ſämtlichen Vermögens ihren Stiefſohn Ferdinanden
Gr. von Harrach mit ſolcher Bedingung ein, daß
wenn der gleichgeſagte Erb keine männliche Erben
hinterlaſſen ſollte, die Herrſchaft Schluckenau, Groß
Prieſen und Janowitz in Mähren an den Stiefenkel
Erneſten Gr. von Harrach verfallen ſollen c). Der
jetzige Innhaber dieſes Guts iſt Johann Reichsgraf
von Harrach zu Rohrau. Hieher gehören:

1) Ober Markersdorf, von 62 N. 2)
Freudenberg, davon ein Theil nach Unter Markersdorf gehöret, wird gleichfalls in größern und kleinern
Theil getheilet, zählet ſämtlich 105 N. und liegt am
Fuße des Bergs gleiches Namens. 3) Freudenhain,
von 19 N. 4) Franzbergel, von 9 N. Der Nahrungszweig des hieſigen Landmannes beſteht im Feldbaue, und einem geringen Handel mit Glas und
Zwirn. Es iſt merkwürdig, daß die Einwohner in
dem

---

b) Prager Landtafel im fünften olivenfarben Kauf-
  quatern 1677, den 6ten Febr. ſub lit. N. 9.,
  und im erſten blaugoldenen Quatern der Erbge-
  rechtigkeitsantretungen n. J. 8ten Febr. ſub lit.
  E. 6.

c) Prager Landtafel im zweyten ſchwarzen Kaufqua-
  tern ſub Lit. F. 25. und im dritten blauweißen
  Staroſtenamtsregiſter 1746, den 17. Febr. ſub
  Lit. B. 16.

dem Dorfe Freudenberg ein landtäflich versichertes
Recht besitzen, so oft ihre Weiber niederkommen, den
Bierschank durch 6 Wochen lang gleich andern be-
rechtigten Schenken frey auszuüben. Folglich sind
daselbst so viel Schenken als Häuser, die man insgemein Sechswochenschenken nennet.

Gut Markersdorf der größere
Theil.

Im Jahr 1621. verkaufte Otto Heinrich Freyherr von Wartenberg der letzte Sprosse aus diesem
adelichen Geschlechte sein ehemaliges Gut Tuchomie-
ziez, und bezog das Schloß auf seinem Gut zu Markersdorf, wo er 1625. den 28. Oktob. samt seiner
Gemahlinn von Akatholiken erschlagen wurde. Solchemnach ist das Erbmundschenkamt, welches bis zu
dieser Zeit die Herren von Wartenberg im Königreiche Böhmen begleitet hatten, auf die Herren von
Slawata übertragen worden a). Nach der Zeit hat
Johann Ernst Graf von Thun Erzbischof zu Salzburg dieses Gut samt allen hierzu Gehörigen 1702.
käuflich übernommen, und der Fideikommußherrschaft
Bensen einverleiben lassen. Der jetzige Besitzer hie-
von ist Franz Jos. Graf von Thun. Der hiesige
deutsche Landmann suchet seine Nahrung im Spinnen,
Strumpfwirken, Garnbleichen und wenigem Ackerbaue. Hieher gehören:

R 5   1)

a) Hist. S. I. P. 3. L. 2. et L. 4.

1) **Markersdorf,** Marquardi villa, wird in Ober Markersdorf, oder kleinern Theil, von dem wir kurz bevor gehandelt haben, und in Unter Markersdorf oder größern Theil eingetheilet, welches leztere 105 N. zählet. Dieses Dorf war ehedem ein Marktflecken, und hatte das Recht alljährig etliche Messen zu halten, und das Halsgericht auszuüben; diesem zufolge sind vor ungefähr 40 Jahren zwey eben von hier gebürtige Brüder daselbst wegen einer begangenen Uebelthat am Leben gestraft worden. In Unter Markersdorf ist auch ein altes Schloß, ein Mayerhof, der insgemein der 2) **Rothe Hof** genannt wird, und eine Pfarrkirche unter dem Titel des heil. **Martinus B.,** und Patronatsrechte des Grafen von Thun anzutreffen, die schon 1384. mit eigenem Pfarrer versehen war. Daselbst ist ein Grabstein mit folgender Aufschrift: A. 1672. den 1sten Apr. ist am 19ten März selig entschlafen der wohledle und gestrenge Ritter H. Gottfried Leopold Hirsch von Pomischel auf Freudenberg allhier gleich vor dem hohen Altar zwischen den Schrankenthüren dem geistlichen Gebrauch nach begraben worden, seines Alters 72 Jahr.

3) **Philippinaue,** ein von Philippina Gräfinn von Thun 1713. angelegtes Dorf von 23 N.

4) **Alt Ohlisch,** zählet samt Bauscheibe, so bey Tetschen schon vorgekommen ist, 50 N. 5) **Neu Ohlisch,** von 39 N. 6) **Poppendorf,** Poppendörfel, von 7 N.

7)

7) Güntersdorf, von 128 N. mit einer Pfarrkirche unter dem Titel des heil. Georgs M., und einer 1710. von einem Prager Bürger mitten im
Dorfe erbauten öfentlichen Marienkapelle. Jener
Theil von Freudenberg, den oben benannter Erzbischof zu Salzburg zu Handen seines Vetters Joh.
Franzen Grafen von Thun vom Benedikten v. Präs
schenfeld erkaufet hat, ist schon bey Ober Markersdorf berühret worden.

Herrschaft Benſen.

Gehörte zu Ende des sechzehnten Jahrhunderts
den Hrn. von Salhausen, dann gelangte selbe zu Anfang des folgenden Jahrhunderts an die Hrn. von
Starschedl, und leztlich an die Grafen von Wolken-
stein und Rodeneg, aus deren Geschlechte Siegs-
mund dieselbe 1631. den 20 Jun, den Theil von
dem Städtchen Benſen ausgenommen, der bald darauf
an die Gr. v. Aldringen gekommen war, dem Grafen
Christoph Simon v. Thun käuflich abgetreten hatte.
Der jetzige Besitzer Franz Jof. Reichsgr. von Thun
hat selbe nach der 1785. errichteten, in den Fidei-
kommißinstituten gegründeten Konvention noch bey
Lebzeiten seines betagten Vaters samt Klösterle
Markersdorf und Scharfenstein erblich übernommen. Der hiesige deutsche Landmann beschäftiget sich
nebst dem Feldbaue hauptsächlich mit Strumpfwirken, Garnbleichen, Woll- und Flachsspinnen. Hieher gehören:

1)

1) Benfen, Penfen, Panzen, Bensdorf, Beneffow, ein ehedem wohl befeftigtes, jezt aber offenes Städtchen 6 Stunden von Leutmeriz, 3 Stunden von fächfifchen Gränzen, und 11 gem. Meilen von Prag nordwärts entfernt; ftößt von einer Seite an den Fluß Polzen, der hier mit einer 80 Ellen langen Brücke gedeckt ift, von der andern Seite aber an den fo genannten Absbach, der bey Gersdorf entfpringt, bey Markersdorf vorbey läuft, und unter dem Dorfe Eyland in die Polzen fällt; zählet famt der Vorftadt 183 Häufer, davon 97 nach Binsdorf, und 4 der hiefigen Stadtgemeinde gehören, und führet im Wappen ein in zwey gleiche Theile fenkrecht getheiltes Schild, deffen rechte Seite weiß, die linke aber braun ift, mit diefer Auffchrift: SIGILLVM CIVITATIS BENSENSIS 159c. Die hiefige Stadt hat nebft vielen andern Vorrechten auch das Privilegium der Bierbräugerechtigkeit, und eines freyen Salzausfloffes in Niedersdorf, Voitsdorf, Neuland, Dobern, Haberndorf, Höflitz, Zautig, Klein- und Groß Wehlen, und Ulgersdorf, welches ihr theils durch die Hrn. von Salhaufen, theils durch jene von Starfchedl geftattet, und vom K. Mathias, Ferdinand III., und lezlich 1783. den 22. Apr. von dem jezt regierenden Monarchen Jofeph II. allergnädigft beftätiget worden. Die Pfarrkirche unter dem Titel Marien Geburt, und alternativen Präfentationsrechte der Grafen von Thun, und der Fürften von Clary, kömmt fchon auf das Jahr 1384,

1384, 1409, und 1416. als Pfarrkirche vor a).
In dieser Kirche ist nebst einem Stammbaume der
Hrn. v. Wartenberg mit der Jahrszahl 1426., auch
eine 1589. prächtig errichtete Grabstätte zu sehen,
darinn Wolf von Salhausen Herr auf Bensen und
Markersdorf samt seiner Gemahlinn Maria gebohrnen von Beckerinn beygelegt ruhen. Die von Stein
gebauene und prächtig staffirte Mariensäule ist 1740.
von der hiesigen Bogenschützenbrüderschaft mit Beyhülfe andrer Guttthäter errichtet worden. Ueberdieß
hat auch Bensen zweyfaches Spital, das so genannte
Thunische, darinn 12 Arme, und das Clarysche,
darinn 6 Arme mit nöthiger Kost und Kleidung versehen werden. Nicht ferne von hier befindet sich eine
schön gebaute Papiermühle, wo ein gutes und feines
Papier von verschiedenen Gattungen verfertiget wird.
Dieselbe ist zwar dem gräfl. Thunischen Antheile einverleibt, doch gehöret sie dem Papiermacher eigen-
thümlich zu.

   2) Barlofa, von 22 N.   3) Habendorf,
von 43 N.   4) Dobern, von 101 N.   5) Ober
Ebersdorf, von 157 N.

Herrschaft Konoged.

   Gehörte 1630 dem Grafen Zdenko Kollowrat
a); bald darauf gelangte selbe an den Graf. Fr. Ant.
Spork,

1) LL. Erect. Vol. 9. D. 2. Vol. 11. O. 1.
a) Hist. S. I. P. 3. L. 6.

Spork, von dem sie endlich den Grafen Swèerts, wie wir schou bey Lißa im bunzlauer Kreise gemeldet haben, zugefallen ist. Der jeßige Besißer ist Joh. Fr. Christian Reichsgr. von Swèerts und Spork. Der hiesige Landmann, bey dem die deutsche Sprache prädominiret, befördert seine Nahrung durch einen mittelmäßigen Ackerbau, wie auch durch das Spinnen, und Strumpfwirken. Hieher gehören:

1) **Konoged, Konogedy,** von 93 N. 2½ Meil. von Leutmeriß, und 8 Meil. von Prag nordwärts gelegenes Dorf mit einem Schlosse, und einem Spitale, welches 1699 aus dem alten Schlosse erbauet worden, darinn eben so, wie auf der Herrschaft Gradliß 45 Arme nebst zweyen Priestern, einem Apotheker, Spitalmeister, und mehr andern zur Versorgung dieses Armenhauses nöthigen Personen von den jährlichen hierzu bestimmten Einkünften, die sich bis auf sechs tausend Guld. erstrekten, unterhalten werden sollten. Nicht ferne von dem Schlosse ist ein schöner Obst- und Ziergarten zu sehen b). Das Servittenkloster, welches 1739 den 28 April Fr. Karl Rudolph Gr. von Swèerts samt seiner Gemahlinn Anna Katharina hier gestiftet hat, ist 1785 auf allerhöchsten Befehl aufgehoben worden.

2) **Munker, Munkaczow,** von 69 N., mit einer 1761 neu erbauten Kirche unter dem Tit des H. Franz Seraph. Bey dem Abtragen der alten Kirche traf man einen mit der Jahrszahl 1000 bezeichneten Stein

b) Maurit. Vogt l. c.

Stein an, woraus man vielleicht auf das Altar dieser ehemaligen Kirche schließen könnte.

3) Czarzel, von 40 N. 4) Algersdorf, von
243 N. mit einer 1726 vollkommen wieder hergge-
stellten Pfarrkirche unter dem Tit. der H. Barbara,
und einem Lustschlößchen, welches Franz Ant. Gr.
von Spork innerhalb sechs Monaten aufgeführet, und
sich daselbst mit allerhand Vogelfang alljährig unterhalten hat. Eine grosse Menge dieser gefangenen
Vögel wurde mit Riegeln; daran der Name des
Voglers, und das Jahr stund, belegt, und wieder
frey gelassen, die ein solches Zeichen ihrer ehemaligen
Gefangenschaft auch in die entlegensten Oerter mitge-
bracht haben. Der nahmhafteste unter den hiesigen
Vogelheerden war der sogenannte Schnappherd ;c).

5) Mertendorf, von 168 N. liegt an dem so
genannten Triebschbach, zwischen dem hohen Hut - und
Steinberg, auf deren lezterm das ganze Jahr hindurch häufige Eisschollen angetroffen werden, und
ist mit einer St. Barbarinekirche versehen. Im J.
1778. den 9. Sept. nahm die preußische Wagen-
burg unter dem Kommando des Prinzen Heinrich
ihren Rückmarsch bey diesem Dorfe vor, der ganze sechs
Tage fortgedauert hatte. Viele hundert Proviant - und
Munitionswagen wurden bey dieser Gelegenheit zerschla-
gen, und in das Wasser gestürzt, ohne daß ein nothdürf-
tiger Mann, der sein Leztes zur Unterhaltung der

Armee

c) Maurit. l. c.

Armee aufzuopfern genöthiget war, hiervon das mindeste hätte genießen können. Selbst der hiesige Bach
lief von dem hierein versenkten Pulver sechs Tage
lang ganz schwarz gefärbet.

6) Petrowicz, von 38 N. 7) Schnepfen-
dorf, von 26 N. 8) Ober Eicht, von 9 N.

Herrschaft Drum.

Gehörte im Jahr 1575. dem Hrn. Heinrich
Kurz v. Trachenburg Herrn auf Milcz und Konnow a). Nach der Zeit fiel selbe den Freyh. von
Kurzbach, und dann den Hrn. v. Wartenberg zu b),
von denen selbe 1654. an das neuerrichtete Bißtum
in Leutmeritz käuflich abgetreten worden ist c). Die nöthige Nahrung fließt dem hiesigen deutschen Landmanne
vom Spinnen, wie auch vom Acker- Hopfen- und
Flachsbaue zu. Hieher gehören:

1) Drum, Stolinky, Strwolenky, Drumium,
ein Marktflecken, liegt zwischen Aussche und Libeschitz
8 gem. Meilen von Prag nordwärts entfernt an einem unbenannten Bache, der bey Bibersdorf entste-
het, bey Wernstädtl, Grabern und Drum vorbey
läuft, dann die bey Storchhof und Neuschloß liegenden Teiche mit frischem Wasser versieht, und endlich
seinen Lauf gegen Eicha richtet, wo er in die Polzen
steigt.

a) Prag. Landt. n. J.
b) S. böhm. Leipe.
c) Berghauer Protom. P. I.

steigt. Dieser Marktflecken zählet 87 N., und führet im Wappen zwey Thürme mit einer Rose. Das
hiesige Schloß hat Max. Rudolph von Schleinitz
erster Bischof zu Leutmeritz so, wie dasselbe jezt
zu sehen ist, prächtig hergestellet, und hierzu mehr
als hundert tausend Gulden von seinen Einkünften
verwendet d). In der hiesigen Dechantkirche, die
schon auf das Jahr 1384. in den Errichtungsbüchern
als Pfarrkirche vorkömmt, sind die Leichen des Freyherrn von Kürzbach, und dessen Gemahlinn in zwey
großen kupfernen Särgen beygelegt. Im Kirchen-
thurme ist ein Grabstein mit folgender Aufschrift zu
sehen: Graf von Donau, gestorben vor dem Jahre
1545. am heiligen Thomastage. In dem bürgerlichen Spitale werden 5 Weibs- und eine Manns-
person mit nöthiger Kost und Kleidung versehen.

2) Jesnitz, von 42 N. 3) Grabern, Kra-
ber, Grabrow, Krawar, Radaussow, ein Marktflecken von 174 N. mit einer 1749. unter dem Titel Marien Geburt neu erbauten Kirche, die schon
1384. mit eigenem Seelsorger versehen war; führet
im Wappen eine Brücke mit 2 Thürmen, und liegt
3 Meilen von Leutmeritz, 8 Meilen von Prag, und
¼ Stund von Drum westwärts entfernt. Die Hauptnahrung der Bürger bestehet im Spinnen, Feld- und
Hopfenbaue, der mit dem Auscher, Saazer und Fal-

kenauer

d) Abbildung der Böhmischen und Mähr. Gelehrten
   Th. 2.

Fünfter Theil.   S

kenauer für den besten gehalten, und sowohl in- als
auffer Lande häufig abgesetzt wird.

4) Dörfel, von 23 N.　5) Jonsdorf, von
48 N.　6) Krossendorf, von 17 N.

7) Groß Jober, von 59 N.　8) Klein Jober, von 5 N.　9) Petersdorf, von 25 N.

10) Lobedanz, von 23 N.　11) Kolben, von
19 N.　12) Litmiß, von 48 N.

13) Rein, von 14 N.　14) Sterndorf, von
31 N., ein vom Grafen Sternberg Bischofe zu Leutmeriß angelegtes Dorf.

15) Pleiswedl, Pleyswadl, Bljzwedl, Bljžo-
wedly, ein Marktflecken von 116 N. liegt 2 Meilen
von böhmisch Leipe, 3 Meilen von Leutmeriß, 2
Meilen von Ausche, und 7½ Meile von Prag nordwärts entfernt, und führet im Wappen einen Mauer-
thurm mit Schießscharten. Auf beyden Seiten dieses Thurmes ist ein Stern in weißem Felde. Die
hiesige Pfarrkirche unter dem Titel des heil. Wenzels M., war schon 1384. mit eigenem Pfarrer besetzt, nach der Zeit aber wurde selbe nach Grabern
einverleibt, und 1754. abermal mit eigenem Pfarrer
versehen. Die Nahrung der Bürger besteht im Feld-
Hopfen - Flachs- und wenigem Obstbaue. Im Jahr
1784. den 10ten Sept. entstand hier in der Nacht
eine heftige Feuersbrunst, wodurch innerhalb drey
Stunden 77 Häuser samt Scheunen und der ganzen
Fechsung, worunter bis 10000 Strich Hopfen be-
griffen waren, nebst vielem Vieh eingeäschert worden
sind. Von diesem ganzen Marktflecken, darinn auch

ver

Vor kurzer Zeit ein Wetterstrahl 4 Häuser verzehret hat, blieben nicht mehr als 35 Häuser und die Kirche stehen.

Ungefähr ¼ Stund von hier auf dem so genannten Ronberg sind noch einige Merkmale des verfallenen Schlosses Ron oder Ronnow zu sehen; gegen Abend 500 Schritte von dannen liegt gleichfalls ein zerstörtes Schloß, welches man hier Orts insgemein das alte Haus nennet.

Herrschaft Sukohrad, und Schnedowitz.

Sukohrad trat der jetzige Besitzer Joh. Prokop Hartman Graf von Blarstein nach dem Hintritte seines Vaters erblich an. Schnedowitz aber gehörte 1598. dem Ritter Wenzel Wlk von Kwolkow a), dann fiel selbes im siebenzehnten Jahrhunderte den Grafen Clary von Sperbersbach b), und endlich den Grafen von Oppersdorf zu, von welchem es der jetzige Besitzer 1784. samt Strachel, Lummel, und Augezd um 60000 Gulden käuflich übernommen hatte. Hieher gehören:

1) Sukohrad, von 47 N. mit einem wohlgebauten Schlosse, und einem Ziergarten, liegt 2 Meilen von Leutmeritz ostwärts, und 6 Meilen von Prag entfernt, und wird von einigen ohne Grund

S 2 Suko-

Zukoradl genannt.　Der deutsche Landmann suchet seine Nahrung im Hopfen- und Ackerbaue.

2) Hubina, wird insgemein in Ober und Unter Hubina eingetheilet, und zählet sämtlich 47 N.

3) Robitsch, von 26 N. mit einer Pfarrkirche unter dem Titel des heil. Martinus B.　4) Neudörfel, von 7 N. so auf der Landkarte unter dem Namen Nauze angemerkt ist.

5) Schnedowitz, Snkedowicze, von 49 N. mit einem alten Schlosse.

6) Strachel, von 20 N.　7) Augezd, von 22 N.　8) Krzeschow, von 29 N.

9) Hallayberg oder Lummel, sonst auch von dem anstoßenden Berge, Holberg genannt.　10) Czinnisch, ein Mayerhof und Gasthaus.

Allodialherrschaften Czebus, Drahobus, und Liboch.

Czebus gehörte 1550. dem Ritter Cztibor oder Tiburz v. Choczebus, sonst Dowole genannt, der 1551. gestorben ist, und in der Kirche zu Czernosek begraben wurde, obgleich heut zu Tage kein Merkmal hiervon daselbst vorhanden ist a). Bald darauf gelangte Czebus samt Radaun an Udalrichen Wostersky Kaplirz, dessen Güter nach der Schlacht am weißen Berge um 13068 Schock, 45 gr. 2 pf. abgeschätzet, und an Albrechten von Waldstein Herz

aus

---

a) Paproc. de Stat. Equest.

aus Friedland gegen Bezahlung des fünften Theils
der Abschätzung mit solcher Bedingung überlassen wurden, daß er diese Güter erst nach dem Tode des H.
Kaplirz in Besitz nehmen könne b). Endlich gelangte
diese Herrschaft an die Grafen von Pachta, von denen selbe der jetzige Besitzer Hubert Karl Reichsgr.
von Pachta, Freyh. von Rayhofen, Sr. kaiserl.
königl. apostol. Maj. Rath, und wirkl. Kämmerer
erblich übernommen hatte. Der deutsche Landmann
suchet hier seine Nahrung hauptsächlich im Hopfen-
und Ackerbaue. Hieher sind einverleibt:

1) Czebus, Choczebus, von 81 N. mit einem alten Schlosse, und einer Pfarrkirche unter dem
Titel des heil. Apostel Petrus, die schon 1384. mit
eigenem Pfarrer versehen war, und 1690. ganz neu
wieder hergestellet worden ist; liegt 2 Meilen von
Leutmeritz ostwärts, und 5½ Meile von Prag.

2) Medonost, Medonoz, von 40 N. mit
einem alten Schlößchen, und einer Kirche, die 1384.
mit eigenem Pfarrer besetzt war, und jetzt von einem
Lokalkapellan administriret wird.

3) Walach, von 19 N. liegt eben so, wie
Medonost, zwischen lauter Waldungen.

4) Maschnitz, von 16 N. 5) Binay, von 43
N. liegt ganz nahe bey Hirschberg im bunzl. Kreise.
6) Chudolas, von 20 N., davon das mehreste nach
Doxan gehöret.

7) Jeschowitz, mit einigen der Stadt Wegstadtl
zugehörigen Gründen, von 38 N.

S 3   8)

d) MS.

8) Podscheplitz, mit einem herrschaftlichen Mayerhofe, zählet 37 N., davon 8 nach Horzin gehören.

9) Stratschen, von 41 N. 10) Brozen, Brozany, mit einer schönen Allée von wälschen Nußbäumen; zählet 39 N., davon etwas nach Doxan gehöret.

11) Radaun, Radaunicz, mit einem baufälligen Schlosse, und einer 1769. unter dem Titel des heil. Florians erbauten öfentlichen Kapelle; zählet 74 N, davon etwas nach Sukohrad gehöret. 12) Fröhlichsdörfel, ehedem Neudorf genannt, von 15 N.

13) Welleschitz, von 43 N. 14) Czakowicz, von 40 N.

15) Liboch, von 92 N., 1 Meile von Melnik nordnordwestwärts gelegenes Dorf, mit einem prächtigen Schlosse, das mit einem geraumen Saale, und einer Sala terrena versehen, und mit einer künstlichen Frescomalerey durch den berühmten Wenzel Reiner gezieret ist. Von einer Seite des Schlosses ist ein schöner Zier- von der andern aber ein Thier- und Phasangarten angebracht. In der 1738. auf die Veranstaltung des Johann Joachims Reichsgr. von Pachta ganz neu unter dem Titel des heil. Gallus Ab. aufgeführten Kirche ist hauptsächlich die meisterliche Frescomalerey von Molitor, die schöne Orgel, und die 1766. angelegte gräfl. Familiengruft anzumerken. Von dieser Kirche erstrecket sich eine Allée bis an die 1654. durch den Freyh. Hyac. Karl

von

von Villany auf einem Berge errichtete öfentliche Kapelle des heil. Grabes, darinn nebst der Grabstätte des gleich gesagten Stifters vier vom Skreta verfertigte Altarblätter zu sehen sind. Eine Viertelstunde von Liboch ganz nahe an der Strasse steht eine zweyte öffentliche Kapelle, die 1749. unter dem Titel des heil. Johann von Nep. durch einen milden Beytrag des H. Martin Schmied k. k. Appellationsrath aufgeführet worden ist. Nächst an dem Phasangarten trift man ein berühmtes Gesundbad an, dessen Bestandtheile und Wirkung Anton Philipp Bral Arzneydoktor 1754. gründlich beschrieben, und durch den Druck bekannt gemacht hatte.

16) Hubina. 17) Kostelecz. 18) Schittal und 19) Kimay, sind vier einzelne Mayerhöfe. 20) Tupadl, von 47 N. 21) Schelesen, von 44 N. davon einige Besitzungen nach Unter Berßkowitz gehören.

22) Drahobuz, von 66 N., 6 Meilen von Prag, und ¼ Meile von Gastorf nordwärts an dem Haberbache gelegenes Dorf mit einem Schlosse, gehörte 1760. dem Grafen Jos. Joh. Kinsky.

23) Libenken, von 19 N. 24) Bibersdorf, von 94 N. liegt etwas entfernt von Drahobuz nahe an Wernstädtl, welches Graf Joseph Pachta vom Grafen Joseph Kinsky käuflich übernahm.

Kam

Kammeraladministrationsherrschaft
Libeschitz oder Aufche, und Gut Nucznicz.

Die Herrschaft Libeschitz gehörte im funfzehnten Jahrhunderte den Hrn. von Duba; dann den Hrn. von Wartenberg zu, aus welchen uns folgende bekannt sind: Siegmund von Wartenberg Herr auf Pitschkowitz, Tetschen, Bensen, und Kamnitz im J. 1497. Wenzel v. Wartenberg Oberster Mundschenk im Königreiche Böhmen, und Herr auf Pitschkowitz und Libenau im Jahr 1522. Christoph von Wartenberg auf das Jahr 1537. Diesem folgte im Jahr 1542. der Ritter Udalrich Dubansky von Duban Sr. k. k. Maj. Rath und Unterkämmerer, wie auch Hauptmann des Leutmeritzer Kreises, Herr auf Pitschkowitz, Ploschkowitz und Raudnitz a). Endlich wurde diese Herrschaft in zwey Theile getheilet, deren einen die Hrn. von Sezyma, den zweyten aber die Hrn. von Gerstorf an sich gebracht haben. Noch im Jahr 1620. hielten die Brüder Georg Wilhelm, und Adam Christoph von Sezyma einen Theil der Stadt Aufche, samt Eisdorf, Lewin, Wernstädtl, Tetschendorf und Kochow, den zweyten Theil der Stadt Aufche aber samt allen hierzu gehörigen Dörfern Niklas von Gerstorf im Besitze.

Allein

a) LL. Erect. Vol. 7. E. 3. Archiv. Oppidi Wernstadensis u. Prag. Landtag vom Jahr 1549, 1554, 1558, 1561.

Allein nachdem diese sämtlichen Besitzer sich gegen ihren rechtmäßigen Landesfürsten veruntreuet, und dem Friederich aus der Pfalz beygepflichtet haben, wurde der Antheil der Hrn. von Sezyma um zwey= mal hundert tausend Gulden abgeschätzt, und an den königl. Fiskus gezogen, jener aber des Herrn von Gerstorff um 22000 Schock Meißn. 1623. den 17 Jun. an den Grafen Johann von Merode käuflich abgetreten. Mittlerweile nahm sich der K. Ferdi= nand II. vor die Jesuiter Stiftung bey St. Klemens zu Prag in vollkommnen Stand zu bringen, und den bisher diesem Orden von Akatholiken zugefügten viel= fältigen Schaden zu ersetzen. Diesemnach ließ er einen Befehl an den Fürsten Lichtenstein und Gra= fen Paul Michna ergehen, kraft dessen er selbe ver= pflichtet hatte dem gesagten Klementinischen Kollegio eine aus den eingezogenen Herrschaften einzuräumen. Dieser hohen Anordnung zufolge wurde den Jesuiten die Herrschaft Moldau Tein angetragen. Nachdem aber die gesagten Ordensmänner eingesehen haben, daß der Prager Erzbischof Graf von Harrach keineswegs unterlassen würde sich um diese Herrschaft, die schon ehedem dem Prager Erzstifte zugehöret hatte, zu be= streben, weigerten sie sich ihre Hand nach dieser ver= botenen Frucht auszustrecken, und begnügten sich für diesmal mit dem bald darauf ihnen angetragenen Se= zymer Antheile von der Herrschaft Aussche, den sie 1622. den 16. Dec. in Besitz nahmen. Bald darauf 1630., als die Jesuiten zu Leutmeritz einge= führet wurden, ist ihnen auch der Gerstorfer An=

S 5 theil

theil der Auscher Herrschaft mit Genehmhaltung des
Kaisers, vom Grafen Johann Merode abgetreten,
demselben aber statt dieser Güter die Herrschaften
Rhein - oder Regenstein, und Blankenburg im Her-
zogthum Braunschweig angewiesen worden b). Von
dieser Zeit an blieb die Herrschaft Ausche diesen zwey
Jesuiterkollegien eigen bis auf das Jahr 1773., in
welchem selbe nach der Aufhebung des sämtlichen
Ordens eben so wie alle übrigen Güter der bisher
aufgehobenen Ordensklöster dem Religionsfond anheim
gefallen war. Diese Herrschaft ist ziemlich groß,
und zählte ehevem 14 Mayerhöfe, die aber 1779.
unter die Unterthanen vertheilet wurden. Der deutsche Landmann suchet hier seine Nahrung in einem
zwar mittelmäßigen Acker - entgegen aber einem treflichen Hopfen - und Flachsbaue. Hieher gehören:

1) Libeschitz, Libießicze, von 89 N. liegt im
Mittelgebirg zwischen Ausche und Leutmeritz, 7
Meilen von Prag nordwärts entfernt, und ist mit
einer Kirche unter dem Titel Marien Himmelfahrt
versehen, die schon auf das Jahr 1384. in den
Errichtungsbüchern als Pfarrkirche vorkömmt, jezt
aber von einem Lokalkapellan administriret wird.
Sie brannte 1638. gänzlich ab, wurde aber bald
darauf wieder in ihrem vorigen Stand hergestellet c).

Das

b) Diploma, quo Imperator Pragenſi S. I, Collegia
Vniverſitatem datam confirmat. Balbin Miſc. L.
3. Hiſt. S. I. P. 3. L. 3. L. 6. P. 4. L. 2.
c) Hiſt. S. I. P. 4. L. 2.

Das Schloß, welches unter der Aufsicht des berühmten Kilian Dienzenhofers 1752. aufgeführet wurde, war mit einem Obst- und Phasangarten, wie auch mit prächtigen Gemälden von den bekannten Jesuiter-Laybrüdern Rab und Kramolin gezieret, die man nach der Aufhebung der Societät an verschiedene Liebhaber verdußert hatte. Außer dem Dorfe steht noch eine zweyte zur Zeit der in Böhmen stark wüthenden Pest 1632. unter dem Namen des heil. Franz Xav. erbaute Kirche.

2) Lhota, Ohlhuta, Elhota, von 13 N. 3) Simmer, Simorz, von 27 N. 4) Unter Flicht, von 21 N. 5) Nieder Koblitz, von 36 N. 6) Trnobrand, von 35 N. 7) Zierde, von 42 N. liegt am Fuße des Göltscher Bergs. 8) Hußkau, von 10) N. 9) Vorder Nessel, von 10 N.

10) Hinter Nessel, von 9 N.

11) Ober Rzebirzen, von 8 N. 12) Nieder Rzebirzen, von 18 N.

13) Groß Zinken, von 6 N. 14) Klein Zinken, von 2 N.

15) Wernstadtl, Wernersdorf, Wernerzicze, Wernetieze, Veneri Villa, ein Marktflecken von 211 N. liegt an einem unbenannten Bache 8 Meilen von Prag, und 1 Meile von Ausche nordwärts entfernt, und führet im Wappen ein getheiltes Schild, welches halb schwarz und halb gelb ist; im schwarzen Felde wird ein Thurm mit 3 Fenstern und einem Thore vorgestellet. Der Ackerboden ist hierorts großentheils kalt, gebirgig, und steinige, daher wird hier

kein

kein Obst noch Hopfen, wohl aber Haber, Kraut,
und Flachs gebauet. Die Hauptnahrung der Bürger bestehet in Spinnen, Spitzen= und Zwirnmachen,
Leinwandbleichen, und in einer Kattunfabrik, die
hier seit des Verbotes fremde Waaren einzuführen
einen starken Verschleiß fand, und um 22 Stühle
vermehret wurde. Die Freyheiten und Vorrechte,
welche theils vom K. Ludwig 1522. und Ferdinand I.
1530. theils von den Hrn. Wartenberg 1497. und
1537. der hiesigen Stadtgemeinde eingeräumet wurden,
beziehen sich auf die Bierbräugerechtigkeit, auf das
Stadtwappen, und einen diensttäglichen Wochenmarkt,
wie auch auf die Ausübung eines freyen Halsgerichts
und einen freyen Salz= und Bierschank, welches
die Dörfer Bibersdorf, Reichen, Blankersdorf, und
Schöna aus Wernstadtl zu erkaufen 1542. von dem
Ritter Udalrich Dubansky von Duban verpflichtet
wurden d). Die hiesige Pfarrkirche unter dem Titel
der heil. Anna war schon 1384. mit eigenem Pfarrer versehen, brannte 1709. und 1774. gänzlich ab,
wurde aber 1776. auf die Veranstaltung der K. K.
Marien Theresien in vollkommnen Stand wieder hergestellet. Das hohe Altarblatt, welches die h. Anna
samt der Freundschaft Christi vorstellet, ist von der
geschickten Hand unsers Okrcta verfertiget worden.
Ausser dem Marktflecken ist noch die 1732. durch einen milden Beytrag des H. Joh. Heinrich Hein eines

d) Archiv. Opp di.

nes Weltpriesters unter dem Titel der heil. Dreyeinigkeit erbaute Kirche zu sehen. Ein Drittheil von
Wernstädtl wie auch etwas von 16) Blankersdorf,
das aus 92 N. bestehet, ist der Herrschaft Ploschkowitz einverleibt.

17) Hundorf, von 21 N. 18) Naschwitz,
von 52 N.

19) Grünwald, von 16 N. 20) Weißkir-
chen, von 33 N. mit einer St. Galluskirche, die auf
dem Konogeder Grunde steht. 21) Sorge, von
7 N. davon 3 nach Konoged gehören.

22) Rzebine, Trzebin, von 23 N. 23)
Podbrana, liegt hart an Lewin, und ist gleichsam
mit angeschlossen.

24) Lewin, ein Flecken von 80 N. wo eine
sehr gute Töpferarbeit verfertiget wird. Die hiesige
Kirche unter dem Titel der Kreuzerhöhung, die 1384.
mit eigenem Pfarrer versehen war, wird jetzt von einem Lokalkapellan administriret. Nächst an diesem
Ort sind noch einige Merkmale des verfallenen Lewi-
ner Bergschlosses zu sehen.

25) Gigel, von 30 N. 26) Prause, von
22 N. 27) Muszka, von 17 N.

28) Tirschowitz, Tirzowitz, von 24 N, 29)
Neu Tein, von 12 N. 30) Ratzken, ein zertheil-
ter Mayerhof 31.) Ober Wessig, und 32) Unter
Wessig, sämtlich von 60 N. 33) Haber, von
48 N.

34) Ausche, Aussť, eine Municipalstadt mit
Mauern liegt an dem Auscher Bache, der hinter
Prause entsteht, bey Ausche den Haberbach aufnimmt, und bey Brzeschitz sich in die Elbe stürzt, ist
von Leutmeritz 2 Meil, und von Prag 7 Meil. entfernt,
zählet nebst 8 Judenwohnungen 235 Häuser, darunter
53 Bierbräuberechtiget sind, und führet im Wappen
zwey Thürme mit einem offenen Thore, darüber ein mit
Helm und Federbusch geziertes Schild erscheint, in
dessen Mitte zwey kreuzweis gelegte Birkenäste vorgestellet werden. Die Nahrung der Bürger besteht in
einem treflichen Hopfen- entgegen aber mittelmäßigen
Ackerbaue. Das alte Schloß, welches 1428. Wenzel Czarta von Petrowicz im Besitze hielt, haben
die Jesuiten im vorigen Jahrhunderte wieder hergestellet, und bis zur Zeit ihrer Aufhebung bewohnet e).
In der hiesigen St. Petri und Pauli Pfarrkirche,
die schon auf das Jahr 1409. als Pfarrkirche vorkömmt f), und 1764. vom Grund auf ganz neu
wieder gebauet wurde, verdienet hauptsächlich unsre
Aufmerksamkeit das hohe Altarblatt von Skreta.
Eine Viertelstunde von dannen liegt das nunmehr ganz
wüst und öde Schloß Hradek.

35) Lirschnitz, von 26 N. 36) Luka, Lukow, von 72 N. 37) Skalken, Skalka, von
26 N.

58)

e) Balbin. Misc. L. 3. c. 6.
f) LL. Erect. Vol. 9. E. 6.

38) Neuland, Woſtry, von 39 N. 39) Schönborn, von 15 N. Hier werden häufige Futterſchwingen verfertiget. 40) Kaſchowitz, von 46 N.

41) Wirbitz, Wrbieze, von 60 N. liegt bey Wettel. 42) Tetſchendorf, Tecznow, von 65 N. 43) Galbitz, von 28 N. 44) Kocha, Kochow, von 57 N.

45) Julienau, von 23 N. ehedem Ejimſch genannter Mayerhof, der unter die Unterthanen getheilet worden iſt.

46) Wedlitz, von 67 N. davon ein Theil dem Domdechant in Leutmeritz gehöret. 47) Straſchnitz, mit einer St. Wenzelskirche, wird in alt und neu Straſchnitz getheilet, und zählet ſämtlich 33 N.

48) Przehor, von 49 N.

49) Gießdorf, mit einem Schlößchen. 50) Trzebuſchek, Trzebuczka, von 21 N.

50) Schöna, von 128 N. liegt nächſt an Wernſtädtl. 51) Woken, von 27 N. mit einem Luſtſchlößchen.

52) Grühndorf, von 31 N. und 53) Freydorf, von 14 N. ſind 1779. aus Mayerhöfen in Dörfer umgeſchaft worden. 54) Hlinay, Hliney, von 52 N. gehöret zum Theil nach Kameik und Geblitz. 55) Babina, von 26 N. und 56) Winterberg, gehören zum Theil nach Kameik, Ploſchkowitz, und der Stadt Leutmeritz. 57) Groß Kucznicz, von 43 N. 58) Kuttendorf, von 46 N, davon ein Theil nach Ploſchkowitz gehöret.

Gut

Gut Alt-Tein.

Sonst Teinitz genannt, von 42 N.; liegt fast mitten in der Herrschaft Ausche, gehöret dem Domdechant in Leutmeritz, und zählet 42 N. Hieher gehören noch 2) Kninitz, von 57 N. 3) Ober Rzepsch, von 43 N. gehöret zum Theil nach Trzebautitz, 4) Malitschen, von 59 N. gehöret theils nach Kameik, theils nach Tetschen.

Gut Trzebuschin.

Gehörte zu Anfang des vorigen Jahrhunderts dem H. Emil Kaplirz, dessen Güter nach der Schlacht am weißen Berg konfisciret, und 1623 den 14 Jun. an den H. Paul Wenz. von Bochau um 20264 Schock Gr. abgetreten worden sind. Nach der Zeit gelangte dieses Gut an die Freyherrn von Kreßl, von denen selbes der jetzige Besitzer Fr. Karl Kreßl Freyh. von Gwaltenberg Sr. k. k. ap. Maj. wirkl. geh. Rath, Kämmerer, und Staatsrath erblich übernommen hatte. Der deutsche Landmann sucht hier seine Nahrung nebst einem mittelmäßigen Ackerbaue hauptsächlich im Spinnen und unermüdeter Anpflanzung verschiedener Obstbäume. Hieher gehören:

1) Trzebuschin ein Dorf und Schloß von 84 N., so in der kön. Landtafel Trzebussno, und vom gemeinen Manne insgemein Tribsch genannt wird; liegt 1. Meil. von Leutmeritz, und 8 Meil. von Prag, nordwärts entfernt. Die hiesige Pfarrkirche

kirche unter dem Tit. des H. Nikolaus B. kömmt
schon auf das J. 1384 als Pfarrkirche vor.

2) Belch, Balich, von 11 N. mit einem nächst
daran stossenden verfallenen Bergschlosse, welches 1421
von Žižka erbauet, und von Siegmund Wartenberg
vergeblich belagert wurde a).

Herrschaft Groß Priesen.

Gehörte 1573 den Herrn von Salhausen,
dann 1610 dem H. Abraham Bock. Im J. 1676
den 11 Jän. hat Sophia Agnes verwittwete Fürst.
von Dietrichstein, gebohr. Gräf. von Mannsfeld
diese Herrschaft von der Isabella Eleonora verwittweten Freyinn von Salhausen, gebor. von Gleich um
41000 Gulden käuflich an sich gebracht a). Der
jetzige Besitzer Johann Reichsgr. von Harrach zu
Rohrau hat selbe nebst den übrigen Gütern nach dem
Hintritte des Ernest Guido von Harrach erblich
übernommen. Der Landmann spricht hier deutsch,
und befördert seine Nahrung nebst einem wohlgesegne-
ten Ackerbaue, hauptsächlich durch den Obstbau,
Viehzucht, Steinkohlen, wie auch mit der Garn- und
Leinwandbleiche. Hieher gehören:

1) Groß Priesen, Brisen, Březzna, Brozno
welky, von 60 N., liegt am rechten Ufer der Elbe

8½

a) Balbin Misc. L. 3. c. 8.
a) Prager Landtäfel im dritten cypreßfarben Gedenkquatern sub lit. A. 11.

Fünfter Theil.   T

8⅞ Meil. von Prag, und 2 Stunden von Außig ostwärts entfernt. Das herrschaftliche Schloß soll auf den Trümmern des zerstörten Schlosses Wiertruß errichtet worden seyn b).

2) **Plan**, von 6 N. 3) **Babina**, von 10 N. 4) **Blaho**, von 21 N. 5) **Welhotten** von 29 N., davon 4 Häuser Gebina heißen, die zwar etliche hundert Schritte von dannen entfernt sind, doch aber zu der Welhotter Gemeinde gehören. 6) **Mückenhübel** besteht aus einer einzigen Wohnstätte, die auf einem Hügel liegt, wo man Zinngraupen findet, die aber ihrer Sprödigkeit wegen nicht zu gebrauchen sind.

7) **Binnowe**, von 10 N. Hier werden die sogenannten Pechsteinkohlen, welche von der besten und feinsten Gattung sind, 48 Ell. tief unter der Erde gegraben. Bey denselben wird hier das Bier gebräuet, gekocht, Garn und Leinwand gebleichet, ohne den mindesten üblen Geruch zu vermerken. Die Asche davon wird auf die Felder gestreuet, wovon man sich allemal eine reichliche Fechsung versprechen kann.

8) **Suloritz, Sulz**, von 27 N. Hier werden gleichfalls Steinkohlen gefunden, die dem Scheine nach den ächten zwar gleich kommen, keineswegs aber brennen wollen.

9) **Welchen**, von 2 N. 10) **Neudörfel** von 13 N. 11) **Neuwald** von 7 N., führet den Namen von

b) Balbin Miscel. L, 2. c. 8.

von einem ungefähr vor 30 Jahren dabey angelegten Walde.

12) Neu Böhmen, liegt bey Eule, und zählet 20 N., davon 1 nach Tetschen gehöret. 13) Bieschken, von 7 N.

Allodialherrschaft Schwaben.

Gehörte 1650 dem H. Rudolph Tycho Hanßneb Tengnagl de Campo, Herrn auf Schwaben und Thoriz, Hauptmanne des königl. Schloßes zu Prag a). Bald darauf fiel selbe den Hrn. von Salhausen zu. Der jetzige Besitzer Christian August, Fürst zu Waldek hat selbe nebst Ploschkowiz, und den übrigen Zweybrükischen Gütern in Böhmen 1784 käuflich übernommen. Der deutsche Landmann suchet hier seine Nahrung im Spinnen, einem treflichen Acker = Obst = und Weinbaue, wie auch in einer landtäflich bestättigten Ueberfuhr, die schon vor mehr als zwanzig Jahren unter die Unterthanen verpachtet ist. Hieher gehören:

1) Schwaden, Swádow, Swath, Schvadna, Russiswadow, von 49 N., mit einer Pfarrkirche unter dem Tit. des heil. Ap. Jakobs des G., die schon auf das J. 1384 als Pfarrkirche vorkömmt, und heut zu Tage von dem würdigen Manne Joh. Fr. Hesse administriret wird; liegt 9 gem. Meil. von

T 2   Prag,

a) Hammersch. Prod. Gl, Pr.

Prag, und 1 Stunde von Außig Ostwärts entfernt. Das herrschaftliche Schloß, dessen Anlegung Paprocz-ky und Hagek dem Ruffifwada auf das J. 826 bey-legen, ist nach der Zeit zerstöret, und erst im ver-floßenen Jahrhunderte mit folgender Aufschrift wieder hergestellet worden b). Honorabilissimum et antiquis-fimum. Gottfried Konstantin Freyherr von Sal-haufen auf Schwaden und Prezey der röm. kaiff Maj. Rath, Hoflehen- und Kammerrechts Beyfi-ßer, und verordneter kön. Hauptmann des Leut-meritzer Kreises. Isabella Eleonora Freyinn von Salhaufen, gebohrne Frey. von Miltiß, genannt Glichin, Frau auf Groß Priesen und Leipoldshain.

2) Walschniß, von 26 N. davon die Hälfte nach Zahorzan gehöret.

3) Pudowa, von 16 N. 4) Wolfsschlinge, von 8 N. ist großen Ueberschwemmungen unterworfen.

5) Gojediß, Kogeticze, von 22 N. 6) Pre-fey, von 29 N. 7) Malschen, von 32 N.

Herrschaft Schreckenstein.

Gehörte im funfzehnten Jahrhunderte dem Hrn. von Wartenberg a). Nicht lange darauf fiel selbe der königl. Kammer zu, und wurde gegen die Mitte des sechzehnten Jahrhunderts an Wenzel von Lob-
kowiß

b) Balbin. Misc. L. 3. c. 8.
a) Balbin. Misc. L. 3. c. 8. Theobald. in Hussit. P. 1. c. 59.

kewitz Herrn auf Duchs pfandweis überlassen, der
bem K. Ferdinand I. eine Verlängerung dieser Ver-
pfändung, und 1569. vom K. Maximilian 300
Schock böhm. Gr. zur Herstellung des Schlosses
Schreckenstein mit Bewilligung der böhm. Stände
erhalten hatte b). Im Jahr 1615. überließ K.
Mathias dem Adam von Lobkowitz Herrn auf
Duchs, Wssechlapy, Girzetin, und Litwinow seiner der Krone Böhmen treu geleisteten Dienste wegen
das Schloß Schreckenstein samt allen darzu gehörigen erblich um 7100 Schock meiß. c). Von dieser
Zeit an blieb diese Herrschaft bey dem adel. Geschlechte
der Hrn. v. Lobkowitz, bis auf den jetzigen Besitzer
Fr. Jos. Reichsf. v. Lobkowitz, Herz. zu Raudnitz, der
sie nach dem Hintritte seines Vaters erblich übernommen hatte. Der deutsche Landmann suchet hier seine
Nahrung im Spinnen, und einem geringen Feldbaue.
Hieher gehören:

1) Schreckenstein, Strzekow, von 25 N
mit einem alten Bergschlosse, dessen Anlegung unser
Hagek auf das Jahr 820. versetzet; liegt am rechten Ufer der Elbe 9 gem. Meilen von Prag, und ¼
Stund von Außig, südostwärts entfernt. Im Jahr
1757. überfielen hier die österreichischen Truppen ein
preußisches Posto, so aus 200 neu geworbenen Soldaten bestand, und nahmen alle gefangen mit sich d).

T 3   2)

b) Prager Landtag. n. J.
c) Prag. Landt. n. J.
d) Geschichte des 1756. Krieges.

2) Ober Sedliß, von 22 N.   3) Neudörfel, von 22 N.   4) Sedel, von 3 N. mit einem
Mayerhofe; liegt im Walde.   5) Braml, von 5 N.

6) Pohorz, Pohorz, von 9 N.   7) Pro-
boscht, von 25 N. mit einer Pfarrkirche unter dem
Titel des heil. Johann Tauf., die schon auf das J.
1384. als Pfarrkirche vorkömmt, und heut zu Tage
der Aufsicht des ehrw. H. Andreas Stowasser anvertrauet ist.   8) Saleß, Zalezly, von 16 N. samt
9) Buschbusch, so aus 4 N. besteht.

Allodialherrschaften Czernosek und
Libochowan.

Gehörten gegen die Mitte des sechzehnten Jahrhunderts den Rittern Wssebor Kameniczky von Lstiborz, die ein kleines Schifflein in ihrem Wappen führten, aus welchen Johann Wssebor 1571. dem Prager Landtage beygewohnet hatte.   Bey diesem Geschlechte verblieben diese Güter bis nach der Schlacht
am weißen Berg, wo sie an den königl. Fiskus gezogen, und 1626. den 2. Oktob. an Wilhelmen von
Wrzezoweez, um 65397 Schock 37 Gr. abgetreten wurden a).   Nach der Zeit gelangten selbe an
die Grafen von Nostiz, von welchem sie der jeßige
Besißer Friedrich Reichsgr. von Nostiz und Rhinek samt Tirmiß 1765. erblich übernommen hatte,

                               die

---

a) MS.

Die Hauptnahrung des hiesigen Landmannes besteht in W.in- Getraid- und Obstbaue. Hieher gehören:

1) Groß- Czernosek, Czernusek, Zernosecky, welcher leztere Namen eben so viel als einen Mühlsteinbruch bedeutet, ein Dorf von 62 N. mit einem schönen Schlosse, und einer nicht ferne von dannen erbauten St. Niklaskirche, die 1384 mit eigenem Pfarrer versehen war. In dieser Kirche kömmt hauptsächlich anzumerken die Aufschrift auf der größern Glocke: Leta Panie 1534 ke Czti a Chwale Pana Boha, a k S. Mikulassi do Czernosek tento Zwon dielan za Drozeneho Pana Wilima Kameniczkeho ze Lstiborze. Dann die an der Epistelseite angebrachte Grabschrift: A. D. 1525 tuto lezj Droz. P. Brzetislaw z Kostel.ze nad czernymi Lesy. Y tudyz nebofstjt P. Petr Stolenfky z Kopist re. Die hiesige, zum Theil zwar etwas sandige Gegend trägt ein gutes und reines Getraid, und auf dem herumliegenden Gebirge, hauptsächlich auf der großen und kleinen Wendul, auf dem Kirchenberg, Podhayken, Kodenbeyl (Radobcyl), und anf dem hohen felsigen drey Kreuzelberg, der zum Theil nach Linay gehöret, wächst der vortrefliche, und seiner Güte wegen wohl berühmte Wein. Der hier im puren Felsen gehauene Schloßkeller ist merkwürdig; er steigt gar gemach gegen den Berg hinauf dergestalten, daß die Fässer auf einer Anhöhe liegen, die dem Berg gleich kömmt. b) Die in hiesiger Gegend befindlichen

T 4   Steur

b) Balbin Misc. L. 3. c. 11.

Steinbrüche führen einen festen und weißen Mauer-
stein, der sich leicht bearbeiten läßt. Se. Majestät
der jetzt regierende Kaiser Joseph II. hat einige Ober-
flächen, die mit Feldern und Weingärten angebauet
waren, den hiesigen Bauern abgekauft, und daselbst
zu der neu angelegten Festung Theresienstadt Steine
brechen lassen. Bey dieser Gelegenheit entdeckte man
hier 1780 den 21 Dec. in einer Tiefe von 30 Schu-
hen ungefähr in einem festen Steine ein schlesisches
Sechsgroschenstück, oder einen Groschen nach deutschem
Gelde, das 1622 geprägt worden, und in eine Klum-
se der durch anhaltende Hitze aufgesprungenen Erde
in diese Tiefe von ungefähr gefallen seyn mag, die
sich aber nach der Zeit bey häufigem Regen wieder
verschlemmt, und versteinert hatte. Die Aufschrift
dieser Münze, so viel der H. Franz Steinsky, der
uns hiervon im VI. B. der Abhandlungen einer Pri-
vatgesellschaft in Böhmen 1784. eine kritische Abhandlung überliefert hatte, durch die Entgegenhaltung
einer ähnlichen Münze, aus der vollständigen vaterlän-
dischen Münzsammlung Sr. Exzell. des Hrn. Gr. v.
Waldstein, Bischofs zu Leutmeritz herausbringen
konnte, lautet auf der Face: Sigism. 3. D. G. Rex
Polon. M. Dux Lithuaniae. Auf der Reversseite:
Mone. No. Reg. Polon. Czernosek liegt 7 ½ Meile von Prag, und ½ Meile von Leutmeritz westnordwestwärts am rechten Ufer der Elbe. Nahe an dem
drey Kreuzelberge sieht man noch heut zu Tage mitten unter den Weinbergen einige wenige Merkmaale
des doppelten Wallgrabens, womit das ehedem feste

Schloß

Schloß Hradek umgeben war. Im Jahre 1154.
trat Herzog Wladiſlaw II. dieſes Schloß dem Ulrich,
Herzogs Sobieſlawens Sohne ab. c)

2) Czaloſitz von 31 N.

3) Libochowan, Libochowany, von 69 N.
mit einem Schloſſe, und einer nach Loboſitz eingepfarr-
ten Filialkirche unter dem Titel Marien Geburt,
die 1384. mit eigenem Pfarrer verſehen war; liegt
am rechten Ufer der Elbe ½ Meile von Czernoſek
nordwärts.

4) Praſkowitz von 61 N. davon eins nach
Loboſitz gehöret, liegt dem Dorfe Libochowan entgegen am linken Ufer der Elbe, und iſt ringsherum
mit vielen Bergen umgeben, dergleichen ſind dieſſeits
der Elbe: der Dubitzer, Schein, Hammel, ſonſt
auch Settel oder Bubaczka genannte Berg, der
große und kleine Tebus, die Orne und Dobrey, jen-
ſeits der Berg Wlczka Hora, Kameny Bluk, Mu-
ſchinka, Draziezka, Libenie, Drawice, der große
und kleine Deblik, und der Becznik, auf welchem
der gute Beczniker Wein wächſt. Die hieſige Pfarr-
adminiſtraturkirche unter dem Titel des h. Ap. Matthäus war ſchon 1384 mit eigenem Pfarrer beſetzt,
nach der Zeit iſt ſelbe nach Loboſitz einverleibt, und
1726 abermal mit eigenem Seelſorger verſehen worden, deren Aufſicht heut zu Tage dem Hrn. Johann
Fiſcher anvertrauet iſt.

A 5   Herr-

c) Pulkava a Gelaſ. Mon. T. 3.

Herrschaft Kameik.

Gehörte zu Anfang des funfzehnten Jahrhunderts dem Johann Kollowrat, Herrn auf Kornhaus, der 1524 selbe an den Hrn. Wilhelm v. Elsstieborz käuflich abgetreten hatte. a) Im sechzehnten Jahrhunderte hielten die H. Kameniczky v. Lstiborz diese Herrschaft im Besitze. b) Nach der Zeit gelangte selbe an die Markgr. v. Baden Baden, und wurde 1783 von der Prinzessinn Elisabeth Augusta an den jetzigen Besitzer Johann Prok Reichsfürsten zu Schwarzenberg käuflich überlassen. Der deutsche Landmann befördert seine Nahrung durch die Viehzucht, Obst= Wein= und Feldbau. Hieher gehören

1) Kameik, Kameyk von 64 N. mit einem verfallenen Bergschloße, liegt eine Stunde von Leutmeritz nordwestwärts, und eine halbe Stunde von der Elbe. Eine Viertelstunde von dannen ist eine Kapelle unter dem Titel des h. Johann Täufer in der Wüste erbauet, wo man zwischen schwarzen Steinen bey größter Sommerhitze starke Eisschollen, bey kalter Witterung aber lauteres Wasser antrifft. Die dortigen Nachbarn geben vor, sie hätten diesen Tag ein starkes Wetter an ihrem Horizonte zu befürchten, wenn man in diesen Eisschollen viel herumwühlet.

2) Kzepnitz von 31 N. 3) Mirzowitz von 32 N.

Gut

---

a) Paproc. de Stat. Dom.
b) Balbin Misc. L. 3. c. 4.

Gut Schüttenitz.

Im Jahre 1056 schenkte Spitignew II. etliche
Häuser in diesem Dorfe der Domkirche bey St. Ste
phan zu Leutmeritz. Nach der Zeit aber verehrte
Wratiflaw II. dieses ganze Dorf der, Kollegialkirche
am Wissehrad zu Prag, welches in jenem Diplome,
so K. Karl IV. ausgefertiget hatte, unter den Gü
tern des Probsten am Wissehrad das erste vor
kömmt. a) Zur Zeit der huffitischen Unruhen ent
riffen die Hrn. v. Kaupowa dieses Gut dem Wische
hrader Domkapitel, und hielten selbes im Besitze bis
auf das Jahr 1620. b) Da nun aber nach der
Schlacht am weißen Berg auch Wenzel Freyherr v.
Kaupowa Oberstkanzler des Afterkönigs Friedrich
aus der Pfalz Böhmen räumen mußte, stellte Fer
dinand II. dieses Gut dem Probste am Wischehrad
wieder zurück. c) Von dieser Zeit an blieben die
Pröbste am Wissehrad im ruhigen Besitze dieses Guts
bis auf den jetzigen Hrn. Ferdinand Kindermann v.
Schulstein, Abt zu St. Petrus in Ungarn, und
Oberdirektor der Normalschulen im Königreiche Böh
men. Der deutsche Landmann sucht seine Nahrung
in dem Obst- Wein- und einem mittelmässigen Acker
baue. Hieher sind einverleibt:

1)

a) Diploma Archiv. Capitul. Wischehrad. Gelaf. Hift.
    T. 2.
b) Prager Landt. vom Jahre 1614. 15.
c) Berghau. in Protom. P. I.

1) Schüttenitz, Zitonicze, Sytlenicze ein Dorf von 143 N. mit einem alten Schloße und einer Pfarrkirche unter dem Titel der heil. Ap. Peter und Paul, die schon 1384 mit eigenem Pfarrer versehen, d) 1645 wieder ganz neu hergestellet, und 1691 durch Ferdinanden Gr. v. Martinitz ehemaligen Probst am Wischehrad mit fünf tausend Gulden beschenket worden ist. e)

2) Skalicz von 25 N. 3) Welbin von 34 N.

Gut Trzebautitz oder Krzeschitz.

Gehöret dem Bistum in Leutmeritz. Der deutsche Landmann befördert hier seine Nahrung eben so, wie jener bey Schüttenitz. Hieher gehören:

1) Trzebautitz von 54 N. mit einem Schloße, liegt am rechten Ufer der Elbe eine Stunde von Leutmeritz ostwärts entfernt.

2) Krzeschitz von 63 N. mit einer Pfarrkirche unter dem Titel des heil. Ap. Matthäus, die schon auf das Jahr 1384 in den Errichtungsbüchern vorkömmt. In dieser Kirche verdienet unsere Aufmerksamkeit hauptsächlich das hohe Altarblatt, woran Skreta die Stärke seines Pensels auf eine ganz besondere Art soll gezeiget haben. Nächst an dem Dorfe ist noch eine zweyte Kirche unter dem Titel Marien Heimsuchung mit einem Gesundbrunnen.

3)

d) LL. Erect. Vol. 8. P. 3.
e) Berghau. in Protom. P. I.

3) Saubernitz von 62 N. ein ehedem unter dem Namen Narschin bekannter Flecken mit einer Pfarrkirche unter dem Titel Magdalene der Büß., die 1723 von Wernstädtl getrennet, und 1741 mit eigenem Pfarrer versehen worden ist.

4) Alt Hummel, Hammel, Hannel von 3 N.

5) Leschtina von 36 N. Diese drey lezt genannten Dörfer liegen 3 Stunden von Trzebautiß, 1 Stunde von der Elbe, 1¼ Stund von Wernstädtl, und eben so viel von Lewin entfernt.

Herrschaft Ploschkowiß.

Gehörte zu Ende des funfzehnten Jahrhunderts dem Hrn. Adam Ploskowsky von Drahoniß, wider den seine eigene Unterthanen aus Anstiftung des Dalibor von Kozaged sich aufgeworfen, denselben auf seinem Schlosse zu Ploschkowiß überfallen, gemißhandelt, und in einen finstern Kerker geworfen haben. Dalibor eignete sich bey dieser Gelegenheit Ploschkowiß zu, und zwang den rechtmäßigen Besitzer ihm solches eigenhändig zu unterzeichnen. Sobald die Leutmeritzer hiervon eine Nachricht bekamen, schickten sie ohne alle Verweilung einen Theil ihrer Mannschaft dahin ab, die den verunglückten Ploskowsky aus dem Gefängniße wieder losgemacht, und Daliboren nach Prag überliefert hatte. Hier wurde dieser Missethäter in einem runden Thurm, der kurz bevor für höhere Standespersonen erbauet worden, festgesetzet, und nach vielen Jahren daselbst enthauptet.

Von

Von dieser Zeit an führet der gleichgesagte Thurm noch heut zu Tage den Namen Daliborka. Dalibor verschafte sich während seines langwierigen Verhaftes eine Geige, und, ob er gleich ehedem gar keinen Begrif von der Tonkunst hatte, brachte es doch durch lange Uebung so weit, daß er alle in der ganzen Stadt an diesem Instrument übertraf. Die,er Ursache wegen fanden sich täglich häufige Leute bey diesem Thürme ein, die ihm viele Stunden lang zugehöret, und zugleich ein reichliches Almosen dargereicht haben. Daher pflegen die Böhmen, wenn sie andeuten wollen, daß der Hunger und die Noth den Menschen alles zu lehren im Stande sind, folgenden Sprüchwortes sich zu bedienen: Takė Naucze navzila Dalibora Haußſe hráti a). Nach der Zeit gelangte diese Herrschaft an die Hrn. Dubansky von Duban, und dann an die Herzoginn von Toskana, und wurde von dem jetzigen Besitzer Christian August Fürsten von Waldek samt allen übrigen zweybrückischen Herrschaften 1784. läuflich übernommen. Der deutsche Landmann befördert hier seine Nahrung gleichfalls durch den Feld- Obst- und Hopfenbau. Hieher gehören:

1) Ploschkowitz, Ploskowicze, ein Schloß und Dorf von 28 N.; liegt 7½ Meile von Prag, und eine Stunde von Leutmeriz ostnordostwärts entfernt.

a)

---

a) Beczkowsky Hist. c. 62. Perghauer Protom. P. I.

2) Podiwin, von 29 N. liegt unter den Weinbergen, und daher mag es auch die böhmische Benennung Podwinicz erhalten haben.

3) Trnowa, von 28 N. mit einem alten
Schlößchen, gehöre 1615. nach Schütteniß dem H.
Wenz. Wilhelm von Kaupowa b).

4) Pohorzan, von 61 N. davon 16. nach
Schittenitz gehörn. 5) Maschkowitz, von 18 N.
Im Jahr 1784. wurde hier den 10 May ein evan-
gelischer Pastor durch den Hrn. Kreishauptmann von
Mayern eingeführet.

5) Techobusitz, von 16 N. 7) Michtzen,
von 26 N. 8) Winay, von 17 N. 9) Buteßla-
witz, Chudeßawicze, von 33 N. 10) Lenzl,
von 12 N. 11) Stankowicz, von 31 N.

12) Ritschen, von 50 N. 13) Butlitz, von
26 N. nicht ferne davon liegt das verfallene Bergschloß gleiches Namens. 14) Mladcy, von 30 N.

15) Ober Mösel, von 11 N. 16) Nieder
Mösel von 25 N. 17) Sobenitz, Sobenz, So-
blenicz, von 55 N. mit einer Filialkirche unter dem
Titel der heil. Apostel Peter und Paul, die 1384.
laut der Errichtungsbücher mit eigenem Pfarrer versehen war. Ein Theil von diesem Dorfe gehöret
nach Groß Augezd.

18) Pitschkowitz, von 57 N. mit einer Pfarrkirche unter dem Titel des heil. Gallus Ab. 19)
Nieder Rzeps, von 13 N. 20) Tinscht, von
25 N.

21)

b) Prager Landtag u. J.

21) Blokocz, und 22) Keltsch, sämtlich von
13 N.

23) Ober Koblitz, von 36 N.

K. K. Kammeralherrschaft Zahorzan.

Gehörte zu Anfang des siebenzehnten Jahrhunderts Radislawen dem ältern Kinsky v. Wchlnitz und Tettau a). Diesem folgte Wilhelm Kinsky, der zu Eger 1734. entleibet, und dessen Gut Zahorzan an die Freyherren de la Coron abgetreten worden ist. Nach der Zeit gelangte diese Herrschaft an den Freyherrn Karl von Ogilvi, und wurde 1781. von der Gräfinn Esther Anna von Ogilvi, gebohrn. Gräfinn v. Welz, ehemaligen Obersthofmeisterinn bey dem Chursächsischen Hofe an Se. Majestät den Kaiser um 140000 Gulden abgetreten. Der deutsche Landmann beförde rt hier seine Nahrung durch einen mittelmäßigen Acker - Wein - und Hopfenbau. Hieher gehören:

1) Zahorzan, Zahorzany, von 89 N., davon
8. nach Trzebautitz gehören, liegt 7 Meilen von Prag, und ¼ Stund von Leutmeritz ostwärts entfernt. Das ehemalige ansehnliche Schloß ist seit 1781. den 19. März in ein Spital für die zu Theresienstadt liegende Garnison umgeschaft worden. Die hiesige prächtige Pfarrkirche unter dem Titel der heil. Dreyeinigkeit ist 1653. erbauet worden unter folgender Aufschrift: Per Illustris. D. D. Ioannem L. B. de

la

---

a) Prager Landtag vom Jahr 1615.

lan Coro, Dnum in Zahorzan et Tafchof, Equitem
ad S. Sepulchrum Chrifti Domini Hierofolymifa-
num etc. Sac. Caef. Regiaeque Maieft. Catholicae
per Hungariam et Boëmiam etc. etc. intimum Con-
filiarium Bellicum, Generalem Vigiliarum Praefe-
ctum, eiusdemque Allemannorum peditum Regimi-
nis Colonellum, nec non per totum regnum Boëmiae in Militaribus Vice - Commendantem. Die
nachmalige Befitzerinn von Zahorjan Efther Gräfinn
von Ogilvi hat diefe Kirche nicht nur mit verfchie-
denem koftbaren Geräthe verfehen, fondern auch zu
der hier vorhändigen 296 Loth Silbers fchweren
Monftranz einen Melchifedech verfertigen laffen, der
auf 4000 Gulden gefchätzet wird. Die ehemalige
Schloßbibliothek ift nach Prag übertragen worden.
Folgende Dörfer liegen etwas entfernt hinter Trze=
bufchin.

2) Ober Tenzl, von 27 N. 3) Nieder Ten=
zel, von 19 N. 4) Neudörfl, von 6 N.

5) Peckel, von 7 N. 6) Neudörfel, von 4
N. 7) Lofchwitz, von 29 N.

8) Ratfch, Rowetfch, von 10 N. 9) Luko=
witz, Lukawicz, von 36 N.

10) Rübendörfl, von 23 N. 11) Rzetaun,
von 22 N. 12) Wfferacz, von 11 N.

13) Sababfch, Sabafch, von 7 N. 14)
Tafchow, Taffow, von 29 N. mit einem Mayerhofe, Schlößchen, und einer Kirche unter dem Titel
der heil. Magdalene; gehörte 1582. dem Herrn

Fünfter Theil. U Friedr.

Friedr. von Salhausen; liegt 1 Meile von Leutmeriß nordwärts entfernt.

15) Withal, Weydol, von 9 N. 16) Wat-
ta, von 4 N. 17) Witina, von 15 N.

18) Waltirze, besteht aus 4 Bauernhöfen,
und einer alten Pfarrwohnung.

Die hiesige nach Schwaden einverleibte Kom-
mendatkirche ist 1573. laut folgender Aufschrift angelegt worden: Im Jahr 1573. habe ich Friedrich
von Salhausen auf Taschof mit meinem Bruder
Heinrich Abraham diese Kirche anfangen lassen zu
bauen, ist vollbracht worden im 1574. Jahr.
Man trift ferner in dieser Kirche folgende Grabschriften an. Neben dem hohen Altare auf der Epistelseite: A. 1582. Montags vor Michaelis, welches ist der 24ste Sept., um 11 Uhr Vormittags
ist der edle, gestr. und ehrenfeste Hr. Heinrich
Abraham von Salhausen uf Groß Priesen, Kje-
bin, und Schwaden, welcher diese Kirche als
Lehenherr neben seinem Bruder, dem auch edl.
und ehrenf. Herrn Friedrichen von Salhausen uf
Taschof seligen, der auch Lehenherr über dieses
halb Kirchlehen gewesen, von neuem erbauet hat,
in Gott verschieden 2c. 2c. seines Alters 52 Jahr.
Auf eben dieser Seite etwas rückwärts: A. 1587.
den 26. Jul. ist in Christo seliglich entschlaffen die
edle und ehren viel tugendsame Frau Anna von
Salhausen eine gebohrne von Bünaw ihres Alters
57 Jahr. Auf der Evangelseite: Im J. 1583.
Sonntags nach Viti, welches ist der 16. Juny
früh

früh um 4 Uhr Vormittags ist der edle, gestr. und ehrenf. H. Jochim von Salhausen in Christo seliglich verschieden. — seines Alters 40 Jahr.

Neben der Kanzel hoch an der Mauer: A. 1588. den 15 Sept. ist in Christo seliglich zu Prag entschlafen früh zwischen 5 und 6 Uhr der edle, gestr. und ehrenf. Hans Heinr. von Salhausen, Jochims von Salhausen of Schwaden Sohn ꝛc. ꝛc. Gegen die Mitte der Kirche an der Mauer zeiget ein großer Leichenstein mit Figuren folgende Grabschrift: A. 16.. den — ist in Gott seliglich entschlafen die edle, ehren viel tugendsame Frau Martha, weiland des edl., gestr., und ehrenf. H. Abraham Bocken seligen hinterlassenen Ehgemahlinn. Dann: A. 1610. den — ist in Gott selig entschlafen der edle, gestr., und ehrenf. Hr. Abraham Bock auf Groß Priesen ꝛc.

Herrschaft Enzowann.

Gehörte zu Anfang des siebenzehnten Jahrhunderts dem H. Ladislaw Zeidlicz von Schönfeld a), dessen Güter nach der Schlacht am weißen Berge an den königl. Fiskus gezogen, und 1623. den 26. März an Polixena Fürstinn von Lobkowiz um 71494 Schock 40 Gr. abgetreten worden sind b). Von dieser Zeit an blieb Enzowann bey diesem

U 2   fürst-

a) Prager Landtag vom Jahr 1615.

b) MS.

fürftlichen Geschlechte bis auf den jetzigen Besitzer
Franz Joseph Reichsfürst. von Lobkowitz Herzog.
zu Raudnitz. Der Landmann spricht hier insgemein
deutsch und böhmisch, und suchet seine Nahrung im
Wein = Hopfen = und einem mittelmäßigen Ackerbaue.
Hieher gehören:

1) Enzowann, von 40 N. mit einem großen
Luftschlosse, und einem treflichen Ziergarten.   2)
Selz, von 23 N.   3) Trnowa, von 13 N.   4)
Prachowa, eine Kapelle unter dem Titel des heil.
Wenzels M., die 1384. mit eigenem Pfarrer be-
setzt war.

5) Grussowan, von 45 N. mit einer Marienkirche, die 1384. ihren eigenen Pfarrer hatte.
Hier sind folgende Grabschriften anzutreffen: A.
1589. den 3. Nov. zwischen 11 und 12 Uhr nach
altem Kalender ist in Gott selig verschieden der edle,
gestr., und ehrenf. Hr. Oswald von Schönfeld
uf Enzowann, Rochkay, geheim. Rath, und Bron
Böhmen Vicekanzler, seines Alters 65 Jahr.
Dann: 1589. den 11. Tag Dec. ist in Gott selig
entschlafen die edle, und viel ehren Tugendreiche
Frau Lukretia Schönfeldin, gebohrn. von Witte-
nau, Frau von Enzowann.

6) Webrucz, von 44 N.   7) Polep, von
60 N.   8) Swarzenicz, von 29 N.

Summarischer Inhalt

der sämmtlichen Städte, Flecken, Herrschaften, Güter und Dörfer, die im Leutmeritzer Kreise liegen.

Städte.

Flecken.

Dörfer und einzelne Wohnſtätten im ganzen Kreiſe
ſämmtlich 1028

Zerſtörte Klöſter 3

Zerſtörte Dörfer 2

Zerſtörte Schlöſſer 49.

Druckfehler.

Seite 23 Zeile 22 gewählet lies geweihet
32 — 3 Wort setze hinzu Gottes
51 — 17 Proprawae ließ Poprawae
69 — 2 12000 setze hinzu Schock
114 — 13 entwichen lies entweichen
143 — 30 unbekannten — unbenannten
156 — 29 andern — andre
238 — 12 Schlemitz — Schleintz.
271 — 1 Altar — Alter